LE GRAND GUIDE DE LA RECONVERSION PROFESSIONNELLE

Sommaire

PARTIE III

Rebondir après un échec et garder confiance en soi

JC HÉRICHE

PARTIE I

« To strive, to seek, to find, and not to yield. »
(Se battre, chercher, trouver, sans jamais renoncer.)
Alfred Tennyson

Il n'y a pas d'échec, il n'y a que des apprentissages, disent les coachs américains. De ce que l'on prenait pour une boutade chez Churchill (« La réussite, c'est aller d'échec en échec tout en gardant son enthousiasme »), les Américains en ont fait une philosophie de vie.

Sur ce sujet, ils ont de toute évidence un train d'avance sur nous autres, Français, à qui l'échec fait peur au point d'inhiber nos capacités d'action, d'audace, de conquête. Pire, lorsque l'échec s'est produit, nous avons par trop tendance à nous trouver « nuls » et à renoncer durablement, voire définitivement à nos rêves, nos désirs, nos projets

Il ne s'agit pas pour autant de sacraliser l'échec, d'en faire l'alpha et l'oméga d'une vie professionnelle épanouie comme voudrait le faire croire une certaine « culture de l'échec » en train de se répandre sur les réseaux sociaux.

Non ! Il s'agit de se donner le droit à l'échec afin de ne plus brider nos capacités de passage à l'action. Car l'échec fait partie de la vie. Et il y a des moyens de rebondir efficacement et rapidement lorsque l'échec est là. Pour cela, un maître mot : la **confiance en soi** – assorti de diverses techniques que nous mettons en avant dans cette partie. Rebooster la confiance en soi est, en effet, le secret pour retrouver le goût de la réussite.

C'est l'ambition de ce livre : vous aider à restaurer votre confiance en soi après un échec pour mieux réussir.

Se mettre en mode « pause »

Si vous tenez entre les mains ce livre, c'est qu'un échec est survenu dans votre vie professionnelle ou extraprofessionnelle, ou qu'il peut survenir. Que cet échec soit réel ou ressenti, vous vivez avec le sentiment d'avoir échoué ou que vous allez échouer.

Licenciement, échec à un concours, dépôt de bilan, période d'essai non suivie d'un contrat, mise à pied, période de préavis, projet important avorté, mise au placard, promotion qui vous échappe, etc. ; les situations d'échec sont multiples et se rencontrent à tous les âges.

Or, repartir tout de suite au combat serait une erreur. Grâce aux neurosciences, nous comprenons en effet ce qu'exprimait Blaise Pascal quand il écrivit sa phrase la plus célèbre : « Le cœur a ses raisons que la raison ignore. »

Nous en savons plus, en effet, sur le fonctionnement du cerveau et savons qu'il est composé de deux grands circuits : les **circuits de la récompense** (post-réussite), les **circuits de la punition** (post-échec). Après un échec, ces derniers sont saturés. Ils vous entraînent dans un maelstrom d'émotions désagréables : peur, tristesse, colère, voire souvent honte ou culpabilité, quand ce ne sont pas les deux qui se mêlent pour vous faire perdre confiance en vous, vous sentir en dessous de tout, incapable.

Dans un premier temps, il est donc indispensable de vous mettre en mode « pause » afin de vous ressourcer, de prendre soin de vous, de vous ménager.

Cette période, qui peut durer quelques jours, quelques semaines, voire quelques mois chez certains d'entre nous, et peut même nécessiter un accompagnement thérapeutique (avec ou sans prise de médicaments), prend fin lorsque vous sentez que vous acceptez la situation.

La colère, la peur, la tristesse qui suivent le choc initial ont laissé la place à une acceptation. Vous ne luttez plus contre vous-même, vos démons, vos chagrins, vos doutes. Vous êtes prêt au changement et à la reconquête de votre vie professionnelle et personnelle !
Cependant, pour y parvenir, il y a deux points de départ :

- mettre à plat votre situation ;
- être au clair avec votre état émotionnel.

Les tests

QUELLE EST VOTRE SITUATION ?

	OUI	NON	VOS COMMENTAIRES
J'ai été licencié (motif personnel, économique, rupture conventionnelle, etc.).			
Je risque d'être licencié.			
J'ai démissionné parce que j'étais à bout.			
Je sens que je vais démissionner.			
Ma candidature à un poste n'a pas été retenue (en interne, externe, etc.).			
J'ai raté mon examen/mon concours (écrit, oral, etc.).			
Ma période d'essai n'a pas été concluante.			
Mon stage/Mon alternance/Mon CDD/ Mon intérim ne s'est pas transformé en CDI.			
Je suis en *bore-out* (sous-activité, placardisation, perte de responsabilité, etc.).			
J'ai fait un *burn-out*.			
Je suis en *brown-out* (je ne trouve plus de sens à mon travail).			
Je n'ai pas eu ma promotion			
Je n'ai pas eu mon augmentation de salaire.			
Je ne retrouve pas de travail.			
J'ai un sentiment d'échecs qui se répètent.			
J'ai vécu un dépôt de bilan.			
J'étais sur un projet important qui ne s'est pas concrétisé.			
Autre.			

VOS RÉPONSES, NOS CONSEILS

Quelle que soit la situation dans laquelle vous vous trouvez, elle n'est pas satisfaisante. Elle provoque chez vous un sentiment d'inconfort qui peut se traduire par :

- le ressassement de pensées négatives ;
- des émotions désagréables ;
- des comportements dans lesquels vous ne vous reconnaissez pas.

Cela bloque votre retour à l'action. En effet, vous vivez sous le régime d'un stress important.

À NOTER

Le professeur de biologie Henri Laborit (1914-1995) a été le premier à mettre à jour les mécanismes d'inhibition de l'action sous l'effet du stress dans son essai *Éloge de la fuite* (1976). Le film *Mon oncle d'Amérique* (1980) d'Alain Resnais l'a fait connaître au grand public.

Si vous éprouvez ce sentiment d'inconfort, le mieux est de ne rien entreprendre pour l'instant. Donnez-vous le temps. Faites ce que bon vous semble. Ne faites rien si vous en avez envie. Dormez si vous en avez besoin. Sortez si ça vous chante. Faites ce qui est bon pour vous. Il sera toujours temps de passer à l'action par la suite.

Dans ce chapitre seront présentés des outils pour comprendre ce qui vous arrive et, surtout, surmonter cet état de malaise.

Mais avant cela, il est important que vous mettiez des mots sur ce que vous ressentez.

COMMENT VOUS SENTEZ-VOUS DANS CETTE SITUATION ?

	OUI	NON	VOS COMMENTAIRES
Je ressens une injustice face à ce qui m'arrive.			
Je suis en colère.			
J'ai peur que cette situation se prolonge ou qu'elle se reproduise.			
Je me sens triste.			
J'ai perdu beaucoup de confiance en moi.			

	OUI	NON	VOS COMMENTAIRES
J'accepte la situation. Après tout, c'est la vie.			
Je ressens du dégoût.			
Je me sens nul.			
Ce sont eux les nuls. Ils n'ont rien compris à ce que je pouvais leur apporter.			
Je me sens rejeté.			
Je me sens abandonné.			
Je me sens trahi.			
J'ai un sentiment d'humiliation.			
Je me sens coupable.			
Il m'arrive de pleurer ou j'en ai souvent envie.			
Autre.			

VOS RÉPONSES, NOS CONSEILS

Il est important que vous ayez répondu en toute sincérité à ce test, car c'est en connaissant et en reconnaissant les émotions que génère votre situation actuelle que vous pourrez :

- les amoindrir (nommer pour soi-même une émotion désagréable que l'on ressent permet d'en réduire l'impact : tentez l'exercice) ;
- les remplacer, peu à peu, par des émotions plus agréables et plus porteuses d'envie d'agir : acceptation, sérénité, joie, confiance, anticipation positive, etc.

Remarque

Si vous avez répondu « oui » à l'item « J'accepte la situation. Après tout, c'est la vie », demandez-vous s'il s'agit d'une véritable acceptation ou d'un déni. Les deux attitudes peuvent prévaloir quand on a ce type de pensée. Pour savoir s'il s'agit d'une véritable acceptation ou d'un déni, reposez-vous la question : « Comment je me sens ? » Si une émotion agréable vous envahit, vous êtes effectivement en phase d'acceptation.

Vous avez fait le point sur votre situation et la manière dont vous la ressentez. Pour vous accompagner dans votre pause, voici maintenant cinq exercices d'autocoaching :

- **deux pour comprendre :** « La courbe du changement » ; « Les positions de vie » ;
- **trois pour agir :** « Qu'allez-vous faire pendant votre pause ? » ; « La cohérence cardiaque » ; « L'EMT ».

Booster vos performances

EXERCICE 1 : LA COURBE DU CHANGEMENT

Après un échec ou un sentiment d'échec, quelle que soit son intensité et quel que soit votre degré de sensibilité (chacun est unique), un flot émotionnel se produit chez vous. Une thérapeute américaine, Elizabeth Kübler-Ross (1926-2004), en a décrit les différentes étapes sous la forme d'une courbe que nous appellerons ici « courbe du changement ».

La courbe du changement

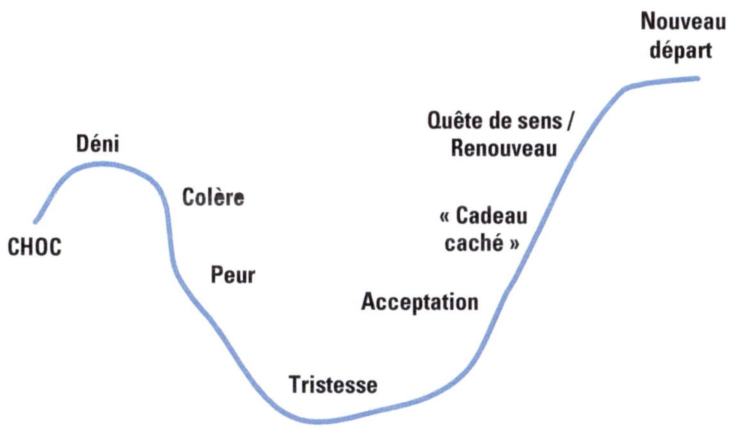

Cette courbe du changement traduit les neuf étapes que l'on traverse, en général, à la suite d'un événement douloureux :

- l'**état de choc** se traduisant par de l'apathie, une absence de réaction ;
- le **déni** se caractérisant par un refus de la nouvelle réalité ;
- la **colère** qui nous fait rechercher des responsables à notre situation ;
- la **peur** face à l'avenir ;
- la **tristesse** d'avoir perdu la situation antérieure ;
- l'**acceptation** de la nouvelle réalité ;
- le **« cadeau caché »** où l'on envisage notre situation sous un angle nouveau ;
- la **recherche de sens** par rapport à ce qui nous est arrivé et qui annonce le renouveau ;
- le **nouveau départ** caractérisé par une nouvelle phase de croissance dans notre vie et une sérénité retrouvée.

Ce chemin dure plus ou moins longtemps. Il est composé de deux phases dont les étapes sont plus ou moins longues :

- de l'étape 1 à 5, une phase tournée vers le passé ;
- de l'étape 6 à 9, une phase tournée vers le présent et le futur.

✓ **Nommez l'étape à laquelle vous vous trouvez et décrivez ce que vous ressentez.**

....

....

....

....

....

Cette courbe du changement s'impose à vous tant dans son intensité que dans sa longueur qui ne seront pas les mêmes pour tout le monde. Il est nécessaire de l'accepter, d'autant que c'est de l'acceptation de votre situation que va naître votre capacité à entrer dans une nouvelle phase de votre vie professionnelle.

> **À NOTER**
>
> Revenez régulièrement la consulter et demandez à quelle étape vous vous trouvez.

EXERCICE 2 : **LES POSITIONS DE VIE**

Dans la situation que vous avez vécue, il est intéressant pour vous de savoir comment vous percevez les personnes qui vous entouraient et comment vous vous percevez vous-même.
Pour le savoir, reprenez le test « Comment vous sentez-vous dans cette situation ? ».

✓ **Reportez les réponses que vous avez apportées à ces deux items.**

	OUI	NON	VOS COMMENTAIRES
Je me sens nul.			
Ce sont eux les nuls. Ils n'ont rien compris à ce que je pouvais leur apporter.			

Vos réponses vont vous permettre de vous situer dans l'une des quatre « positions de vie existentielles » identifiées par le médecin et psychothérapeute Éric Berne (1910-1970), fondateur de l'analyse transactionnelle.

Si vous avez répondu :

- « **oui, oui** », vous dévalorisez tout : vous-même et les autres. Vous êtes en position « Je n'ai pas de valeur/Les autres n'ont pas de valeur » (OK -/OK -). Dans la situation que vous traversez, cela peut signifier que vous êtes dans l'étape de tristesse de la courbe du changement. Attention, il y a un risque d'entrer dans un état dépressif. Il peut être nécessaire de consulter un thérapeute ;
- « **oui, non** », vous vous positionnez comme inférieur aux autres supposés systématiquement supérieurs à vous. Vous êtes en position « Je n'ai pas de valeur/Les autres ont de la valeur » (OK -/OK +) ;
- « **non, oui** », vous ne voyez en vous que les aspects positifs et en l'autre que les aspects négatifs. Vous êtes en position « J'ai de la valeur/Les autres n'ont pas de valeur » (OK +/OK -) ;
- « **non, non** », votre échec n'a pas entraîné de dévalorisation ni de vous-même ni des autres. Vous êtes en position « J'ai de la valeur/Les autres ont de la valeur », dite aussi position OK +/OK +.

✓ **Décrivez dans quelles positions de vie vous estimez être actuellement.**

....

....

....

Grâce à ce repérage de votre position de vie, vous allez pouvoir rééquilibrer vos perceptions : si vous êtes dans l'une des trois positions de vie où vous vous dévalorisez et/ou vous dévalorisez les autres, cherchez à gagner en objectivité par rapport à vous-même et par rapport aux autres.

✓ **Parvenez-vous à vous mettre en position de vie « OK +/OK + » ? Si oui, comment ?**

....

....

....

Si vous ne parvenez pas à vous mettre en position « OK +/OK + », n'en prenez pas ombrage. Il faut laisser le temps au temps. Le jour viendra où vous serez en mesure de dire : « J'ai de la valeur/Les autres ont de la valeur », car cet exercice de prise de conscience très simple est extrêmement puissant.

Exemple : *Arnaud a été licencié de son poste de web marketeur à la suite d'un burn-out qui lui a fait péter les plombs. Cela fait plusieurs mois qu'il est en recherche d'emploi quand il vient me voir. Je m'aperçois en le questionnant qu'il fait très peu de candidatures. Lui-même ne comprend pas pourquoi il procrastine. Je l'amène à prendre conscience de la position de vie qu'il adopte OK -/OK + en le*

questionnant sur ses peurs (peur de ne plus être compétent, peur de re-péter un plomb, peur de ne pas retrouver d'emploi, etc.).
Je l'incite à reconsidérer la situation avec plus d'objectivité pour adopter une position de vie OK + / OK + :

- Qui n'a pas eu un jour un accident de carrière ?
- Depuis cet échec, n'a-t-il pas rempli une mission en tant que bénévole dans une association qui a été un succès ?
- N'a-t-il pas toujours trouvé un poste jusqu'ici chaque fois qu'il en a réellement cherché un ?

Sa prise de conscience de ses peurs et de leur manque de réalisme lui permet de reprendre confiance. Arnaud reprendra ses candidatures jusqu'à retrouver un poste en entreprise.

À NOTER

Les positions de vie ne sont pas permanentes. Celle dans laquelle vous vous situez actuellement correspond à la phase de votre vie dans laquelle vous vous trouvez aujourd'hui.

EXERCICE 3 : **QU'ALLEZ-VOUS FAIRE PENDANT VOTRE BREAK POUR VOUS FAIRE DU BIEN ?**

	OUI	NON	PLUS CONCRÈTEMENT... ?
Partir en voyage.			
Me rapprocher de mes amis, de ma famille, me faire entourer.			
Apprendre une nouvelle langue.			
Faire du sport.			
Faire une activité artistique.			
Me rapprocher de la nature.			
Partir en *woofing* (aide à un agriculteur contre le gîte et le couvert).			
Découvrir des techniques de relaxation.			
Me mettre à la méditation en pleine conscience.			
Lire des romans.			
Aller au cinéma/théâtre/expositions régulièrement.			

Sortir pour me changer les idées.			
Dormir, me relaxer, faire des siestes.			
Profiter de l'instant présent.			
Être entendu par un tiers extérieur : conseiller, coach, psy, etc.			
Autre.			

EXERCICE 4 : LA COHÉRENCE CARDIAQUE

Profitez de votre break et du temps libre qui en résulte pour tester et adopter un moyen de combattre le stress au long court scientifiquement validé : la **cohérence cardiaque**.

La cohérence cardiaque (comme son nom ne l'indique malheureusement pas) est un **exercice de respiration** qui permet de rapidement **venir à bout d'un stress chronique** (les études montrent que les effets complets se font ressentir au bout de trois semaines. Mais dès vos premières fois, vous en éprouverez les bienfaits !).

L'intérêt de la cohérence cardiaque est d'être d'un apprentissage extrêmement rapide et d'un usage très simple. Jugez, plutôt : *il s'agit d'inspirer sur cinq temps et d'expirer sur cinq temps. Et ce, pendant trois ou cinq minutes.*

Les médecins recommandent en phase d'attaque (les trois premières semaines) de pratiquer la cohérence cardiaque trois fois par jour, par exemple : matin, midi et soir. Après, vous adapterez selon votre rythme de vie et votre besoin.

La cohérence cardiaque a eu un tel succès dans le monde qu'elle a fait l'objet de multiples vidéos en ligne et de nombreuses applications gratuites qu'il suffit de télécharger sur votre smartphone. Les bienfaits de la respiration sur le moral, l'humeur, le dynamisme ne sont plus à démontrer.

Abusez-en pendant votre période de pause. Elle est un puissant remède antistress. Et si simple à mettre en œuvre !

EXERCICE 5 : L'EMT

La courbe du changement n'est pas la même pour chacun d'entre nous. Sa temporalité et son intensité diffèrent d'une personne à l'autre. La durée de votre break en sera donc impactée.

Cependant, il est possible de vivre cette période beaucoup moins difficilement que ce que l'on dit habituellement, voire d'en raccourcir la durée grâce à la technique de l'EMT – la technique des mouvements oculaires du psychologue Fred Friedberg (né en 1948).

Pourquoi l'EMT est-elle intéressante dans votre situation ?

C'est une technique qui permet d'éliminer les effets néfastes des chocs émotionnels (au niveau physique et mental). Et l'on a vu que l'échec que vous ressentez s'est traduit par de nombreuses émotions désagréables (voire de nombreux soucis physiques) qui entravent votre capacité d'action, ou qu'il peut vous faire prendre de mauvaises décisions.

L'idée est de réaliser en très peu de temps un ***switch* émotionnel** en passant d'un état émotionnel désagréable à un état émotionnel plus neutre, voire plus agréable.

En quoi consiste l'EMT ?

Il s'agit d'exercer une stimulation bilatérale gauche-droite, au départ fondée sur le mouvement des yeux de gauche à droite ou inversement. Avec le temps, on s'est aperçu que l'on obtient les mêmes effets avec des tapotements sur les cuisses ou le dos des mains.

Et concrètement ?

Le processus d'EMT est le suivant.

- Vous vous asseyez confortablement.
- Vous vous posez la question : « Quelle est l'émotion désagréable que je ressens ? » (vous pouvez pour cela reprendre une des émotions que vous avez indiquées au début de ce chapitre). Sur une échelle de 1 à 10, quelle est l'intensité de cette émotion ?
- Vous mettez le chronomètre de votre smartphone sur 3 minutes.
- Vous placez vos mains le long de vos cuisses.
- Vous fermez les yeux.
- Vous faites un tapotement alterné gauche-droite avec vos index sur un rythme d'une seconde.
- Vous vous concentrez sur ce tapotement pendant 3 minutes.
- Au bout des 3 minutes, votre alarme sonne.

Sur une échelle de 1 à 10, quelle est l'intensité de votre émotion désagréable ? A-t-elle décru ? Êtes-vous satisfait de votre nouvel état émotionnel ? Si, vous souhaitez en réduire encore plus l'intensité, vous pouvez reprendre ce processus une à deux fois.

Au maximum, ce protocole vous prendra 9 minutes (les techniques de méditation qui sont très efficaces prennent plus de temps) et peut donner des résultats absolument exceptionnels en termes de régulation de vos émotions (stress, angoisses, colère, peur, tristesse, phobies, pensées persécutantes) et de soulagement des « petits soucis corporels » (maux de tête, migraines, maux de dos, acouphènes...).

Vous pouvez pratiquer cette technique régulièrement avant un événement stressant ou chaque fois que vous vous sentez envahi par des émotions désagréables ou des pensées qui vous font souffrir.

Exemple : *Linda, 18 ans, souhaite entrer dans une école d'infirmière. Sa mère me la confie pour que je l'aide à soigner sa phobie des examens. En effet, elle tombe dans les pommes lors de ses épreuves orales qu'elle rate de ce fait. À l'issue d'un questionnement de type coaching, elle m'autorise à travailler avec elle à l'aide avec l'EMT. Je lui demande de visualiser la salle d'examen et l'émotion qu'elle ressent. Après la séance, elle me dit se sentir infiniment mieux. Je lui explique le protocole que je lui recommande d'appliquer une fois par jour jusqu'à l'examen. Quelque temps plus tard, sa mère m'apprend qu'elle a eu 18/20 à son examen d'entrée.*

À NOTER

Si toutefois, cette technique simple ne suffisait pas et que vous n'en obtenez pas les bénéfices que j'ai mentionnés, il est peut-être indiqué de vous adresser à un psy spécialisé en EMDR qui est la version thérapeutique de l'EMT.

Qu'est-ce que l'EMDR ?

Au début des années 1980, Francine Shapiro (1948-2019), alors étudiante en psychologie, s'est aperçue qu'en imprimant un mouvement latéral de gauche à droite ou de droite à gauche à ses yeux, elle pouvait **chasser ses idées noires et se débarrasser de ses émotions désagréables**.

Elle a poursuivi l'expérience et en a tiré une thérapie majeure dans la guérison des stress post-traumatiques : l'**EMDR** (*eye movement desensitization and reprocessing* – en français : « désensibilisation et retraitement par les mouvements oculaires »).

L'EMDR se pratique avec un thérapeute. Vous en trouverez la liste sur le site de l'association EMDR France.

Toujours plus loin

✓ Complétez la grille suivante.

	OK/PAS OK	VOS COMMENTAIRES
Je sais où j'en suis de ma « courbe du changement ».		
Je connais mes positions de vie.		
Je sais comment je vais occuper mon temps de pause.		
J'ai expérimenté la cohérence cardiaque.		
J'ai expérimenté l'EMT.		

Si vous avez au moins trois OK, il est temps de passer au chapitre suivant : « Transformer son échec en apprentissage ». Sinon, passez également au chapitre suivant et revenez à ce chapitre plus tard.

Cohérence cardiaque et/ou EMT vous accompagneront pendant toute votre période de reconquête de votre confiance en vous. Et, qui sait ? Peut-être durant toute votre vie, chaque fois que vous sentirez le stress vous envahir.

Transformer son échec en apprentissage

L'échec étant un apprentissage comme nous l'ont appris les coachs américains et Nelson Mandela (auteur de la célèbre phrase : « Je ne perds jamais. Soit, je gagne. Soit, j'apprends »), il convient maintenant de comprendre ce qui l'a causé, les raisons exogènes et endogènes qui vous y ont conduit.

C'est une nécessité pour ne pas entrer dans un mécanisme de répétition, une conduite d'échec dont il sera difficile de sortir par la suite. Et aussi pour savoir comment vous comporter la prochaine fois pour réussir !

Vous êtes donc paré pour discerner quels enseignements vous pouvez tirer de votre échec ou sentiment d'échec.

Le test

À QUOI ATTRIBUEZ-VOUS VOTRE ÉCHEC OU SENTIMENT D'ÉCHEC ?

✓ Complétez la grille suivante.

	OUI	NON	VOS COMMENTAIRES
Vous êtes-vous suffisamment écouté ?			
Étiez-vous en phase avec vos valeurs ?			
Vos besoins étaient-ils assez respectés ?			
Avez-vous su poser vos limites ?			
Vous êtes-vous laissé déborder par vos croyances limitantes ?			
Diriez-vous que vous aviez un bon équilibre de vie ?			
Votre environnement était-il favorable ?			
Votre environnement était-il toxique ?			
Aviez-vous vu trop grand ?			
Étiez-vous *the right (wo)man at the right place* ?			
Autre			

VOS RÉPONSES, NOS CONSEILS

Il y a les choses qui ne dépendent pas de nous et celles qui dépendent de nous. Dans votre échec (ou sentiment d'échec), il est important de faire la distinction entre les deux. Le questionnaire ci-dessus vous y aide.

Les choses qui ne dépendent pas de nous s'imposent à nous. Nous n'y pouvons pas grand-chose d'autre que les accepter ou les fuir. En revanche, nous pouvons agir sur ce qui dépend de nous.

C'est l'objet de ce chapitre à travers **trois exercices d'autocoaching** :
- **un exercice pour comprendre :** « Les vertus de l'échec » ;
- **deux exercices pour agir :** « La ligne de vie » ; « Accepter l'idée de l'échec ».

Booster vos performances

EXERCICE 1 : LES VERTUS DE L'ÉCHEC

Qu'est-ce qui fait que l'échec est vécu sereinement chez les Américains et qu'il soit aussi mal vécu en France ? Le philosophe Charles Pépin a répondu à cette question il y a quelques années, dans un ouvrage roboratif : *Les Vertus de l'échec*. Selon lui, la différence vient de soubassements culturels et éducatifs de nos deux civilisations qui sont aux antipodes les uns des autres. Sa thèse se résume ainsi : **les Américains sont existentialistes** dans le sens où ils mettent l'expérience avant l'essence alors que **les Français sont essentialistes** puisqu'ils mettent l'essence avant l'existence[1] !

Qu'est-ce que cela signifie ? Que pour les Américains, la personnalité se constitue au gré des événements de la vie, qu'ils soient favorables ou néfastes. La vie est constituée d'épreuves que l'on traverse, certaines que l'on réussit et d'autres où l'on échoue. Ainsi, dans la culture américaine, l'échec n'est pas redouté, mais est considéré comme inhérent à l'action. Qui plus est, riche en apprentissages (*feed-backs*). Si l'échec fait partie de l'expérience, il ne rejaillit donc pas sur la personne tout entière. Il reste attaché à l'action.

Cette **culture de l'échec** est si ancrée chez les Américains que quelqu'un qui n'a pas eu d'échec ou affirme ne jamais en avoir eu leur semble suspect.

1 En cela, les Français se révèlent assez peu sartriens. Jean-Paul Sartre, le philosophe de l'existentialisme, est en effet à l'origine de la célèbre formule : « L'existence précède l'essence. »

Rien de tel en France. Dans notre beau pays, l'expérience est tenue pour négligeable. Ce qui compte, ce n'est pas ce que nous faisons, mais ce que nous sommes. Ainsi, quand nous sommes mis en échec, c'est notre identité qui est atteinte. « Je rate mon examen donc je suis nul » : c'est ainsi que raisonnent la plupart des étudiants français. Alors que l'étudiant américain se dira plutôt par exemple : « J'ai raté cet examen parce que je n'ai pas assez travaillé. »

De là, notre **peur de l'échec**. De là aussi, l'importance que nous attachons aux distinctions symboliques qui viennent renforcer notre essence : avoir une fonction prestigieuse comme directeur de la stratégie ; être issu d'une grande école ; etc. Peu importe dès lors que nous réussissions ou non les missions que l'on nous confie. Seul compte le prestige de notre titre !

Alors certains Français, influencés par l'Amérique et avec les meilleures intentions du monde, se sont mis à glorifier l'échec, prenant le contre-pied de notre culture essentialiste. La greffe ne prend pas et ne prendra pas. Ce qui compte, c'est de changer notre propre état d'esprit vis-à-vis de nos propres échecs. C'est-à-dire : faire un travail en profondeur sur soi et non artificiel sur les réseaux sociaux.

✓ Vous dites vous que vous êtes nul après avoir subi ou ressenti un échec ? Précisez.

....

....

....

✓ Avez-vous compris pourquoi vous agissez ainsi ?

....

....

....

Les Américains considèrent les échecs comme des apprentissages. Sans nier leur réalité, ils souhaitent en tirer des leçons pour l'avenir afin de favoriser leurs réussites futures.

✓ Indiquez trois apprentissages que vous avez tirés d'un échec.

1. ....

2. ....

3. ....

Souhaitez-vous poursuivre ce travail pour positiver votre situation actuelle ? Les deux prochains exercices sont justement consacrés à vous aider à changer votre propre rapport à l'échec.

EXERCICE 2 : LA LIGNE DE VIE

La ligne de vie est un schéma synoptique permettant de saisir d'un seul coup d'œil votre passé, votre présent et votre futur proche en indiquant succès et échecs.

Intérêts :

- visualiser là où vous en êtes aujourd'hui (présent) ;
- amener à votre conscience ce que vous avez accompli jusqu'ici (passé)
- vous projeter dans l'avenir en fonction de votre parcours (futur) ;

Revisiter vos réussites et vos échecs vous permettra de les conscientiser et de poser un nouveau regard sur vous, plus positif et ouvert sur l'avenir. En outre, vous pourrez ainsi mieux comprendre les stratégies que vous avez utilisées et les ressources que vous avez ou n'avez pas mises en œuvre au moment de ces événements. Repérez, en particulier, les « cadeaux cachés[2] », c'est-à-dire les ressources que vous avez développées pendant les épreuves.

✓ Prenez une feuille libre et dessinez sur un axe du temps les événements marquants de votre parcours en partant de votre naissance jusqu'à votre âge actuel et en imaginant les cinq prochaines années :

- en indiquant les périodes où vous étiez au top : vos sommets ;
- et les périodes en creux de repli, de doute : vos vallées.

À NOTER

Procédez de manière intuitive et sans chercher à inventorier tous les événements de votre vie. Soyez honnête avec vous-même.

✓ 1. Pour chaque événement, nommez-les, datez-les, localisez-les, indiquez les personnes importantes qui vous entouraient.

2 Sur la courbe du changement (*cf.* p. 21), le « cadeau caché » se situe après la phase d'acceptation et préfigure le moment où l'on prend un nouveau départ.

✓ 2. Indiquez-les sous la forme d'un point (événements ponctuels) ou de paliers (événements durables), puis reliez-les pour former une courbe.

Schéma de la ligne de vie

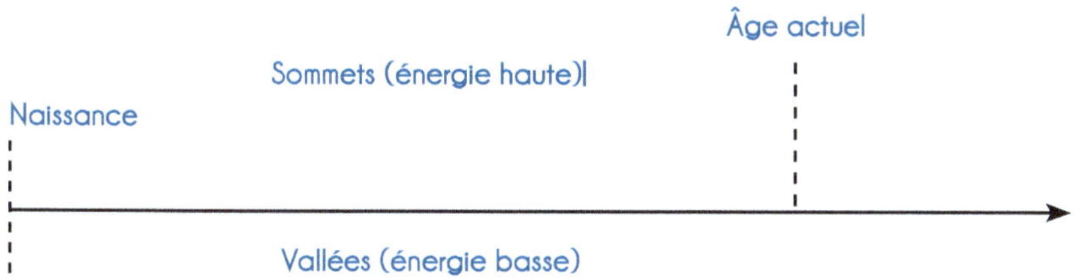

✓ Observez la courbe. Que vous évoque-t-elle au premier coup d'œil ?

Exemple : *« J'ai eu une succession de "sommets" et de "vallées". Jusqu'ici, après chaque vallée, j'ai rebondi vers un sommet. »*

✓ Repérez les différents types d'événements : formations, événements professionnels, événements personnels, rencontres, etc. Repérez-vous des liens entre eux ? Lesquels ?

Exemple : *« Après ma rencontre avec ma compagne actuelle, j'ai fait le tri dans mes relations. Je me suis mis au travail et je suis devenu un professionnel reconnu par mes pairs. »*

✓ Remarquez-vous des récurrences ? Lesquelles ?

Exemple : *« À chacun de mes coups durs, j'ai trouvé la ressource pour rebondir. Tout de suite après la mort de mon frère, j'ai eu mon bac. Puis quand j'ai eu une opération des yeux qui a raté, j'ai su trouver un bon ophtalmologue qui m'a réopéré avec succès. »*

✓ Si oui, à quoi les attribuez-vous ? Vous ? Votre environnement ? Vos comportements ? Vos croyances ?

Exemple : *« J'ai toujours cru en moi. J'ai aussi su trouver les bonnes personnes. Et je suis parvenu à changer de comportement quand celui-ci me freinait trop dans mon évolution. »*

....

....

....

✓ Quels ressources, talents, compétences avez-vous développés dans vos périodes de « sommets » (rencontres, compétences, formations, motivations, croyances aidantes) ?

Exemple : *« Pendant le semestre où j'ai écrit mon premier livre, j'étais persuadé que je serais publié. Ça m'a incité à m'y consacrer entièrement et j'y suis parvenu ! »*

....

....

....

✓ Pendant vos périodes de « vallées », avez-vous manqué de ressources ? Lesquelles ?

Exemple : *« Je me suis senti très seul après la mort de mon frère. Mes études supérieures en ont pris un coup et j'ai mis longtemps avoir de me lancer dans la vie active. »*

....

....

....

✓ Avez-vous le sentiment de vous être autosaboté à certains moments ? Si oui, comment ?

Exemple : *« Je peux être influençable et mal m'entourer. »*

....

....

....

✓ Quels enseignements pour l'avenir tirez-vous de vos réussites ?

Exemple : *« Je sais qu'avec de la méthode, du travail et une motivation sans faille on peut arriver à se transcender et en être fier. »*

....

....

....

✓ Quels enseignements pour l'avenir tirez-vous de vos échecs ?

Exemple : *« Aujourd'hui, je m'écoute pour ne pas retomber dans mes erreurs passées et je demande conseil aux personnes dont je sais qu'elles m'aiment vraiment. »*

....

....

....

✓ Quels décisions ou nouveaux objectifs en déduisez-vous ?

Exemple : *« Je veux être plus tolérant, avoir plus de compassion pour les autres. »*

....

....

....

EXERCICE 3 : ACCEPTER L'IDÉE DE L'ÉCHEC

Hormis les enseignements que nous pouvons tirer de nos échecs, il y a aussi l'acceptation de ceux-ci.
Accepter que l'on puisse échouer, se donner le droit à l'erreur, s'autoriser à ne pas être parfait est parfois extrêmement difficile pour beaucoup d'entre nous. Pourtant, c'est la clé pour vivre en paix avec soi, avec les autres et avec la vie. C'est également la clé pour repartir à l'action qui est le moteur de la réussite. Rappelez-vous la courbe du changement : tout nouveau départ n'intervient qu'après l'acceptation de la situation actuelle.

D'ailleurs, c'est l'autre type d'apprentissage que l'on peut faire après un échec : nous autoriser, enfin, à être imparfaits ; nous donner le droit à l'erreur !

Le thérapeute de l'âme Christophe André propose deux types de travail dans ce sens :

- faire taire notre critique intérieure. Celle qui nous dit que tout ce que nous faisons est raté ou voué à l'échec ;
- construire une vision réaliste de l'échec.

1. Faire taire le critique intérieur

Le critique intérieur, c'est la petite voix interne qui nous juge sévèrement, souvent bien plus sévèrement que nous ne jugeons les autres et que les autres ne nous jugent.
Exemples de « petites phrases dévalorisantes » :

AVANT L'ACTION	APRÈS L'ACTION
« C'est inutile, à quoi bon ? »	« C'était nul »
« Ça ne marchera pas »	« Ça n'a servi à rien »
	« Ça n'est pas suffisant »

✓ **Rappelez-vous une situation insatisfaisante où vous avez eu ce type de phrases dévalorisantes.**

....

....

....

Christophe André propose, d'abord, de prendre conscience de ce travers puis de **se poser quatre questions** sur les pensées présentes à notre esprit à ce moment-là et de les remplacer par un autre type de pensée plus stratégique. Pour exemple, il cite le cas d'un homme de 35 ans insatisfait de son comportement la veille dans une soirée et qui se répète en boucle : « Je n'ai pas été la hauteur hier soir. »

✓ **Faites l'exercice de Christophe André pour vous-même à partir de la situation insatisfaisante mentionnée ci-dessus.**

1 – Cette pensée est-elle réaliste ?

Exemple : *« Je ne sais pas, je n'ai pas d'autre avis que le mien. »*

....

....

....

Quelle stratégie, je pourrais mettre en place pour le savoir ?

Exemple : *« Je vais demander à d'autres personnes ce qu'elles en pensent. »*

....

....

....

2 – Est-ce que cette pensée m'aide à me sentir mieux ?

Exemple : *« Non. Elle m'attriste et m'angoisse. »*

....

....

....

....

Quelle stratégie je pourrais mettre en place pour me sentir mieux ?

Exemple : *« J'arrête de ruminer et j'agis : Que faire maintenant ? »*

....

....

....

3 – Est-ce que cette pensée m'aide à mieux faire face à la situation actuelle ?

Exemple : *« Non. Je me replie sur moi. »*

....

....

....

Quelle stratégie, je pourrais mettre en place pour mieux faire face ?

Exemple : *« Je vais essayer de téléphoner tout de suite à un ami. »*

....

....

....

4 – Est-ce que cette pensée m'aidera à mieux faire face à la situation la prochaine fois ?

Exemple : *« Non, au contraire. Elle augmentera mes difficultés. La prochaine fois, je me sentirai encore plus mal à l'aise. »*

....

....

....

Quelle stratégie, je pourrais mettre en place pour mieux faire face la prochaine fois ?

Exemple : *« Je vais réfléchir à la prochaine soirée : comment puis-je m'y prendre pour ne pas me sentir de nouveau avec ce sentiment d'insatisfaction ? »*

....

....

....

2. Construire une vision réaliste de l'échec

Nous pouvons, aussi, avoir recours à la technique de transformation de nos croyances limitantes en croyances aidantes et l'appliquer aux échecs.

ÉCHEC ET CROYANCES LIMITANTES	TRANSFORMATION EN CROYANCES AIDANTES
Un échec est toujours total : *« C'est une catastrophe. »*	Un échec est un désagrément : *« C'est ennuyeux. »*
Un échec est toujours définitif : *« Je ne serai jamais capable d'affronter cette situation. »*	Un échec est une étape : *« Je vais progresser pour être à l'aise dans cette situation. »*
Un échec est toujours irrattrapable : *« Les conséquences sont irrémédiables. »*	La plupart des échecs sont rattrapables : *« Est-ce qu'il y a des conséquences ? Que faire pour les rattraper ? »*
Un échec est toujours risqué : *« Je vais me laisser aller et m'habituer à la médiocrité. »*	Il n'existe pas d'addiction à l'échec : *« Personne n'aime échouer. Aucun risque que je m'habitue. »*
Un échec est toujours ridiculisant : *« Mon image en a pris un coup mortel. »*	Il n'est pas ridicule d'échouer : *« On a peut-être vu que j'avais des progrès à faire. »*
Un échec est toujours source de perte de confiance de la part des autres : *« On ne me fera plus confiance après ça. »*	Un échec est toujours effacé par une réussite ultérieure : *« Les gens verront bien que j'ai d'autres compétences pour réussir plus tard. »*

Toujours plus loin

✓ Complétez la grille suivante.

	OK/PAS OK	VOS COMMENTAIRES
J'ai compris pourquoi l'échec fait si peur aux Français		
En visualisant ma ligne de vie, je comprends mieux le sens et l'origine de mes succès.		
Avec ma ligne de vie, m'apparaît plus clairement ce qui m'a manqué quand j'ai échoué ou me suis senti en échec.		
À l'avenir, je saurai faire taire mon critique intérieur.		
Je sais transformer une croyance limitante liée à l'échec en croyance aidante.		

Il est temps de passer au chapitre 3, si vous avez au moins trois OK. Sinon refaites les exercices qui ne sont pas OK jusqu'à ce que la transformation d'un échec en apprentissage soit mieux assimilée !

Au chapitre 3, votre autocoaching prend un nouvel élan avec la clarification de vos objectifs.

Clarifier ses objectifs et trouver son Ikigai

De votre connaissance de soi et de la compréhension de l'origine de votre échec ou sentiment d'échec découle tout naturellement une compréhension de vos moteurs, de vos motivations, de vos désirs.

Profitez-en pour déterminer et clarifier vos objectifs professionnels et personnels. Vous pourrez ainsi renouer avec ce qu'il y a de plus grand chez l'être humain : nos projets !

Dites-vous aussi que plus vos objectifs seront clairs à vos yeux, plus vous aurez de chances de les atteindre. Et ainsi, vous échapperez au sombre augure de Frédéric Dard : « Tout objectif flou conduit obligatoirement à une connerie très précise ! »

Seulement, vos objectifs de vie et professionnels peuvent rester mystérieux pour vous. Vous pouvez ne pas savoir vers où vous diriger. Une méthode japonaise va vous y aider : **l'Ikigai.**

En trouvant votre Ikigai, vous allez non seulement imaginer votre avenir, mais aussi donner du sens à vos actions.

Le test

ÊTES-VOUS AU CLAIR AVEC VOS OBJECTIFS ?

✓ Complétez la grille suivante.

	OUI	NON	VOS COMMENTAIRES
Avez-vous des rêves ?			
Des rêves personnels ?			
Des rêves professionnels ?			
Ressentez-vous des freins à leur réalisation ?			
Savez vous transformer vos rêves en objectifs clairs ?			

Êtes-vous en recherche de sens dans votre vie personnelle et professionnelle ?			
Connaissez-vous votre Ikigai ?			
Pratiquez-vous la visualisation positive à propos de vos objectifs ?			
Vous faites-vous des plans d'action ?			

VOS RÉPONSES, NOS CONSEILS

« Un objectif, c'est un rêve avec un délai » a pu dire le grand coach américain Robert Dilts. Nul besoin, donc, d'abandonner vos rêves, qu'ils soient personnels ou professionnels. Au contraire, gardez-les. Ils vous font avancer. Ils sont les préalables à l'action. Ils donnent du sens à votre vie. Car l'ambition donne du sens à nos vies. Mais pour passer de l'imaginaire au réel, il est nécessaire de les transformer en objectifs, en stratégie et en plan d'action.

C'est l'objet de ce chapitre avec dix exercices d'autocoaching pour vous y aider.

- **Sept exercices pour comprendre et changer :**
  - « Clarifier ses objectifs » ;
  - « Chacun cherche son Ikigai ! » ;
  - « Répondre à la question "Qu'est-ce que vous aimez ?" » ;
  - « Répondre à la question "Pour quoi êtes-vous doué ?" » ;
  - « Répondre à la question "Pour quoi êtes-vous payé ?" » ;
  - « Répondre à la question "De quoi le monde a-t-il besoin ?" » ;
  - « Prendre la bonne décision ».
- **Trois exercices pour agir :**
  - « La politique des petits pas » ;
  - « Établir un plan d'action » ;
  - « La visualisation positive ».

Booster vos performances

EXERCICE 1 : CLARIFIER SES OBJECTIFS

Clarifier votre objectif consiste à répondre aux questions suivantes.

✓ 1. Que voulez-vous ? (Votre objectif doit être spécifique, concret. N'en restez pas à des généralisations. Donnez des noms de métiers ou d'activités, qu'elles soient professionnelles ou personnelles.)

Exemple : *M'investir dans le domaine de la formation, du conseil et du coaching.*

....

....

....

✓ Si votre réponse est négative (exemple : je ne veux plus travailler dans la grande distribution) : que voulez-vous à la place ?

....

....

....

✓ 2. Où ? Quand ? Avec qui ? Avec quoi ? (Attention, soyez le plus précis possible. En particulier, donnez une date exacte au jour près)

Exemple : *Avec ma conjointe et des personnes de confiance en province ou à l'étranger sous cinq ans au maximum, c'est-à-dire le 1er septembre 2024.*

....

....

....

✓ 3. Qu'est-ce qui dépend uniquement de vous pour y parvenir ? De quelles ressources internes – compétences, motivations – disposez-vous pour y arriver ? Quelles sont les ressources externes dont vous avez besoin (réseau, formation, accompagnement) ?

Ressources internes :

Exemple : *Mes expériences et certifications en formation et en coaching, mes livres, articles et vidéos, mon ambition de réussir ce que j'entreprends.*

....

....

....

Ressources externes :

Exemple : *Participer à un ou deux réseaux d'affaires, me former à l'art oratoire dans l'école d'art oratoire de Stéphane André[3], prendre des cours de théâtre, trouver un Mentor.*

....

....

....

✓ 4. Que va vous apporter la réalisation de votre objectif ?

À vous :

Exemple : *Satisfaction personnelle, plaisir, sentiment d'accomplissement, fierté.*

....

....

....

Aux autres :

Exemple : *Utilité, bien-être, réussite.*

....

....

....

Au monde :

Exemple : *Améliorer les relations, aider les autres à mieux vivre leur situation et à résoudre leur problématique.*

....

....

....

Vous êtes arrivé à répondre aux quatre questions sans blocage ? Bravo ! Votre objectif est clair.

Vous n'y êtes pas parvenu ? C'est que votre objectif n'est pas clair. Par exemple, vous pouvez ne pas savoir ce que vous voulez faire (question 1) ; ne pas

3 Sur l'art oratoire, cf. Exercice 3, p. 79.

percevoir ce qu'il vous faut pour y parvenir (question 3) ; ou avoir du mal à cerner ce que la réalisation de votre objectif va apporter (question 4).

Les exercices suivants vont vous aider à résoudre ces points de blocage. Pour cela, nous allons nous appuyer sur un outil puissant : l'**Ikigai**.

EXERCICE 2 : **CHACUN CHERCHE SON IKIGAI !**

L'Ikigai est un test japonais qui vous permettra de répondre à une question que vous n'avez pas pu ne jamais vous poser : « Pourquoi je me lève le matin et pourquoi ma vie vaut la peine d'être vécue ? » En somme, ce test est en mesure de vous donner le **sens de votre vie**, votre **raison d'être**, et même votre **mission de vie**.

Cet outil, qui connaît un succès notable depuis quelques années, nous vient du Japon et, plus particulièrement, de l'île d'Okinawa, célèbre pour ses centenaires, dont l'Ikigai serait à la source de cette longévité (avec cinq autres facteurs comme l'alimentation riche en Oméga 3 connue sous le nom de régime d'Okinawa).

L'Ikigai réunit les quatre dimensions d'un objectif motivant et porteur de sens :

- **ce que vous aimez** (votre motivation) ;
- **ce pour quoi vous êtes doué** (vos ressources) ;
- **ce pour quoi vous êtes payé ou pourriez être payé** (votre « gagne-pain ») ;
- **ce dont le monde a besoin** (votre sentiment d'utilité).

Pour être à votre Ikigai, il vous faut donc réfléchir aux quatre cercles en répondant aux **quatre questions suivantes**.

✓ Qu'est-ce que vous aimez ?

Exemple : *Lire, écrire, discuter, penser, former, me former.*

....

....

....

✓ Pour quoi êtes-vous doué ?

Exemple : *Transmettre, partager, trouver des solutions simples à des problèmes complexes, faire preuve de créativité, créer un climat convivial et faire rire pour dédramatiser.*

....

....

....

✓ Pour quoi êtes-vous ou pourriez être payé ?

Exemple : *Formations, coaching, conseil, livres.*

....

....

....

✓ De quoi le monde a-t-il besoin ? (À quoi je peux être utile ?)

Exemple : *Trouver du sens, restaurer son bien-être, aimer la vie, devenir plus perspicace sur soi-même et le monde, s'émanciper, s'autoriser des choses.*

....

....

....

Répondre à ces questions vous permettra de réussir à trouver le juste équilibre dans votre vie professionnelle et personnelle.

À NOTER

Les Japonais donnent une acception plus large à l'Ikigai que la découverte d'une vocation professionnelle. Comme le dit Bettina Lemke : « Vous pouvez trouver votre Ikigai en regardant le soleil se lever le matin, en donnant rendez-vous à des amis pour aller ensemble faire un jogging, en lisant des livres qui vous plongent dans d'autres univers, en prenant soin des autres, en étant présent à votre famille, en faisant de grandes promenades avec votre chien, en apprenant une langue étrangère, en exprimant votre créativité dans un cours de peinture, etc.[2] »

Vous pouvez avoir un peu de mal à répondre à brûle-pourpoint à ces quatre questions. Les quatre exercices suivants sont destinés à débloquer votre créativité pour vous permettre d'y apporter des réponses, vos réponses !

EXERCICE 3 : RÉPONDRE À LA QUESTION « QU'EST-CE QUE VOUS AIMEZ ? »

Vous pouvez avoir eu des difficultés à répondre à la question « Qu'est-ce que vous aimez ? » de votre Ikigai. Pour débloquer votre créativité, voici un exercice qui peut vous aider à trouver ce que vous aimez. Il s'agit de trouver 22 activités ou métiers que vous auriez envie de faire et 22 activités ou métiers que vous n'auriez pas du tout envie de faire.

Répondez de manière intuitive et spontanée. Laissez libre cours à votre imagination. Retrouvez les rêves que vous aviez enfant, adolescent, jeune adulte, et ceux d'aujourd'hui. Ne cherchez pas à tout prix le réalisme. Vous pouvez vous aider pour répondre à la question « Qu'est-ce que j'aime ? » avec des questions comme : « Qu'est-ce qui m'intrigue en ce moment ? », « Qu'est-ce qui me met en joie ? ».

✓ Faites cet exercice en 10 minutes. Chronométrez-vous pour être focus.

22 ACTIVITÉS/MÉTIERS UP	22 ACTIVITÉS/MÉTIERS DOWN
....	....
....	....
....	....

✓ Combien d'activités avez-vous trouvées en *up* ? en *down* ? Quelle est la colonne la plus remplie ? Qu'est-ce que ça vous évoque ? Trouvez-vous des récurrences ? Lesquelles ? Prenez un feutre rouge et entourez l'activité que vous avez le plus envie de réaliser.

....

....

....

À NOTER

Le nombre n'a pas d'importance. Si vous avez trouvé peu d'activités ou métiers, cela n'a pas d'importance. Faites avec ce que vous avez trouvé. Ce vous sera déjà très utile.

✓ Quelle activité ou quel métier émergent *in fine* ?

....

....

....

✓ Que pensez-vous d'en faire votre objectif principal ? Une autre activité ressort également ? Et si vous en faisiez votre plan B ?

....

....

....

EXERCICE 4 : RÉPONDRE À LA QUESTION « POUR QUOI ÊTES-VOUS DOUÉ ? »

Cette deuxième question de l'Ikigai peut vous bloquer. Y répondre, c'est retrouver les compétences et la motivation que vous avez mises en œuvre dans vos activités jusqu'à aujourd'hui. Or, il y a une manière simple de les faire réémerger : transformez vos réalisations passées en ressources pour le futur.

Voici comment : listez une vingtaine de vos réalisations dans la première colonne de ce tableau et transformez-les en compétences et motivation en vous aidant de l'exemple. Là aussi, ne vous censurez pas. Partez de votre enfance, puis rappelez-vous vos études, vos activités professionnelles et extraprofessionnelles pour retrouver là où vous étiez doué.

✓ Remplissez le tableau suivant (sur un fichier Word ou Excel et/ou une feuille libre).

Tableau des réalisations

RÉALISATIONS	*HARD SKILLS*[4]	*SOFT SKILLS*[5]	J'AIME (OK)/J'AIME PAS (PAS OK)
Exemple : Formateur	*Techniques d'animation* *Conception d'une formation* *Sens pédagogique* *Transformation digitale*	*Art oratoire* *Créativité* *Empathie* *Gestion de son stress*	*OK*

Avec ce tableau, vous venez d'identifier vos principales compétences et motivations qui seront autant de ressources pour réussir votre objectif. Si vous avez du mal à verbaliser vos différents types de compétences, vous pouvez vous servir de documents sur le web pour en extraire les **mots-clés** : offres d'emploi, fiches métier, descriptions d'activité...

Non seulement la connaissance de vos compétences et de motivations va vous aider dans l'atteinte de votre objectif, mais, de plus, les mots-clés attachés vous seront très utiles dans votre discours pour convaincre vos futurs recruteurs, clients, financeurs, etc..

4 *Hard skills* : compétences liées à votre métier.
5 *Soft skills* : compétences humaines (comportementale, émotionnelle, relationnelle, créativité...).

EXERCICE 5 : **RÉPONDRE À LA QUESTION « POUR QUOI ÊTES-VOUS / POURRIEZ-VOUS ÊTRE PAYÉ ? »**

Pour parvenir à répondre à cette question de votre Ikigai, vous allez passer en revue toutes les activités et tous les métiers que vous avez déjà exercés, mais aussi ceux pour lesquels vous avez du potentiel. Pour cela, retournez dans la liste de ce que vous aimez (exercice 3) et celle de ce pour quoi vous êtes doué (exercice 4) et demandez-vous si certaines de ces activités ou certains de ces métiers ne pourraient pas être rémunérateurs.

> **À NOTER**
>
> Pas d'autocensure ni de comparaison avec d'autres personnes. Seules comptent votre motivation et votre passion pour ces activités ou métiers.

✓ Établissez votre liste des activités pour lesquelles vous êtes ou pourriez être rémunéré.

Exemple : *Formateur en réseaux sociaux, en* networking, *en développement personnel, en art oratoire, en pitch, auteur de livres, conférencier.*

....

....

....

EXERCICE 6 : **RÉPONDRE À LA QUESTION « QUELS SONT LES BESOINS DU MONDE ? »**

Reprenez toutes vos listes des exercices précédents en prenant l'angle de « votre utilité au monde ». Beaucoup de ce que vous aimez, de ce pour quoi vous êtes doué, de ce pour quoi vous êtes payé ou pourriez être payé peut être considéré en termes d'aide ou de service aux autres et peuvent être utiles au monde !

Et trouvez également d'autres idées !

✓ Établissez votre liste des activités dont le monde a besoin.

Exemple : *Mieux communiquer, apprendre à se connaître, apprendre à aimer faire du réseau, développer un savoir-faire sur les réseaux sociaux, savoir parler en public, être plus efficace professionnellement, savoir redonner du sens à son métier.*

....

....

....

EXERCICE 7 : PRENDRE LA BONNE DÉCISION

Parcourez l'ensemble de vos réponses aux quatre questions de l'Ikigai et surlignez les mots-clés ou phrases clés qui vous semblent les plus importants.

✓ Placez vos réponses sur ce graphique (d'après Bettina Lemke) en vous demandant où vous allez les noter.

Exemples : *Plus le mot-clé se rapporte à ce que vous aimez et moins il est possible d'en être payé, plus vous l'inscrirez dans la partie haute. S'il remplit les conditions, vous le placerez au centre, etc.*

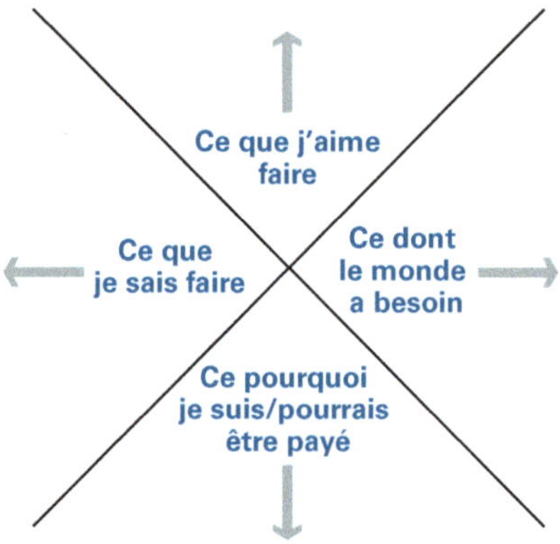

Et voici l'explication des zones de ce graphique.

Schéma de l'Ikigai

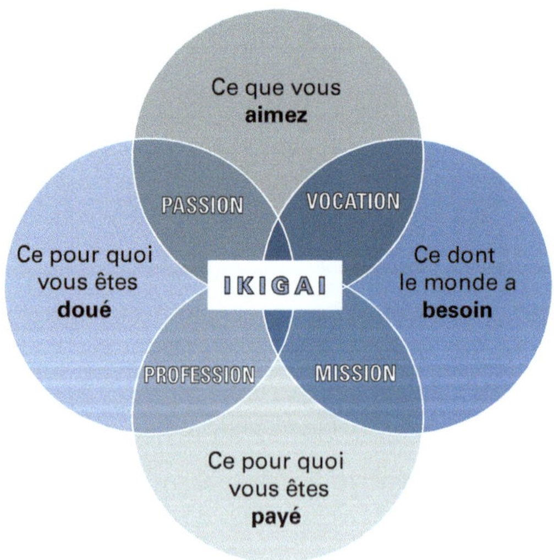

D'après Marc Winn (theviewinside.me)

Vos mots-clés concernent :

1. Votre **profession** s'ils sont placés sur la diagonale basse gauche. Notez-les.

....

....

....

2. Votre **vocation**, sur la diagonale haute droite. Notez-les.

....

....

....

3. Votre/vos **passion**(s) sur la diagonale haute gauche. Notez-les.

....

....

....

4. Votre **mission** sur la diagonale basse droite. Notez-les.

....

....

....

Votre Ikigai correspond aux mots-clés placés à l'intersection des deux diagonales. Notez-les.

....

....

....

À NOTER

Votre Ikigai n'est pas seulement ce que vous aimez faire. Pour qu'il soit durable et donne du sens à votre vie, il faut aussi qu'il soit conforme à votre talent, qu'il subvienne à vos besoins et que le monde en ait besoin !

EXERCICE 8 : AGIR GRÂCE À LA POLITIQUE DES PETITS PAS

À la suite des exercices précédents, vous savez dorénavant pourquoi vous vous levez le matin ! Cependant, sachez une chose. S'il est important de viser haut, de mettre la barre à bonne hauteur, il faut le faire **au bon moment**. Par exemple, si une recherche d'emploi perdure, il peut être utile de revoir ses objectifs. D'adopter une politique des petits pas. Et le jour où c'est le moment, viser vraiment plus haut.

Pour votre nouvel objectif, pour votre nouvel objectif, il sera important de respecter votre **écologie personnelle**. En ce sens, votre objectif sera une réussite si vous êtes en mesure de répondre « oui » aux cinq questions suivantes.

✓ Votre objectif est-il désiré ?

Exemple : *« Oui. Je suis animé d'une véritable motivation à changer. »*

....

....

....

✓ Votre objectif est-il « sécure » ?

Exemple : *« Oui. Il ne remet pas en question mon besoin de sécurité pour moi et mon entourage tout en activant mon envie de prendre des risques. »*

....

....

....

✓ Votre objectif vous apporte-t-il du plaisir ?

Exemple : *« Oui. J'ai un peu peur, mais je ressens aussi une joie profonde à l'accomplir. »*

....

....

....

✓ Votre objectif est-il réalisable ?

Exemple : *Oui. D'ailleurs, je ferai un plan d'action de « petits pas » me permettant d'obtenir des réussites rapides qui maintiendront ma motivation.*

....

....

....

....

✓ Votre objectif est-il conforme à vos valeurs ?

Exemple : *Oui, mes valeurs sont bien respectées.*

....

....

....

Exemple : *Un phénomène ralentit le retour à l'emploi de certains de mes clients. Ils désirent, alors qu'ils ne sont plus en emploi, un poste au-dessus de celui qu'ils occupaient auparavant. C'est cette responsable régionale de boutiques qui veut devenir directrice commerciale nationale. C'est cette responsable des relations sociales qui vise un poste de DRH. C'est ce responsable de communication associatif qui se projette dans un poste corporate d'un groupe du secteur concurrentiel. Quel « génie malin » peut-il bien se nicher dans le cerveau et dans le cœur de mes clients pour se projeter ainsi dans une voie qui a une chance limitée d'aboutir ? Une forme de fierté ? « Ils vont voir de quoi je suis capable ! » Un désir de se refaire ? Un peu comme dans un casino où on aurait perdu une grosse somme qu'on chercherait à récupérer en misant encore plus gros. Je ne sais trop. En tout cas, sachez, clients au chômage, que ce n'est pas la meilleure des stratégies. À moins d'une démarche réseau d'ampleur ou d'un gros coup de chance, elle a peu de chances d'aboutir. Pourquoi ? Parce que nous sommes en France et que les recruteurs français ont tendance à viser la sécurité plutôt que le potentiel des candidats. Faites preuve d'intelligence adaptative. Quand vous serez en poste, il sera toujours temps de travailler à votre ambition en visant une promotion interne ou externe. C'est comme vouloir aller à Marseille en 1re classe pour être plus à l'aise pour vous reposer ou travailler. S'il n'y a plus de place, vous prenez une seconde. Et la prochaine, vous ferez en sorte de voyager en 1re.*

À NOTER

Dans le cadre de cette politique des petits pas, faites donc attention à vous munir d'un plan B, voire C. Il est important d'ouvrir le champ des possibles en vous offrant plusieurs options possibles. Car ce que vous voyez comme la solution peut devenir le problème si vous n'arrivez pas atteindre votre objectif principal. En vous donnant le choix de réaliser tel ou tel de vos objectifs, vous retrouverez la motivation, vous réduirez votre peur de l'échec, vous boosterez votre créativité et vous vous remettrez en action vers votre nouvel objectif.

EXERCICE 9 : ÉTABLIR UN PLAN D'ACTIONS

La recherche de votre Ikigai a porté ces fruits. Il s'agit de le transformer en actions concrètes !

Dans la logique de la politique des petits pas, vous allez établir votre plan d'actions. Chaque action deviendra ainsi un sous-objectif de votre objectif global.

✓ Quels sont votre (vos) objectif(s) ? Datez-le (les). (Impératif)

....

....

....

✓ Quelles actions allez-vous faire pour y parvenir ? Datez-les. (Impératif)

....

....

....

✓ De quelles ressources internes (compétences, motivations) disposez-vous pour le faire ?

....

....

....

✓ Quelles ressources externes (formation, réseau, accompagnement) cherchez-vous à vous procurer pour y parvenir ?

....

....

....

✓ Quel est le premier pas que vous allez accomplir ? (Votre première action)

....

....

....

✓ Quelles activités ressourçantes allez-vous vous accorder pour garder le souffle ?

....

....

....

> **À NOTER**
>
> Une fois votre plan d'actions écrit, revenez-y régulièrement. C'est votre feuille de route pour l'action. Il vous servira à rédiger vos *to do lists* quotidiennes.

> **ASTUCE**
>
> Rédigez vos *to do lists* à la fin de chacune de vos journées. Vous les retrouverez le matin et attaquerez votre journée de travail immédiatement.

EXERCICE 10 : LA VISUALISATION POSITIVE DE SES OBJECTIFS

Selon le célèbre coach américain Robert Dilts (né en 1955) : « Il faut visualiser son rêve sous forme de film intérieur. » C'est ce que vous allez faire.

Pensez à l'un de vos objectifs. Nommez-le. Installez-vous bien confortablement, faites quelques respirations, par exemple l'exercice de cohérence cardiaque. Puis mettez le chronomètre de votre smartphone sur 5 minutes (pour la première fois, ensuite vous opterez pour la durée de votre choix). La visualisation peut commencer !

Exemple de visualisation d'objectif : *Voyez-vous quelque chose ? Une image. Qu'y a-t-il dans cette image ? Des personnages ? Des gens que vous connaissez ou des inconnus.*

Vous voyez-vous dans cette image ? Dites-vous que ce film intérieur, vous en êtes à la fois le réalisateur et l'acteur. Vous êtes maître de son déroulement et le personnage principal. Vous êtes en train de vous regarder à l'écran et vous êtes vous-même à l'écran. Jetez un œil autour de vous. À quoi ressemble votre environnement ? Quelles couleurs voyez-vous ? Entendez-vous des sons ? Des bruits ? Une musique ? Sentez-vous des odeurs ? Que ressentez-vous au fond de vous ? Quelles émotions avez-vous ? Vous dites-vous des mots ? Quels sont ces mots que vous vous dites ? Aimez-vous ce moment ? Sentez-vous des odeurs ? Avez-vous envie de vous féliciter ? Qu'exprime votre visage ? De la joie ? De la sérénité ? Un sourire se lit-il sur vos lèvres ? Ou gardez-vous vos sentiments au fond de vous ? Êtes-vous fier de vous ? Finissez ces quelques minutes de visualisations en respirant profondément.

Pourquoi visualiser ?

D'abord, parce que c'est une activité simple, ludique et qui fait du bien au moral puisqu'on imagine des événements futurs sous forme heureuse. Ensuite, parce qu'elle stimule votre cerveau (la plupart des techniques de mémorisation héritées des Romains utilisent, par exemple, la visualisation). *Last but not least,* nous associons ce futur à des émotions agréables puisqu'il est fait de réussites. En cela, nous renforçons notre motivation, et donc, notre puissance d'agir.

Toujours plus loin

✓ Complétez la grille suivante.

	OK/PAS OK	VOS COMMENTAIRES
J'ai identifié ce que j'aime.		
Je sais pourquoi je suis doué.		
Je sais qui peut ou pourrait me rémunérer.		
J'ai identifié ce dont le monde a besoin.		
Je connais mon Ikigai.		
J'ai trouvé mon objectif principal.		
J'ai un plan B, voire un plan C.		
J'ai établi mon plan d'action.		
J'ai déjà visualisé au moins une fois mon objectif sous forme de film intérieur.		

Vous avez cinq OK ? Passez au chapitre suivant. Vous reviendrez à ce chapitre régulièrement pour enrichir votre travail de mise en orbite de vos objectifs de vie et professionnels. Sinon, reprenez les exercices et cherchez à répondre aux questions en vous aidant du web ou en demandant de l'aide à un ami.

Renforcer son efficacité professionnelle

Le moment est venu de travailler à renforcer votre efficacité professionnelle pour optimiser votre réussite lors de vos prochaines étapes professionnelles.

La compétence s'obtient par la formation et par l'expérience. Donc il est utile, si vous souhaitez augmenter vos performances professionnelles, d'en acquérir de nouvelles en vous formant régulièrement et également en exerçant votre métier. Et si, temporairement, vous n'êtes pas en activité, de continuer à pratiquer votre métier, par exemple, de manière bénévole pour des gens de votre réseau ou pour des associations.

Mais la formation et l'expérience ne font pas tout dans la réussite ; il existe un certain nombre de méthodes qui permettent d'accroître grandement votre efficacité dans le travail. Et il n'y a rien de mieux pour renforcer sa confiance en soi que d'être efficace dans son travail.

Dans ce chapitre, nous allons voir cinq méthodes qui vous permettront de :

- mieux gérer votre **temps** ;
- gagner en **productivité** en organisant votre travail ;
- **mémoriser** tout ce que vous souhaitez ;
- **synthétiser** efficacement l'information ;
- devenir un **expert** dans votre sujet de prédilection.

Le test

AVEZ-VOUS BESOIN DE RENFORCER VOTRE EFFICACITÉ PROFESSIONNELLE ?

✓ Remplissez la grille suivante.

	OUI	NON	VOS COMMENTAIRES
Vous arrive-t-il de procrastiner ?			
Avez-vous du mal à vous organiser ?			
Avez-vous des problèmes pour memoriser ?			

Voulez-vous cerner un sujet qui vous intéresse sous toutes ses facettes ?			
Avez-vous déjà utilisé la technique du *mind mapping* pour vos prises de notes ?			

VOS RÉPONSES, NOS CONSEILS

Ce chapitre est destiné à vous améliorer dans tous les compartiments évoqués dans ce test à travers **cinq exercices** pour **comprendre** et **agir** :

- « Gérer son temps avec la méthode Pomodoro » ;
- « 10 règles à appliquer pour s'organiser efficacement » ;
- « En finir avec sa mémoire de poisson rouge ! » ;
- « Devenir un expert avec le système FLOQER » ;
- « Optimiser toutes ses prises de notes grâce au *mind-mapping* ».

Booster vos performances

EXERCICE 1 : **GÉRER SON TEMPS AVEC LA MÉTHODE POMODORO**

Connaissez-vous la loi de Parkinson ? Pas la maladie, mais la loi temporelle qui édicte que toute tâche prend le temps qui lui est… imparti ! En somme, si vous avez six mois pour faire quelque chose vous mettrez six mois… Et si vous n'aviez eu que deux semaines pour le faire, vous auriez mis deux semaines. Peut-être pas avec la même qualité, quoique…

Savez-vous pourquoi ? Parce que nous tous sommes confrontés à un terrible ennemi : **la procrastination**. Cette faculté qu'a l'être humain de remettre à plus tard ce qu'il doit faire maintenant. L'étymologie latine du terme nous renseigne bien sur sa signification : « reporter » (*pro*) « à demain » (*cras*).

✓ Êtes-vous atteint de procrastination ? Dans quelles circonstances ? Pour quelles tâches ?

…………………………………………………………………………………………

…………………………………………………………………………………………

…………………………………………………………………………………………

La procrastination, en vérité, n'est pas le fait des paresseux, mais le fonctionnement normal du cerveau, à savoir une préférence pour les choses qui nous donnent des gratifications immédiates (circuits de la récompense) plutôt que les tâches pénibles (circuits de la punition). C'est biologique : les gratifications diffusent de la dopamine dans notre cerveau. Ce sont des hormones de plaisir auxquelles nous sommes tous accros.

Une manière de rééquilibrer nos deux circuits cérébraux antagonistes serait de suivre la proposition du philosophe André Comte-Sponville. Se penchant sur la crise de l'école, ce dernier conseille de ne pas remplacer l'effort par le plaisir, mais d'apprendre aux enfants à prendre plaisir à l'effort.

Mais comme nous n'avons pas tous eu la chance d'avoir des professeurs de la trempe d'un Comte-Sponville, il nous faut bien trouver des astuces. Il en est une qui est redoutable pour lutter contre notre « peu de volonté » à l'effort : la **méthode Pomodoro**.

Elle est tellement simple et si étonnamment efficace qu'elle est connue dans le monde entier. Imaginons que vous ayez un examen à préparer, un dossier à traiter, une tâche administrative à réaliser, un livre à écrire, un film à monter, des candidatures à envoyer, etc. Commencez par vous fixer vos objectifs de travail puis décomposez-les en sous-objectifs. Une fois que vous avez vos sous-objectifs, décidez lequel vous allez traiter. Puis mettez le chronomètre de votre smartphone sur 25 minutes. Et… TRAVAILLEZ !

Au bout des 25 minutes, faites une pause de 5 minutes (prenez l'air, buvez, etc. Évitez de regarder votre smartphone). Et recommencez. On conseille de faire **quatre séquences de 25 minutes avec des pauses de 5 minutes intercalées**. Puis de prendre **une pause plus longue de 15 minutes avant de réattaquer**, si nécessaire, une nouvelle salve de séquences de Pomodoro. Ces séquences de travail rythmées par des pauses vont vous permettre de vous concentrer à fond sur votre tâche en évitant de vous disperser. Vous serez focus sur votre sujet et éviterez pendant 4 × 25 minutes de consulter vos messages sur votre smartphone.

Pomodoro marche. Croyez-moi !

Exemple : *Solange, auteure, s'est aperçue qu'au cours d'un Pomodoro de 25 minutes, elle parvenait à écrire 500 mots (soit 2 pages). Avec une séquence par jour, elle calcule qu'elle peut écrire 180 pages en trois mois. C'est-à-dire un livre moyen ! C'est comme cela qu'elle a écrit son premier livre !*

À NOTER

On s'est interrogé pour comprendre le fonctionnement de la méthode Pomodoro. Plusieurs explications coexistent.

Sa réussite tiendrait au chronométrage de votre activité. Cela crée une adrénaline équivalente à celle que l'on ressent lors d'un examen. Ainsi, on parvient à rester focus et à travailler le plus rapidement possible pour finir à temps.

> Autre explication : quand l'alarme sonne au bout de 25 minutes, nous sommes au maximum de notre concentration. La pause crée une frustration et donne envie de reprendre là où on en était. Alors que si nous nous arrêtons quand nous n'en pouvons plus, notre concentration est en berne et notre motivation à reprendre aussi.
>
> Enfin, avec Pomodoro, nous multiplions les pauses et c'est tout bénéfice pour notre moral et notre attention !

✓ Faites votre premier Pomodoro de 25 minutes en lançant votre lecture (muni d'un stylo) de ce chapitre. Faites une pause de 5 minutes. Etc. Jusqu'à ce que vous l'ayez lu en entier.

EXERCICE 2 : **10 RÈGLES À APPLIQUER POUR S'ORGANISER EFFICACEMENT**

France, cadre dans une grande collectivité territoriale, reste dans un poste environ trois années. Chaque fois qu'elle quitte un poste, elle est remplacée par deux personnes. Quel est le secret de sa capacité à absorber sa tâche de travail qui la fait travailler comme deux ? « Pour commencer, explique-t-elle, je ne dis jamais non à une demande (même si cela serait plus confortable pour moi dans certaines situations). Mais j'ai recours à quelques astuces pour réussir à gérer toute ma charge de travail. » Les voici rassemblées dans cet exercice sous forme de règles.

✓ Ressentez-vous le besoin de mieux vous organiser dans votre journée ? Expliquez pourquoi.

....

....

....

Règle n° 1 : Acceptez toutes les demandes qui sont faites par votre hiérarchie ou vos clients. S'il y en a trop, dites : « Oui, mais je les traiterai sous tels délais. » Si les délais sont trop courts, alors sachez dire non. Mais un non ouvert. Un non de type : « et en même temps ». Par exemple : « Non, je ne peux pas le faire pour demain. Mais c'est possible sous 48 heures. » Vous avez fixé vos délais. Cela met les deux parties dans le confort. Si, ensuite, vous ne tenez pas vos délais et que votre manager ou votre client vous relance, répondez-lui : « C'est en cours. » Et remettez-vous à la tâche. Ce rappel vous aura mis un coup de pression utile.

Et puis si vous avez vraiment trop de sollicitations, refusez-en certaines avec un maximum de courtoisie. Si votre boss ou votre client insiste, négociez des contreparties : « OK, mais ce sera au détriment de telle autre tâche. »

Règle n° 2 : Rédigez votre *to do list*. Notez tout sur votre *to do list* : petites et grandes tâches. Notez aussi celles qui vous viennent tout au long de la journée que vous soyez dans les transports, au restaurant ou sous la douche !

Règle n° 3 : Pour chacune de vos tâches, demandez-vous lesquelles peuvent être déléguées auprès de collaborateurs ou de prestataires extérieurs – même les tâches courtes qui sont souvent les plus chronophages. Si vous n'êtes pas en mesure de déléguer (pas de collaborateurs ou pas l'argent pour le faire), appliquez la règle des 2 minutes (l'astuce est de David Allen dans son *best-seller* publié en 2001, *Getting Things Done*) qui édicte : « Quand une tâche vous prend moins de 2 minutes, faites-la tout de suite. » On perd plus de temps à les relire qu'à les faire immédiatement.

Règle n° 4 : Commencez par attribuer les tâches à déléguer en donnant un délai sinon elles ne seront pas faites. Cela vous laisse le temps nécessaire à vos propres tâches.

Règle n° 5 : Évaluez le risque qu'il y a à ne pas traiter un dossier. Rappelez-vous : combien de dossiers dont on vous a dit qu'ils étaient ultra-urgents sont restés coincés sur le bureau de votre boss ? Donc il est préférable de raisonner non pas en termes d'urgence mais en termes de « risques à ne pas faire ». Ou de « bénéfice à les réaliser ».

Le risque est à évaluer pour soi, pour son chef, pour son service, pour son client ou l'usager.

Règle n° 6 : Tout ce qui est à risque le traiter en priorité. Puis distinguez les dossiers complexes des dossiers simples.

Règle n° 7 : Pour traiter les dossiers complexes, réservez-vous des plages horaires et les noter sur votre agenda. Quelques astuces pour en venir à bout :

- divisez-les en sous-tâches qui seront autant de sous-objectifs ;
- si vous êtes dans un bureau, fermez la porte. Si vous la laissez ouverte le reste du temps, cela sera bien accepté. Si vous travaillez en open space, mettez des écouteurs ou un casque anti-bruit ;
- prenez une journée de télétravail ;
- ayez recours à la méthode Pomodoro (cf. exercice 1) ;
- évitez de les traiter entièrement seul. Faites appel à vos collègues. Vous bénéficierez ainsi de l'intelligence collaborative. Les gens sont toujours prêts à faire profiter de leurs connaissances.

Règle n° 8 : Traitez les dossiers simples tout au long de la journée.

Règle n° 9 : En ce qui concerne les dossiers ni simples ni complexes et sans risque, mais ennuyeux, traitez-les en dernier et, à l'extrême, laissez-les sans traitement. Souvent les choses se décantent d'elles-mêmes. Comme disait le président Queuille : « Il n'est pas de problème dont une absence de solutions ne finisse par venir à bout. » N'en abusez pas cependant. À réserver pour les dossiers sans impact.

Règle n° 10 : Rayez les dossiers traités de votre *to do list* au fil de l'eau et, une fois la page rayée, ne la jetez pas. Classez-la avec les autres *to do list.* Vous pouvez en avoir besoin si on vous demande des comptes. Et surtout, il y a un plaisir et une motivation à contempler la tâche abattue !

> **À NOTER**
>
> **On peut être victime de ses représentations mentales. Ainsi, on se fait parfois une montagne d'un dossier alors que quand on s'y met, on réalise qu'il ne nous a pris que peu de temps. D'où l'importance de se lancer immédiatement après avoir organisé sa journée.**

Savoir s'organiser est l'une des principales clés pour gagner en efficacité professionnelle et en productivité. De plus, les résultats que vous en obtiendrez vous donneront une grande sérénité. Vous serez réputé pour votre capacité de travail et bien vu par votre hiérarchie ou vos clients. Alors qu'en vérité, vous aurez surtout su vous organiser. Sérénité et bonne réputation contribueront grandement à renforcer votre confiance en soi.

EXERCICE 3 : EN FINIR AVEC SA MÉMOIRE DE POISSON ROUGE

Avoir une bonne mémoire est un élément essentiel de la confiance en soi. Or tout est fait dans notre société pour faire de nous des « immémoriaux », c'est-à-dire des individus sans mémoire : le ***multi-tasking*** (le fait de faire plusieurs tâches en même temps) ; les **machines** auxquelles nous déléguons notre mémoire (« Dis-moi Google, comment s'appelle… ») ; la multiplication des **écrans** ; les **notifications** de nos smartphones.

Nous n'avons pas assez conscience de la perte de confiance en soi que produisent nos mémoires défaillantes. Voici ce qu'écrit Sébastien Martinez, champion de France de la mémoire 2015, dans son livre *Une mémoire infaillible* publié au Livre de poche en 2016 : « L'art de la mémoire nous permet de gagner en concentration, et donc en sérénité. Il nous aide à ne plus nous disperser. À retrouver notre autonomie. Et donc notre confiance en nos propres capacités. »

Par ailleurs, vous aurez absolument besoin de pouvoir compter sur votre mémoire si vous êtes en train de faire vos études ou si vous souhaitez les reprendre. Mais peut-être pensez-vous qu'une bonne mémoire n'est dévolue qu'à quelques-uns ?

Ou regrettez-vous la mémoire de vos 15 ans, quand vous reteniez facilement les noms de vos stars préférées ? Et pensez-vous que vous n'arriverez jamais à la recouvrer ? Eh bien, vous avez tort ! La mémoire s'apprend, comme tout.

Mais il vous faut connaître les secrets de la mémoire qui sont accessibles à tout le monde.

✓ Aimeriez-vous avoir une meilleure mémoire, et dans quel domaine ?

....

....

....

Mémoriser efficacement dépend de techniques. Les principales sont la concaténation et les associations visuelles.

1. La concaténation

Comment avez-vous retenu vos sept conjonctions de coordination *et, ou, mais, car, donc, or, ni* ? Parce qu'on vous les a appris à l'aide de la phrase : « Mais où est donc Ornicar ? » C'est la manière la plus simple de retenir les choses : utiliser la première lettre ou la première syllabe pour en faire des phrases ou des acronymes. On appelle cela la concaténation..

2. Les associations visuelles

Plus performant que la concaténation, associer les mots ou les chiffres que vous souhaitez retenir à des images. Mais des images animées (pas statiques), des images qui font appel à vos cinq sens (vision, audition, toucher, odorat, goût). En outre, plus vos images sont incongrues ou choquantes, plus vous aurez des chances de les mémoriser de manière durable.

Avec cette technique de visualisation associée, vous allez retenir toutes sortes de **choses** : la liste des commissions, des 20 pays les plus riches du monde, des planètes du système solaire, votre code d'entrée ou de carte bleue, etc. Plus intéressant, vous allez pouvoir apprendre de manière plus efficace et plus ludique des **langues étrangères** ou des **cours**. Ou préparer votre diplôme de médecin ou d'avocat ! Ou tout simplement, améliorer votre **mémoire au quotidien** : vous souvenir des noms et des visages, des numéros de téléphone, de vos conversations, etc.

Cette technique d'associations visuelles marche aussi bien avec des **mots concrets** (choses) qu'avec des **termes abstraits** (concepts, notions, idées…). Avec les mots abstraits, il s'agit de les transformer en choses concrètes.

Exemples : *la liberté devient la statue de la Liberté. Facile ! Mais ça devient plus difficile si le terme n'a pas de traduction immédiate. Le mot « sérendipité », par exemple, qui signifie « découverte par hasard ». Comment l'ancrer définitivement* *dans votre mémoire la première fois que vous le rencontrez ? Eh bien, imaginez « un cerf (l'animal) qui regarde un chasseur pointant son fusil vers lui et lui dit pitié. Le chasseur à ce moment-là baisse son fusil. » C'est fait, vous venez de retenir le mot sérendipité !*

Cette phase de la mémorisation que l'on appelle **encodage** peut prendre du temps au début, mais plus vous la pratiquerez, plus il vous deviendra aisé de créer des images. Et rassurez-vous l'image, associée disparaîtra peu à peu et ne restera que le mot que vous pourrez convoquer quand vous en aurez besoin.

Ensuite, il vous faut créer des histoires pour relier ces images sous la forme d'un film intérieur.

Exemple : *J'ai toujours eu du mal à mémoriser les « quatre accords toltèques ». Pour y parvenir, je me suis fait un petit film mental : « Je remarque que la gamelle de mon chat Spinoza est sale. Je décide de la nettoyer avec une marque de liquide vaisselle au citron bien connue. Il regarde sa gamelle pleine de mousse avec ses yeux de chat persan. Puis je me rappelle que je dois lui mettre son suppositoire, car il est malade. Il me regarde amoureusement en me faisant Miaou. » Voilà, j'ai mémorisé les quatre accords toltèques : 1. avoir une parole impeccable ; 2. ne jamais en faire une affaire personnelle ; 3. ne pas faire de suppositions ; 4. faire toujours de son mieux.*

Cette histoire vous paraît loufoque ? Tant mieux, ce sont celles que l'on retient le mieux. Si je la réactive régulièrement (une heure après, un jour après, une semaine après, six mois après), j'ai toutes les chances de la retenir, car j'aurai ainsi lutté contre la **courbe de l'oubli**.

Vous aussi vous voulez devenir des as de la mémoire ? Vous avez compris comment faire. À vous de jouer !

✓ Écrivez ici une liste et faites-en un film intérieur.

Exemple : *votre* to do list *de la journée, la liste de vos commissions, les quatre accords toltèques, etc.*

....

....

....

À NOTER

Le principe de ce type de mémorisation repose sur le passage des informations de votre **mémoire à court terme** (qui ne peut enregistrer qu'entre cinq et neuf mots ou chiffres) vers votre **mémoire à long terme** (qui est infinie). Or, nous avons deux types de mémoire à long terme : la **mémoire sémantique** (stock de connaissances) et la **mémoire épisodique** (souvenir intime). En nous racontant

> une histoire, nous sollicitons la mémoire épisodique qui est facile d'accès, mais moins fiable. Le but ensuite sera de faire l'information de notre mémoire épisodique à notre mémoire sémantique plus fiable en révisant nos souvenirs.

Mémoire CT → Mémoire LT épisodique → Mémoire LT sémantique
(5 à 9 items) Facile, mais peu fiable Difficile, mais très fiable

Vous pouvez avoir besoin de retenir des choses plus longues ou plus complexes. Pour cela, il existe des techniques de mémorisation plus raffinées qui ne mettent pas beaucoup de temps à acquérir, mais qui demandent de l'entraînement et qui dépassent le propos de cette partie.

Sachez cependant que les principales sont :

- le **palais de la mémoire** (ou **voyage** ou **chambre romaine** ou Loci, ça dépend des auteurs) qui vous permet de retenir des listes à rallonge de mots-clés. Par exemple, quand vous devez prononcer un discours, faire une présentation orale, ou retenir les principales idées d'un livre ou d'un article ;
- le **major système** (ou **Dominic System** ou **grand système**) pour les suites de chiffres (numéros de téléphone, dates, etc.) ;
- le **système de l'alphabet** pour les sigles techniques, les idéogrammes, etc.

Pour les acquérir, je ne saurais trop que vous conseiller les sites suivants :

- potiondevie.fr de Jean-Yves Ponce ;
- neuropédagogie.com de Pascal Roulois ;
- sebastien-martinez.com

EXERCICE 4 : DEVENIR UN EXPERT AVEC LE SYSTÈME FLOQER

La connaissance est un élément important de la confiance en soi, car elle nous donne une grande assurance intérieure. On n'en a pas assez conscience.

Jean de La Bruyère, auteur d'un seul livre qui lui valut d'entrer à l'Académie française, écrit dans *Les Caractères* : « Comme l'ignorance est un état commode et qui ne demande aucune peine, l'on s'y rend en foule. » C'est malheureusement vrai. Mais aussi quelle perte pour votre confiance en vous.

Maintenant que vous connaissez les techniques exposées dans ce chapitre pour accroître votre efficacité professionnelle, utilisez-les pour acquérir des connaissances. Et devenez ainsi un **expert** de votre métier ou d'une passion qui vous habite. Non seulement vous deviendrez un spécialiste à qui on fera appel, mais de plus, vous serez en mesure d'innover dans votre discipline.

En effet, **l'innovation** est différente de l'invention. Un inventeur crée de toutes pièces quelque chose. Un innovateur assemble des choses déjà existantes pour produire quelque chose de totalement nouveau. Et pour cela, vous avez besoin d'accumuler des connaissances sur votre sujet. C'est le secret de linnovation (sur lequel on n'insiste pas assez).

✓ Sur quel sujet voulez-vous devenir un expert ? Quelle discipline souhaitez-vous maîtriser à fond ?

....

....

....

L'acronyme FLOQER regroupe l'ensemble des actions à mettre en œuvre pour accéder au statut d'expert :

- F comme Formation ;
- L comme Lecture ;
- O comme Observation ;
- Q comme Questionnement ;
- E comme Expérimentation ;
- R comme Réseautage d'idées.

1. Se former

Se former est indispensable pour développer ses compétences. À côté des formations longues diplômantes, existent aujourd'hui des formations plus courtes certifiantes qui permettent d'acquérir une compétence en particulier. L'État vous facilite l'accès à ces formations certifiantes grâce au nouveau **CPF** (compte personnel de formation), instauré en 2019, qui permet à chaque travailleur (salarié, fonctionnaire, indépendant) de plus de 16 ans de se voir créditer de 500 euros de formation chaque année dans la limite de 10 ans (800 euros jusqu'à 8 000 euros pour les non-qualifiés).

Par ailleurs pour vous former, écoles et universités mettent en ligne les **MOOC** (*massive open online classroom*) qui vous permettent d'avoir accès gratuitement à toutes sortes de cours et d'en obtenir une certification (payante en général).

✓ Quelles formations allez-vous suivre pour devenir expert dans votre discipline de prédilection ?

Exemple : *Vous souhaitez devenir un spécialiste de la mémorisation. Vous allez vous former en ligne et en présentiel auprès des meilleurs spécialistes.*

....

....

....

....

2. Lire

Ne pas lire est une hérésie qui se rencontre de plus en plus, même chez les catégories socioprofessionnelles supérieures. Si vous souhaitez réaliser vos rêves, il est indispensable de lire des livres. Que ce soit des essais ou des œuvres de fiction. Pourquoi ?

- Car la véritable information n'est pas sur le web, mais dans les livres. Le web n'est qu'un relais, parfois fiable, souvent non fiable, de l'info. Pas la source.
- La lecture accroît vos connaissances.
- Elle renforce votre capacité d'attention qui est de plus en plus altérée à notre époque.
- À force de la pratiquer, on y prend plaisir et la lecture devient « ce vice impuni » dont parle Valéry Larbaud.

Si vous ne lisez pas, vous serez « moyen » dans votre discipline. En tout cas, jamais un expert.

Astuce : Utilisez Pomodoro et les techniqes de mémorisation pour recommencer à lire.

✓ Quels ouvrages allez-vous lire ?

Exemple : *Sur la mémorisation, vous allez lire les ouvrages des meilleurs connaisseurs du sujet : Jean-Yves Ponce, Sébastien Martinez, Tony Buzan.*

....

....

....

3. Observer

Il s'agit d'observer comment font les spécialistes du sujet en repérant toutes les émissions, les conférences, les colloques, les master class auxquels ils participent. Rendez-vous aux événements de la plateforme Meet-up[6]. Si vous êtes à Pole emploi, demandez à bénéficier du programme PMSMP. Si vous êtes dans une entreprise, profitez de son programme : « Vis ma vie » s'il y en a un.

6 Meet-up est une plateforme web qui fait se rencontrer les gens autour d'une thématique commune (pro ou extra-pro).

✓ À quels événements allez-vous assister ?

Exemple : *Regarder les émissions TV sur la mémoire, les vidéos sur le sujet. Assister en spectateur aux événements autour de la mémorisation.*

....

....

....

4. Questionner

Il est important de réfléchir, de méditer sur le sujet que vous souhaitez maîtriser. Pour cela, posez-vous les questions qui vous viennent. Il n'y a pas de mauvaises questions. Prenez l'habitude de les noter dans un carnet.

✓ Notez deux ou trois questions que vous vous posez sur votre sujet.

Exemple : *Vous vous demandez comment retenir un livre en entier. Soit les réponses sont sur le web ou dans des livres, soit vous allez interroger les spécialistes en mémorisation.*

....

....

....

5. Expérimenter

C'est la partie essentielle pour maîtriser un domaine. Il faut mettre en pratique vos apprentissages. Vous pouvez commencer « petit » en réutilisant vos nouvelles connaissances dans vos conversations de la vie courante (attention à ne pas devenir « saoulant »). Puis en prenant de l'assurance, formez les autres à votre discipline, il n'y a pas de meilleur apprentissage. Et si vous en avez les moyens, écrivez des articles, voire un livre sur le sujet. Le philosophe Michel Serres qui est mort en 2019 disait que quand il voulait comprendre un sujet, il écrivait un livre dessus. Pas étonnant qu'il ait écrit plus de 80 livres !

Astuce : Faites du bénévolat de compétences.

✓ Comment allez-vous faire pour mettre en pratique votre savoir ?

Exemple : *Vous pouvez participer à un championnat de mémoire (les débutants sont acceptés), ouvrir un blog, poster des vidéos sur YouTube, former gratuitement vos proches, puis rendre payantes vos prestations au fur et à mesure de vos progrès.*

....

....

....

6. Réseauter

On a souvent, soi-même, peu d'idées. Voyez les autres comme des gisements d'informations dans lesquels vous allez puiser infos et idées neuves.

Astuce : Utilisez la plateforme Meet-up.

✓ Auprès de qui allez-vous faire votre réseautage d'idées ?

Exemple : Je me fais des contacts dans le milieu des amateurs et des spécialistes de la mémorisation et j'échange régulièrement avec eux en ligne ou dans le réel.

....

....

....

EXERCICE 5 : OPTIMISER TOUTES SES PRISES DE NOTES GRÂCE AU *MIND-MAPPING*

En matière d'efficacité professionnelle, le *mind-mapping* (appelé aussi « cartes mentales » ou « cartes heuristiques ») est très certainement l'outil le plus simple à acquérir pour une performance maximale.

On l'utilise pour **toutes sortes de prise de notes** : en réunion, en formation, en cours, pour résumer ou synthétiser un livre, un film, un article, un discours, etc.
Cette méthode de prise de notes est différente dans le sens où à la place de la prise de notes linéaires sur plusieurs pages, elle permet de regrouper **sur une même page** l'ensemble d'une thématique **sous une forme visuelle**.

Les cinq principaux avantages du *mind-map*

- Donner une vue d'ensemble d'une thématique ou une problématique.
- N'en garder que les mots-clés.
- Permettre sa mémorisation.
- Organiser ses idées.
- En trouver de nouvelles.
- Résoudre des problèmes complexes.

Comment faire un *mind-map* ?

- Noter **au centre d'une page** (en format paysage), le mot-clé (ou groupe de **mots-clés**) représentant le thème central.

  Exemple : La mémoire (par les associations visuelles).

- Faire partir de ce mot-clé des **lignes amenant à d'autres mots-clés** représentant les sous-thématiques.

Exemple : *Les mots concrets (choses) ; les mots abstraits (idées, concepts, notions, etc.) ; le palais de la mémoire ; le major système ; le système de l'alphabet ; la mémoire au quotidien ; la mémoire des infos complexes ; la réactivation.*

- Faire partir de ces mots-clés **d'autres lignes amenant à d'autres mots-clés** représentant les sous-parties de ces sous-thématiques.

  Exemple : « La mémoire au quotidien » : se souvenir des noms et des visages ; des numéros de téléphone ; de son agenda ; des dates des anniversaires.

- Pour rendre encore plus visuel votre *mind-map*, vous pouvez ajouter des **couleurs**, faire des **dessins** et ne mettre qu'un ou deux mots-clés par branche.

  Astuce : Utilisez SimpleMind ou XMind en version gratuite pour faire vos *mind-map* sous format numérique.

***Mind Map* de la mémorisation**

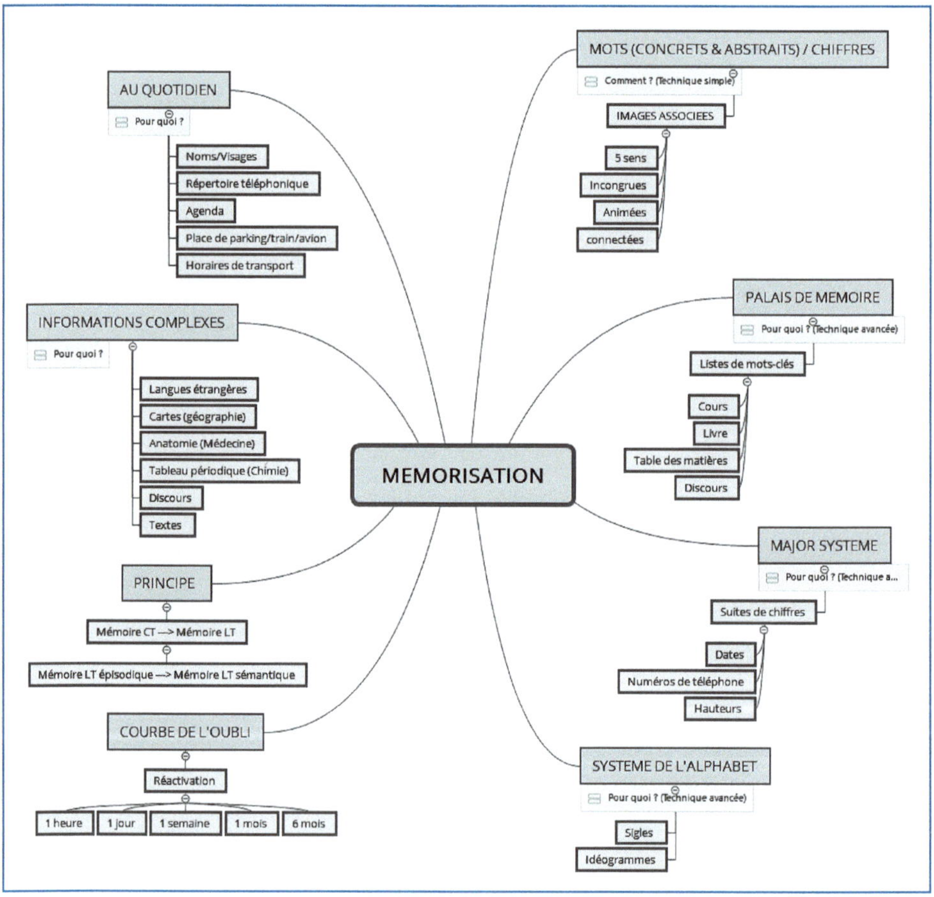

✓ Dessinez votre première carte mentale : le plan de ce chapitre

Efficacité professionnelle

Toujours plus loin

✓ Complétez la grille suivante.

	OK/PAS OK	VOS COMMENTAIRES
J'ai compris la méthode Pomodoro.		
Je sais organiser mon travail.		
Je connais les techniques de mémorisation.		
Je sais comment devenir un expert.		
Je sais prendre des notes sous forme de *mind-map*.		

Si vous avez au moins trois OK sur cinq, passez au chapitre suivant. Sinon, retravaillez les exercices dont vous estimez qu'ils vont accroître votre efficacité professionnelle.

Au chapitre suivant, nous allons travailler à développer vos *soft skills*.

Développer ses *soft skills*

Aujourd'hui, avec l'automatisation des savoir-faire que nous promet l'intelligence artificielle, on ne peut se contenter d'être au top de ses compétences techniques (*hard skills*). Il convient aussi de développer ses compétences émotionnelles, comportementales, relationnelles, en résolution de problèmes complexes et en créativité : nos fameux *soft skills* que l'on pourrait traduire par **compétences humaines**.

> **ATTENTION**
>
> **Les *softs skills* ne sont pas des qualités personnelles. La différence : vos qualités sont inhérentes à votre personnalité. Vos *softs skills*, comme toute compétence, réclament un apprentissage.**

En développant vos *soft skills*, vous allez faire d'une pierre deux coups :

- assurer votre avenir vis-à-vis des changements à venir et donc vous engager dans la voie de la réussite ;
- gagner en confiance en soi, car ils vous permettront d'avoir une meilleure stabilité émotionnelle, comportementale et relationnelle.

Dans ce chapitre, nous aborderons les *soft skills* essentielles à votre réussite, c'est-à-dire vos ***soft skills* relationnelles**, en somme vos capacités à :

- **communiquer** avec les autres de manière **harmonieuse** ;
- **communiquer** avec les autres **efficacement** ;
- **prendre la parole** devant un public (réunions, conférences, etc.).

Dans les exercices de ce chapitre vous seront présentées les principales disciplines et méthodes qui permettent de développer ce type de *soft skills*. À vous ensuite de les « floger » pour devenir performant dans ces différents arts !

Le test

AVEZ-VOUS BESOIN DE DÉVELOPPER VOS *SOFT SKILLS* ?

✓ Complétez la grille suivante.

	OUI	NON	VOS COMMENTAIRES
Avez-vous une communication fluide avec tout le monde ?			
Si vous êtes manager, savez-vous obtenir ce que vous souhaitez de vos équipes ?			
Vous arrive-t-il de vous mettre en colère contre quelqu'un et de le regretter ?			
Savez-vous négocier une augmentation de salaire ?			
Êtes-vous à l'aise à l'oral devant un public ?			

VOS RÉPONSES, NOS CONSEILS

À l'ère de l'automatisation généralisée et de l'intelligence artificielle, ceux qui s'en sortiront ne sont pas les profils techniques (aisément remplaçable par la machine), mais ceux qui ont les compétences humaines les plus développées.

Ce chapitre vous propose trois exercices pour comprendre :

- **deux pour améliorer votre communication interpersonnelle :** « Process Communication » ; « Communication non violente (CNV) » ;
- **un pour améliorer vos prises de parole en public :** « L'art oratoire au service de votre éloquence ».

Booster vos performances

EXERCICE 1 : OSEZ LA CNV POUR UNE COMMUNICATION BIENVEILLANTE ET EMPATHIQUE

Avoir une communication harmonieuse avec les autres favorise la confiance en soi et la réussite.

La **communication non violente** (CNV) se propose de nous aider à renforcer nos compétences relationnelles :

- avec autrui ;
- en résolvant les différends dans un esprit de bienveillance.

La communication non violente n'est pas spontanée. Naturellement, nous pratiquons ce que Marshall Rosenberg (1934-2015 – inventeur de la CNV et auteur du livre dont le titre est tout un programme : *Les mots sont des fenêtres (ou bien ce sont des murs)* appelle la communication qui nous coupe de la vie.

En cela, la CNV est bien un *soft skill* qui requiert un apprentissage.

L'avantage de la CNV est qu'elle repose sur un modèle simple que l'on résume à l'aide de l'acronyme **OSBD :**

- **O** comme Observation ;
- **S** comme Sentiment ;
- **B** comme Besoin ;
- **D** comme Demande.

> **À NOTER**
>
> **Il existe une autre déclinaison du modèle de la CNV : le DESC (Description – Emotion – Solution – Conséquence) qui** *grosso modo* **a la même signification.**

L'inconvénient est que pour qu'il devienne un réflexe, l'OSBD demande beaucoup d'entraînement et de pratique. Mais les résultats obtenus sont à la hauteur de l'investissement dans ce modèle de communication. Jugez plutôt !

Avec l'OSBD, il devient possible de :

- dire non (et donc fixer ses limites) ;
- formuler une critique constructive (affirmation de soi) ;
- résoudre des conflits dans sa vie privée et professionnelle ;
- formuler des demandes claires ;
- recadrer un collaborateur ;
- exprimer son désaccord avec son manager ;

- négocier une augmentation de salaire ;
- développer in fine son empathie.

En somme, de résoudre bien des problèmes de communication de notre quotidien.

L'OSBD, qu'est-ce que c'est ?

C'est un aide-mémoire qui nous rappelle les quatre composantes de la CNV :

- **observer** une situation. Ce qui consiste à décrire les faits plutôt qu'à exprimer nos opinions sur cette situation.
  Exemple : *Le dossier n'a pas été remis où je l'avais rangé.*
- exprimer son **sentiment** par rapport à cette situation. Cela consiste à verbaliser notre ressenti en ayant recours à un vocabulaire affectif.
  Exemple : *J'ai passé beaucoup de temps à le rechercher. Ce qui m'a mis en colère. Je ne me suis pas senti respecté, car je fais en sorte de toujours ranger les dossiers pour que mes collègues les retrouvent.*
- dire son **besoin** en lien avec notre ressenti. Si nous ne le faisons pas, nous reportons sur l'autre la responsabilité de nos sentiments.
  Exemple : *J'ai* besoin *de retrouver les dossiers à l'endroit où ils ont été classés pour éviter de perdre mon temps et d'en faire perdre au client.*
- formuler sa **demande** sans qu'elle soit prise pour une exigence qui risque de braquer l'autre et le pousser à rejeter notre demande.
  Exemple : *Je te* demande *d'être vigilant à l'avenir ou si ça ne t'est pas possible de me prévenir Je te remercie.*

La CNV peut s'utiliser au quotidien et également dans des cadres plus formels (négociation, entretien annuel…).

Exemple : *Benoît apprend de son manager qu'une partie de sa prime d'objectif va lui être retirée au motif qu'il n'a pas fait les* reportings *mensuels qu'il lui a demandés. Benoît fait observer à son manager que s'il ne faisait pas correctement ses* reportings *les années précédentes, il les a bien effectués cette année. Il se sert d'éléments factuels pour sa démonstration. Puis il exprime son sentiment (« Je suis déçu » ou « Je suis démotivé »), qu'il rattache à son besoin de justice et de reconnaissance (« Parce que j'ai besoin que tu reconnaisses mon travail et que tu te montres juste dans tes décisions à mon égard »). Pour finir par une demande (« C'est pourquoi je te demande de reconsidérer ta décision »).*

> **À NOTER**
>
> Une demande OSBD peut ne pas être acceptée. Le but n'est pas d'obtenir à tout prix un résultat immédiat, mais :
> - d'être entendu ;
> - de permettre à l'autre de cheminer vers le résultat que nous attendons.

✓ Imaginez-vous en train de faire une demande d'augmentation de salaire à un manager, ou de tarif à un client. Faites-la en ayant recours au modèle OSBD.

....

....

....

EXERCICE 2 : COMMUNIQUER PLUS EFFICACEMENT GRÂCE À LA PROCESS COM®

Pour approfondir le modèle, lire Découvrir la process communication *de Jérôme Lefeuvre, Interéditions, 2017.*

Clara, juriste dans la fonction publique, est résolue à changer de métier même si elle l'apprécie beaucoup. Étonnement de ma part :

– Pourquoi quitter une profession que l'on aime ?

– Ce sont les conditions d'exercice que je ne supporte plus. L'ambiance est exécrable dans ma direction et je crains de retrouver une situation semblable.

Je m'emploie alors à concrétiser ce qu'elle entend par « ambiance exécrable » et découvre que son chef ne lui donne pas de consignes claires et aime à faire des blagues qui ne sont pas toujours du goût de Clara. Et comme si ça ne suffisait pas, le collègue qui partage son bureau ne cesse de donner son avis sur tout alors qu'elle aspire au calme pour se concentrer et travailler.

En l'écoutant, je me dis intérieurement : « Pas étonnant qu'elle souffre de cette situation, mais ce n'est pas de changer de métier que Clara a besoin, mais de comprendre comment elle fonctionne et comment fonctionnent les autres afin de parvenir à une communication efficace. » Je vérifie mes hypothèses avec quelques questions encore et repère que Clara présente l'un des six profils de personnalité du modèle de communication issue de la Process Com, c'est-à-dire celui de type rêveur et que, pour recharger ses batteries, elle a besoin de solitude. En outre, selon ce même modèle, Clara est probablement plus à l'aise avec un management directif que son chef n'a pas de toute évidence, celui-ci ayant une personnalité de type rebelle.

Quant à son collègue, il n'est satisfait que quand il a pu exprimer ses opinions et ses convictions, car il répond au profil de type persévérant en Process Com. C'est le choc de ces besoins différents qui est responsable de son insatisfaction. Dans son prochain job, je lui recommande de faire attention aux profils de personnalité qui l'entoureront et d'apprendre à composer avec eux. Pour cela, connaître le modèle de la process communication lui sera fort utile afin de rétablir une communication satisfaisante avec son environnement.

La Process Communication (ou process com), qu'est-ce que c'est ?

C'est un modèle de communication mis au point par Taibi Kahler (né en 1943), psychologue clinicien américain, à la demande de la Nasa à la fin des années 1970. Devant envoyer des astronautes pendant plusieurs mois dans l'espace, l'agence spatiale américaine cherchait à composer ses équipes avec des personnalités compatibles afin que tout se passe au mieux.

De cette commande, Kahler a élaboré un modèle composé de six profils de personnalité dont il affirme qu'ils tous sont présents en chacun de nous. Chaque profil répond à des besoins psychologiques propres (source de motivation) pour fonctionner de manière satisfaisante :

- **type rêveur** : besoin de solitude ;
- **type travaillomane** : besoin de reconnaissance de ses compétences ;
- **type persévérant** : besoin de reconnaissance de ses opinions ;
- **type rebelle** : besoin de contact ;
- **type empathique** : besoin de reconnaissance de sa personne ;
- **type promoteur** : besoin d'excitation

Dès lors, si les besoins psychologiques de ces six profils ne sont pas satisfaits, ils pourront manifester des comportements de stress.

✓ Et vous, intuitivement à quel type de profil pourriez-vous appartenir ? Pourquoi ?

....

....

....

✓ Demandez-vous auquel de ces six profils semblent appartenir trois de vos collègues. Pourquoi ?

....

....

....

✓ Et trois de vos proches ? Pourquoi ?

....

....

....

> **À NOTER**
>
> Dans le modèle de la Process Com, nous avons tous une « base » représentée par l'un de ces six profils. Cependant, nous traversons des « phases » dans notre existence, qui peuvent nous faire changer de profil. On dira par exemple que l'on est en phase « empathique » avec une base « rêveur ». Pour en être sûr, le mieux est de passer le questionnaire de personnalité de l'institut Taibi-Kahler. En ce qui concerne les autres, la seule manière de repérer à quel profil ils appartiennent, c'est de les observer, de les écouter au travers de leurs gestes, langage, ton, expressions du visage et postures.

Rappelez-vous, le processus de communication est plus important que le contenu de la communication. 80 % des conflits en entreprise viennent de la forme de la communication et non du fond. Le grand intérêt du modèle de la Process Com réside dans le fait qu'il est observable, prévisible et réversible. Ce modèle permet de **passer du différend au différent** et d'adopter une communication efficace. Un manager, un collaborateur, un dirigeant, un coach, un consultant, un formateur, un conférencier, un thérapeute, etc. auront tout intérêt à se former à ce modèle de communication s'ils veulent mieux comprendre leurs besoins et les besoins des autres.

EXERCICE 3 : DÉCOUVRIR L'ART ORATOIRE POUR RÉUSSIR SES PRISES DE PAROLE

Architecte, Samia vient me voir, car elle doit défendre, dans trois semaines, son projet de rénovation devant une vingtaine de personnes.

Elle a le trac. Ce n'est pas son métier de parler en public. Elle, ce qu'elle aime, c'est concevoir de beaux bâtiments tout en verticalité et horizontalité.

« De la ***verticalité****, parlons-en justement, lui dis-je. C'est à partir d'elle que vous gagnerez en* ***leadership****. Grâce à la verticalité, vous installez votre présence dans l'espace. Vous ne dépendez plus de vos spectateurs, de ce que vous supposez être leurs jugements sur vous. Quant à l'****horizontalité****, c'est celle de votre regard. En pratiquant un regard porté général, c'est-à-dire en regardant chacun de manière égale et aléatoire, vous donnerez de l'importance à tous et maintiendrez leur attention. Il est indispensable également que vous respiriez harmonieusement. Je vois que votre respiration est claviculaire. La perspective de*

cette présentation en public vous oppresse quelque peu. En faisant redescendre le ***souffle*** *dans votre ventre et vos côtes, vous gérerez bien mieux votre stress. Enfin, votre* ***voix*** *ne sort pas. Elle reste enfouie dans votre gorge. Je vous montrerai quelques exercices simples pour la projeter. Et ainsi, vous envisagerez votre présentation de manière beaucoup plus sereine. »*

La prise de parole en public (et un public peut être une seule personne comme plusieurs milliers) est une cause de stress majeure. Or aujourd'hui, savoir s'exprimer en public est devenu indispensable. Voici un recensement non exhaustif de toutes les situations où cette *soft skill* est requise :

- réunion ;
- table ronde ;
- conférence ;
- pitch du free-lancer ;
- entretien de recrutement ;
- négociation de salaire ;
- argumentaire en rendez-vous commercial ;
- animation de formation ;
- oral d'examen ;
- vidéo ;
- interview ;
- discours ;
- discours de mariage ;
- éloge funèbre ;
- speed dating ;
- débat public ;
- concours d'éloquence.

L'art oratoire est l'outil le plus efficace pour vous permettre de réussir vos interventions en public.

L'art oratoire, qu'est-ce que c'est ?

Selon Stéphane André, fondateur de l'école de l'art oratoire, « les styles d'expression changent à l'infini, en fonction des orateurs et des situations. Invariante, la technique permet l'adaptation pertinente des styles ». En une phrase, il nous donne la meilleure définition de l'art oratoire, à savoir des **techniques** qu'il vous faut adopter au service de votre **style** qui, lui, vous appartient en propre.
Parmi ces techniques, il en est trois principales :

- la **verticalité** qui consiste à adopter, quand on parle devant un public, une posture ancrée dans le sol avec la sensation de s'élever ;

- le **regard** « porté général » qui consiste à faire passer notre regard alternativement et de manière aléatoire chez nos interlocuteurs aussi bien sur nos temps de parole que sur nos silences ;
- la qualité de la **voix** qui s'obtient principalement grâce à la puissance de ses résonateurs et à l'élévation du voile du palais.

Ces trois techniques (et d'autres) vous aideront à :

- affirmer votre présence, développer votre leadership, gagner en capacité d'influence ;
- capter l'attention de votre auditoire ;
- gérer votre stress, canaliser vos émotions ;
- sortir et poser votre voix, développer votre éloquence.

Elles s'apprennent en se formant et en pratiquant sans relâche. Mais, dans un premier temps, faute de pratique, portez votre attention sur ces trois techniques. Cherchez à vous mettre en verticalité, à regarder alternativement tous vos interlocuteurs et ayez l'intention d'avoir une belle voix. Rien que cette attention et cette intention peuvent faire beaucoup dans la réussite de vos interventions orales.

✓ Lors de votre prochaine intervention en public, portez attention sur ces trois techniques (verticalité, regard, voix) et cherchez à les mettre en œuvre.

Toujours plus loin

✓ Complétez la grille suivante.

	OK/PAS OK	VOS COMMENTAIRES
J'ai compris comment avoir une communication harmonieuse avec la CNV et prévenir les conflits.		
J'ai compris comment optimiser ma communication avec le modèle de la Process Com et prévenir les conflits.		
J'ai assimilé les trois composantes de l'art oratoire qui vont me permettre de réussir mes prises de parole.		

Si vous avez deux OK, passez à l'étape suivante : « Devenir apporteur de solutions ». Sinon, reprenez-le ou les exercices qui vous posent problème.

Devenir apporteur de solutions

Vous voici désormais paré pour la reconquête de votre vie professionnelle. Cependant, vous saurez convaincre recruteurs ou clients si vous êtes en mesure de leur apporter des solutions à leurs problématiques.

Présentez-vous à eux en apporteur de solutions et vous serez embauché ou signerez des contrats. D'autant chapitre après chapitre de cette partie, vous avez grandement gagné en confiance en soi et en sérénité. Maintenant que la force tranquille est en vous, il vous reste à convaincre !

Le test

ÊTES-VOUS PRÊT POUR LA CRÉATION D'ENTREPRISE ?

	OUI	NON	VOS COMMENTAIRES
La liberté est-elle plus importante pour vous que la sécurité ?			
Croyez-vous en votre réussite ?			
Êtes-vous prêt à poursuivre votre rêve malgré les obstacles ?			
Aimez-vous la compétition ?			
Êtes-vous audacieux ?			
Savez-vous travailler seul ?			
Savez-vous travailler sous pression ?			
Êtes-vous motivé pour la création d'entreprise ?			
Avez-vous de la disponibilité pour vous y consacrer pleinement ?			
Avez-vous le soutien de vos proches ?			
Savez-vous lâcher prise ?			
Savez-vous renoncer à une idée ?			

VOS RÉPONSES, NOS CONSEILS

Avec une majorité de « oui », vous êtes mûr pour la création d'entreprise (vous pouvez vous en assurer encore plus complètement en faisant le test gratuit du site de la CCI - chambre de commerce et d'industrie : « Êtes-vous un entrepreneur ? »). Deux exercices vous sont consacrés :

- « Le vade-mecum du free-lancer en 8 points clés » ;
- « L'art du pitch ».

Sinon, pas de soucis. Le salariat vous ouvre les bras. Quatre exercices vous sont dédiés :

- « À la recherche du CV parfait » ;
- « Apprenez à hacker les offres d'emploi » ;
- « La lettre de motivation est morte. Vive l'offre de solutions ! » ;
- « Réussissez vos entretiens de recrutement ».

Booster vos performances

EXERCICE 1 : VADE-MECUM DU FREE-LANCER EN 8 POINTS CLÉS

Cette approche du free-lancing est détaillée avec moult exemples dans le livre d'Alain Muleris : Trouvez vos futurs clients en 100 jours, *Paris, Eyrolles, 2019*

Vous avez décidé de vous mettre à votre compte. Savez-vous quelle est la clé de voûte du *free-lancing* ?

La prospection commerciale !

1. Pourquoi faire votre prospection commerciale ?

La prospection commerciale doit être la priorité absolue du free-lancer :

- pour décrocher vos premiers clients ;
- pour en trouver de nouveaux, car vos premiers clients ne seront pas vos clients à vie. Tous les cinq ans, les entreprises perdent 50 % de leurs clients (étude de la *Harvard Business Review*) !

Par conséquent, la prospection doit être votre objectif permanent. Pour cela, il vous faut des méthodes et une bonne organisation.

2. Comment faire votre prospection commerciale ?

Trois conseils sur la prospection.

La faire de manière régulière. Au début, vous êtes ravi, car vous avez décroché votre première mission. Seulement, au bout de la mission (quatre mois, six mois, un an...), vous êtes épuisé et vous n'avez plus de client... Ne jamais se retrouver dans cette situation. Pour cela, faire votre prospection de manière régulière, ne serait-ce qu'une demi-journée par semaine. Ainsi, vous aurez toujours un « prospect dans le pipe », en français courant, un futur client dans votre tuyau d'affaire.

Ciblez vos prospects.

✓ Avec qui avez-vous envie de travailler ? Entreprises (B2B) ou consommateurs (B2C) ? Quelle taille d'entreprise ? Quel secteur ? Quel CA ? Quel statut juridique ? Etc.

....

....

....

Prospectez en multicanal. Avant, il n'y avait que le porte-à-porte et le téléphone pour faire sa prospection. Et aussi ce qu'on appelle la prospection relationnelle, c'est-à-dire le *networking*. Aujourd'hui, ces deux moyens existent toujours, mais il y en a pléthore d'autres depuis l'avènement du web : site, blog, mail, newsletter, réseaux sociaux...

Exemple : *Alain, formateur commercial et coach de vente, ne fait pas de prospection en porte-à-porte et limite sa prospection par téléphone (prospection dans le dur) pour privilégier sa prospection via les réseaux sociaux et le networking physique.*

Ce qu'il vous faut, c'est mixer ces outils de prospection pour maximiser vos chances de décrocher des prospects.

> **ASTUCE**
>
> Élaborer un plan d'actions commerciales annuel. Parce que la prospection, c'est vital. Une entreprise qui ne prospecte pas est une entreprise morte. Mais la prospection, c'est dur. Le plan d'actions commerciales consiste à répertorier toutes les actions commerciales que l'on prévoit de faire dans le cadre de sa prospection du 1er janvier au 31 décembre.

Exemple : *Alain va prévoir en janvier de ne faire que trois types d'actions :*

- LinkedIn avec un article sur la vente ;
- réseau physique (*networking*) ;
- téléphone.

> **À NOTER**
>
> Ces moyens de prospection appartiennent à ce qu'on appelle l'*outbound marketing* (prospection sortante : c'est-à-dire « on va vers le client »). À côté s'est développé ces dernières années, l'*inbound marketing* (prospection entrante : c'est-à-dire « le client vient à nous ») à l'aide des liens sponsorisés (Google Adwords), un livre blanc ou un même livre. Il existe aussi des plateformes de free-lancers qui rendent visibles à vos clients votre offre commerciale. Vous pourrez également compter sur des **relais** : prescripteurs (qui vous recommandent), clients ambassadeurs et apporteurs d'affaires.

✓ Parmi tous ces moyens, quels types de prospection commerciale pensez-vous choisir ?

....

....

....

> **À NOTER**
>
> Comme toujours, c'est le passage à l'action qui compte. Comme pour le *networking* et les autres activités qui font peur, on procrastine facilement. Or, c'est en prospectant qu'on devient prospecteur. Alors, lancez-vous, agissez !

Pour réussir votre prospection commerciale, il vous faut définir votre offre commerciale afin de trouver des prospects qui correspondent à votre expertise.

3. Comment allez-vous définir votre offre commerciale ?

Pour définir votre offre, il vous faut répondre à trois questions :

- qu'est-ce que je vends ? (pensez bénéfice client) ;
- à qui je le vends ? (ciblez vos clients et repérez les décideurs) ;
- avec quelle expertise ? (votre spécificité à définir de manière simple, courte et percutante).

✓ Écrivez votre offre à partir de ces trois questions.

....

....

....

L'avantage d'avoir défini votre offre à partir de ces trois questions, c'est que vous saurez quoi proposer à vos prospects et aussi vous pourrez vérifier si votre offre tient la route auprès de votre réseau.

> **À NOTER**
>
> Vous écrirez votre offre de façon plus détaillée et le plus personnalisé possible pour chacun de vos clients. Vous lui enverrez, ou mieux, lui remettrez en main propre. Puis vous relancerez. C'est indispensable.

4. Comment réussir votre *networking* ?

Votre *networking* (pour plus d'informations sur la démarche réseau, cf. partie III) fait partie intégrante de votre prospection commerciale. Dans un premier temps, il va vous permettre de vérifier si votre offre tient la route. En effet, avec les trois questions de votre offre, vous allez vous créer votre **phrase-réseau de free-lancer**. Dans votre *networking*, elle vous servira à voir si des paillettes s'allument dans les yeux de vos interlocuteurs

Et votre *networking* se fera bien entendu sur deux champs, virtuel et réel, réseaux sociaux et IRL (*In real life*).

Ainsi, dans la vraie vie, vous fréquenterez régulièrement trois lieux :

a) Les salons professionnels (en vous fixant des objectifs).

✓ Citez un ou deux salons qui vous intéressent (recherche Google).

....

....

....

b) Les réseaux d'affaires (astuce : en sélectionner deux sur la plateforme web **Place des réseaux**).

✓ Citez un ou deux réseaux avec qui vous prendrez contact.

....

....

....

c) Les conférences métiers (pour vous ressourcer).

✓ Citez une ou deux conférences à venir (recherche Google).

....

....

L'objectif de votre *networking* est de décrocher des rendez-vous client en face à face par la suite. Pour cela, vous aurez besoin, en plus de votre phrase réseau, d'un pitch (le pitch est un art. C'est pourquoi l'exercice 2 de ce chapitre lui est consacré).

5. Comment réussir vos rendez-vous client ?

Grâce à votre prospection commerciale (pitch, phoning, mailing, etc.), vous avez réussi à décrocher un rendez-vous client. Il sera réussi s'il répond à la **règle des 4 C** :

- Contact : ponctualité – sourire – dress-code – regard direct – poignée de main souple et ferme – remerciements ;
- Connaître : écouter pour montrer qu'on s'intéresse à lui, questionner pour cerner sa problématique et ses attentes ;
- Convaincre : en veillant non seulement à vos mots (verbal), mais aussi à votre intonation (paraverbal) et votre gestuelle (non verbal). Pour convaincre, l'art oratoire vous sera bien utile ;
- Conclure : en faisant votre proposition commerciale et concluant la vente.

Pour la partie convaincre, nous allons voir comment préparer votre argumentaire. Puis, pour la partie conclusion, comment faire votre proposition commerciale et conclure la vente.

6. Comment convaincre avec votre argumentaire ?

L'argumentaire vous sert à deux choses en rendez-vous réseau :

- à convaincre le prospect ;
- à répondre à ses objections.

Pour le convaincre, voici une méthode simple en trois étapes :

- rédigez sur une feuille blanche les caractéristiques de votre produit/service ;
- puis sur une autre feuille, les bénéfices que peut en tirer ce prospect en particulier ;
- votre **proposition unique de vente** qui sera unique aux yeux de votre prospect, car incomparable en marquant votre différentiation vis-à-vis de vos clients. Vous utiliserez des arguments factuels (ses bénéfices en fonction de vos caractéristiques) et émotionnels (en le mettant en situation et/ou en vous comparant à vos concurrents).

Pour la réponse aux objections, savoir les accueillir en écoutant et en soulignant l'intérêt puis répondez. 80 % de vos clients vous feront cinq grandes objections que vous traiterez ainsi :

- lui : « C'est trop cher ! » ; vous : « Par rapport à quoi ? » ;
- lui : « Je ne suis pas convaincu ! » ; vous : reformulez avec d'autres termes, donnez des références prestigieuses et/ou les coordonnées d'un client ambassadeur ;

- lui : « Je n'ai pas de budget » ; vous : aidez-le à trouver l'argent dans ses différents postes ;
- lui : « Je travaille déjà avec votre concurrent ! » ; vous : « Et vous êtes à 100 % satisfait ? » Puis questionnez-le ;
- lui : « Que proposent vos concurrents ? » ; vous : soyez transparent sur leur offre et mettez en avant votre différenciation.

7. Comment faire une proposition commerciale ?

La proposition commerciale suit le rendez-vous client. C'est un document qui reprend le besoin du client et la solution qu'on lui propose. Il vise à engager le client vers la vente.

Voici une trame qui a fait ses preuves :

- rappel du contexte de la vente ;
- description synthétique (deux phrases) de la problématique du client ;
- énonciation de votre solution et de son bénéfice client ;
- description des conditions de succès ;
- déroulement de la mission : quand et comment ;
- votre bio courte : valeurs, succès ;
- votre tarif.

8. Comment conclure la vente ?

Dans cette phase ultime de la vente, apprêtez-vous à devoir négocier. Préparez cette négociation sur quatre critères :

- prix ;
- caractéristiques ;
- mise en œuvre ;
- maintenance.

Envisagez les objections et les concessions que vous êtes prêt à lâcher.

Pendant la négociation, commencez à vous assurer des intentions d'achat de votre prospect en demandant directement : « Vous êtes intéressé ? » S'il ne l'est pas, revenir à la phase argumentaire et au traitement des objections par un jeu de questions et de reformulations. S'il l'est, mais qu'il a des réserves sur tel ou tel critère, visez l'accord gagnant-gagnant en faisant des concessions (ex. : sur le prix), mais contre des contreparties (ex. : délais, montant de l'acompte, recommandations à trois prospects importants…).

À NOTER

Tout est dans l'attitude. Faites preuve de patience, d'ouverture et de fermeté et laissez de côté vos émotions. Prenez la négociation comme un jeu. Cela s'apprend ! En vous formant à l'art oratoire, la Process Com ou la CNV et en vous appropriant les quatre accords toltèques, le « *Fake it untill you make it* », les principes de la chance et en travaillant sans cesse) !

C'est fait ! Vous venez de réussir votre premier acte de vente. L'exercice suivant sera consacré à l'art du pitch qui est un art à lui tout seul !

EXERCICE 2 : L'ART DU PITCH

Qu'est-ce qu'un pitch ?

Un pitch, c'est une présentation courte, claire, percutante qui laisse une impression durable. Il fait entre 45 secondes et 2 minutes.

À quoi ça sert et où l'utiliser ?

Son rôle est d'attirer l'attention de votre interlocuteur, de lui donner envie d'en savoir plus, de l'inciter à vous revoir en rendez-vous client. Vous en aurez besoin par exemple sur un salon professionnel, lors d'une conférence ou dans les réseaux d'affaires que vous fréquentez.

Quel contenu ?

Au niveau du contenu, il abordera trois thèmes :

- qui on est ;
- ce qu'on propose ;
- le bénéfice pour le client.

Le bénéfice client est évidemment l'élément phare de votre pitch, car c'est sur lui que votre interlocuteur va faire « tilt ». C'est aussi le plus difficile à formuler.

ASTUCE

Pour trouver votre bénéfice client, demandez à vos clients, pour quelles raisons ils font appel à vos services ou produits. Vous serez surpris de leur réponse et aurez… votre bénéfice client ! (Astuce dans l'astuce : si vos clients acceptent, demandez-leur d'en faire une recommandation sur votre profil LinkedIn !)

Quelle structure ?

Pour écrire votre pitch (et je vous recommande de l'écrire avant de l'oraliser), le meilleur plan est le plan eSPRIt.

À NOTER

Le plan eSPRIt est un plan universel. Si vous êtes observateur, vous vous apercevrez qu'il est à la base de la structure des propositions commerciales (*cf.* exercice 1) et des lettres d'offre de solutions (*cf.* exercice 4). À chaque fois, la même matrice est à l'œuvre : la résolution de problème. Son diffuseur en France est Louis Timbal-Duclaux dans son livre *La Méthode SPRI*, Paris, Retz, 1983.

Le plan eSPRIt

ESPRIT	PITCH
Entrée en matière	Mon identité : prénom, nom, société
Situation - problématique	À quelle situation insatisfaisante je réponds ? À quel besoin non résolu je réponds ? À quel enjeu ? Quelle problématique je traite ?
Résolution	Quelle est ma solution ? Pour quelle cible ? Quel en sera le bénéfice client ? Éventuellement, Que propose la concurrence ? En quoi je me différencie ?
Illustration	Quel *story-telling* je peux citer pour illustrer ma résolution de problème ?
Terminaison	*Call to action* : Je pose une question pour déclencher le rendez-vous client

À NOTER

- Pourquoi parler « solutions » plutôt que « services » ? Parce que vos clients n'achètent pas vos services, mais vos solutions.
- Pourquoi faire un *story-telling* ? Parce que vos prospects retiendront l'histoire que vous leur racontez et, encore une fois, pas vos services.

Conclusion : Soyez centré solution à la problématique du client et *story-telling* !

✓ Écrivez votre premier pitch à l'aide de la trame suivante.

« Bonjour je m'appelle ....

de la société ....

Vous n'avez jamais remarqué que [situation problématique] ....

....

....

Eh bien, [mon service/produit] ....

qui s'adresse aux [cible] ....

leur permet [solution] ....

Grâce à elle [bénéfice client] ....

....

Par exemple, j'ai un client [*story-telling*] ....

....

....

....

Je vous propose de vous rappeler pour en discuter au cours d'un rendez-vous. Cela vous convient ? [*Call to action*] »

À NOTER

Un pitch est à adapter à chaque situation et chaque personne. Il vous en faut plusieurs. Soignez autant la forme que le fond. Mettez de l'émotion dedans. Enfin, entraînez-vous en le testant régulièrement et en participant à des exercices de présentation de pitch (sur la plateforme Meet-Up ou dans les exercices des institutions : Pôle emploi, Apec, CCI, etc.) et dans un cours d'art oratoire.

EXERCICE 3 : À LA RECHERCHE DU CV PARFAIT !

Vous n'êtes pas tenté par l'entrepreneuriat

Il vous faut, par conséquent, un CV. Voici un exercice pour vous permettre de l'optimiser.

En 2016, le CV de la CEO de Yahoo circule sur les réseaux sociaux pendant plusieurs mois. Il s'agit, en fait, d'une campagne de pub initiée par une plate-forme de création de CV à partir des éléments de la biographie de Marissa Mayer. La plate-forme a réalisé l'exploit de faire tenir 17 ans de carrière sur une seule page. Et quelle carrière ! Cette performance, faire tenir près de 20 ans d'une vie professionnelle réussie sur une seule page, m'a définitivement converti au CV d'une seule page !

Pourquoi un CV d'une page ?

Imaginez-vous dans la peau d'un recruteur… Avec votre pile de 50, 100, 200 CV, à lire et à trier. Il vous faut faire trois piles : la pile des « oui », la pile des « peut-être », la pile des « non ». Qu'est-ce qui va vous amener à pousser un CV dans la pile des « oui », à vous dire : « Je veux recevoir cette personne en entretien » ? Vous ne voyez pas ? De pouvoir vous faire une idée en quelques secondes de la pertinence de la candidature que vous avez à l'écran. Il y a des recruteurs provocateurs qui se vantent de ne jamais retourner un CV… Aujourd'hui, le numérique vous permet d'avoir un CV qui fait autant de pages que vous le souhaitez ! Ce « CV max » s'appelle LinkedIn ! Alors, pourquoi faire un CV à rallonge ?

Combien de temps un recruteur passe-t-il sur un CV ? Quel est le meilleur jour pour l'envoyer et sur quel support est-il consulté ?

Le CV d'une page s'est trouvé confirmé par une étude menée par une start-up spécialisée dans les logiciels (voir : www.rtl.fr/actu/conso/les-actualites-de-18h-emploi-pourquoi-il-faut-envoyer-son-cv-le-mardi-779729 6450). Selon cette étude, les recruteurs passent en moyenne **34 secondes sur un CV**.

Autre enseignement de cette étude : le **mardi** est le meilleur jour pour envoyer son CV. À partir du jeudi, le recruteur est accaparé par ses urgences. Le mercredi, c'est le jour des enfants. Et le lundi, c'est la reprise. Le mardi est donc idéal ! Toujours selon cette étude, dans un cas sur deux, les CV sont consultés sur un **smartphone**.

Un CV s'écrit en fonction du recruteur

L'idée que le CV puisse être un invariant que l'on adresse quel que soit le recruteur a fait « pschitt » ! Chacun sait qu'il lui faut adapter son CV à chaque recruteur, utiliser ses mots-clés, hiérarchiser et sélectionner l'information que l'on y met en fonction de ses besoins à lui. Que serait un CV qui ne serait pas écrit en fonction de celui qui le reçoit ? Le récapitulatif de votre vie professionnelle. Croyez-vous vraiment que cela soit suffisant pour emporter l'adhésion du recruteur ?

Le CV : entre image et identité professionnelles

En le rédigeant sur deux plans (vous, le recruteur), votre CV vous aidera à mieux vous connaître et pourra même vous aider à mieux cerner votre identité professionnelle.

Exemple : *Un candidat me consulte, car les recruteurs lui reprochent le manque de cohérence dans son parcours, lui-même me soutient avoir un parcours atypique. Je lui propose alors de prendre chacune de ses expériences et de chercher à les définir en termes de compétence. Fort de cet exercice, il parvient à dégager un fil conducteur dans son parcours professionnel, la gestion des risques sous toutes ses formes : risques achat, risque à la réputation, risque pays, risque client, etc. Il n'y a rien d'atypique dans son parcours, mais une multiplicité de formes dans l'exercice de son métier : gestion, conseil, analyse, ainsi qu'une diversité de statuts : salarié, free-lance. Notre échange lui a même permis de se souvenir qu'il a obtenu une certification en plan de continuité d'activité (PCA) qui constitue « un plus » évident pour ses candidatures aux postes qu'il vise dans la gestion globale des risques.*

Le CV : entre fond et forme

Jouez sur deux tableaux. Tout d'abord le fond avec des mots clés, des chiffres clés et des références clés. Ensuite, la forme en choisissant de faire votre CV sur une plate-forme de mise en forme de CV comme CVdesignR.

> **À NOTER**
>
> CVdesignR est un modèle Freemium avec 60 % de modèles avec un joli design et gratuits. De plus, CVdesignR propose des services supplémentaires aux candidats : suivi de candidatures gratuit (Maestro) et des statistiques (payantes) pour vérifier la performance de son CV (Audience).

Pour exemple : le modèle TRIOMPHE de CVdesignR

Prénom Nom
Commercial Export

email@cvdesignr.com
Permis B
Véhicule personnel
Ile-de-France
06 12 34 56 78

Langues

Anglais
› TOEFL : 110/120

Allemand B2 - Compétences professionnelles complètes

Atouts

Aisance relationnelle et rédactionnelle

Adaptation à l'environnement multiculturel

Autonomie et organisation

Informatique

Sphinx

Access

Illustrator

Pack Office

Centres d'intérêt

Course à pied : Marathon

Voyages : Pays baltes, Royaume-Uni et Afrique de l'Ouest

Compétences

Expertise approfondie des techniques de vente et négociation

Connaissance des règles inhérentes à l'exportation

Maîtrise des produits commercialisés

Capacité d'anticipation et de synthèse

Expériences professionnelles

Depuis 2018 — **Commercial export**
GEFCO Courbevoie, France
- Analyse de marché des pays et concurrents (Belgique, Pays-Bas, Allemagne)
- Démarchage et fidélisation d'un portefeuille de 12 clients grands comptes représentant 4,1 millions d'euros
- Argumentaire de vente, négociation et visite de sites
- Réalisation de rapports et remontée d'informations

De 2015 à 2017 — **Sales Manager**
GEODIS Levallois, France
- Augmentation du CA de 19% en 6 mois
- Développement du portefeuille client, prospection et négociation
- Suivi des commandes
- Pilotage d'une équipe 20 personnes

2015 — **Commercial import/export (stage)**
HANGERS Londres, Royaume-Uni
- Prospection de nouveaux clients
- Gestion du service après-vente
- Participation à plusieurs ventes

De 2012 à 2014 — **Assistant commercial (alternance)**
MACIF Cergy, France
- Renseignement des clients : prix, délais, produits
- Participation aux opérations de promotion (1 tous les 3 mois)
- Suivi des clients

Diplômes et Formations

De 2014 à 2015 — **Licence pro Commerce spécialité Import Export**
ENACO Paris, France

De 2012 à 2014 — **BTS négociation et relation client**
Ecole sup' Paris Paris, France
- Gestion de la relation client
- Planification et gestion de l'activité commerciale

2012 — **Baccalauréat Economie et Social**
Lycée Jean Moulin Paris, France

in @nomutilisateur

EXERCICE 4 : **SAVOIR HACKER LES OFFRES D'EMPLOI**

Les DRH ne savent pas lire les offres d'emploi ! Un jour que je faisais une conférence devant 50 DRH… au chômage (eh oui, eux-mêmes ne sont pas l'abri !), j'ai assisté à une scène étonnante. Alors que j'abordais le sujet des offres d'emploi en leur expliquant leur rôle crucial dans l'identification du besoin des recruteurs, voici mes DRH partant dans un chahut d'où il ressortait que « les offres, c'est n'importe quoi… On ne comprend pas ce que veulent les recruteurs… Elles sont écrites n'importe comment… On n'a pas le nom de l'entreprise… etc. »

Je les ai laissés s'égosiller un temps. Puis quand ils m'ont laissé reprendre la parole, je leur ai posé cette question taquine : « Au fait, les offres d'emploi, ce n'est pas vous qui les publiez ? » Un grand silence s'est fait et j'ai pu reprendre le cours normal de ma conférence…

Les DRH ne savent pas lire les offres d'emploi qu'ils publient, mais vous ne savez pas non plus les lire. Et c'est dommage, car les offres d'emploi représentent une part non négligeable du marché du recrutement : environ 30 %. C'est ce qu'on appelle le marché visible (à distinguer du marché caché qui représente donc 70 %).

Par ailleurs, les offres d'emploi sont précieuses, car elles médiatisent les **besoins des entreprises**. Elles les rendent visibles. Et c'est ce besoin qu'il vous faut repérer dans les offres d'emploi, car c'est ce qu'attendent les recruteurs.

Cet exercice va vous apprendre à hacker les offres d'emploi. Le but du *hacking* de l'offre d'emploi n'est pas de coller à tous les critères de l'offre, mais de faire une recherche extrêmement ciblée. Et en quoi consiste ce ciblage ? À **repérer l'élément clé**, le mot-clé ou le groupe de mots-clés, qui correspond au **besoin central de l'offre**.

C'est ce besoin central que l'on va chercher à extraire de l'offre. Voici comment.

Hacking de l'offre d'emploi en 10 étapes

- Prenez une offre d'emploi qui vous motive vraiment. C'est fait ?
- Une offre d'emploi se lit de A à Z. Depuis le titre jusqu'au dernier mot, car les mots-clés peuvent se trouver partout dans l'offre. Ensuite, elle ne se lit pas uniquement des yeux. Il faut surligner chaque mot-clé et groupe de mots-clés. Faites-le !
- Comprenez que chaque mot-clé correspond à un besoin. Ce qui nous intéresse, c'est le besoin central du poste et donc le mot-clé principal, le mot-clé de tous les mots-clés. Reprenez tous vos mots-clés, réfléchissez et entourez le mot-clé ou groupe de mots-clés principal.
- Comment fait on pour trouver le mot-clé principal ? On se pose trois questions : Quel est le besoin dans ce poste ? Quel va être mon rôle dans ce poste ? À quoi je vais servir ?

- Vous avez trouvé ? Le besoin central se trouve exprimé noir sur blanc dans l'offre, Relisez-la jusqu'à ce que vous le trouviez.
- Il y a deux astuces pour le trouver si vous n'y êtes pas parvenu ou pour confirmer ou compléter ce que vous avez trouvé comme besoin principal.
- 1re astuce : repérer les répétitions. Repérer les mots-clés les plus répétés, soit à l'identique, soit comme synonymes. Les répétitions signent à coup sûr le besoin central.

  Exemple : *Une entreprise recrute un directeur du contrôle de gestion adjoint. Quand on lit l'offre d'emploi, on s'aperçoit qu'y est répété trois fois le terme « management des risques ». (Ah bon, il y a des risques financiers dans cette entreprise ?) Quoi qu'il en soit, le besoin central est là et vous devrez partir de là pour répondre à cette offre d'emploi.*
- Astuce dans l'astuce : pour repérer rapidement les mots-clés, utilisez un site de nuage de mots-clés qui vous donnera le nombre d'occurrences des termes de l'offre d'emploi. Le plus performant des sites de mots-clés est www.nuagedemots.co !
- 2e astuce : repérez les spécificités de l'offre d'emploi, c'est-à-dire l'élément que vous avez rarement rencontré dans une offre d'emploi de ce type. Ou alors, carrément l'incongruité, c'est-à-dire un élément que vous n'avez jamais rencontré dans une offre d'emploi

  Exemple : *Une offre d'emploi destinée à un commercial mentionne : « Nous attendons de la personne recrutée qu'elle reste de manière pérenne dans l'entreprise. » Vous avez déjà vu ce type de phrase dans une offre d'emploi ? C'est bien une incongruité.*
- Une fois repéré le besoin principal, vous avez le démarrage de votre lettre de motivation. Pas n'importe quel type de lettre de motivation : une offre de solutions, votre offre de solutions.

  Exemples :

  Vous recherchez un directeur du contrôle de gestion adjoint pour votre structure [citez le nom s'il est mentionné dans l'offre]. Son rôle sera de manager l'ensemble de vos risques financiers.

  Vous recherchez une commerciale dont le rôle sera de fidéliser vos clients existants et en prospecter de nouveau. Vous attendez de votre future commerciale qu'elle reste de manière pérenne dans votre entreprise.

✓ Prenez l'offre d'emploi que vous avez hackée et reformulez le besoin.

Vous recherchez un/une .... dont le rôle sera de ....

....

....

....

À NOTER

« Pourquoi commencer ma lettre de motivation par la reformulation du besoin ? Le recruteur le connaît ! » me disent certains candidats. Ma réponse :

- le recruteur connaît son besoin, mais il ne sait pas si vous l'avez compris ;
- si vous ne le reformulez pas, vous risquez de ne pas y passer assez de temps et de passer à côté du besoin ;
- le recruteur se sentira compris et il lira d'autant plus volontiers la suite de votre lettre.

EXERCICE 5 : LA LETTRE DE MOTIVATION EST MORTE ; VIVE L'OFFRE DE SOLUTIONS !

Vous trouverez tout ce qu'il faut savoir sur la lettre d'offre de solutions avec de nombreux exemples au chapitre 8 de mon livre Décrochez votre nouveau job, *Paris, Dunod, 2018.*

Quel est l'intérêt d'une lettre de motivation ? Aucun telles qu'elles sont écrites, aujourd'hui, par les candidats. Elles n'ont aucun intérêt, car 99 % sont centrées sur vous, votre projet, votre motivation, votre parcours, vos expériences, vos compétences. Ce sont des **lettres MOI-MOI-MOI**.

✓ Faisons une expérience.

Prenez votre dernière lettre de motivation et comptez le nombre de « je », « me », « mon », « ma », « mes ». Combien ?

....

....

....

Et puis comptez le nombre de « vous », « vos », « votre ». Combien ?

....

....

....

Et le nombre de « nous », « nos », « notre » ?

....

....

....

Alors, convaincu ? Les lettres de motivation sont centrées sur vous. Elles sont une **redite de votre CV**.

Vous souhaitez leur faire jouer un rôle ? Centrez-les sur le poste. Le besoin central contenu dans le poste. Puis apportez vos solutions à ce besoin. C'est pourquoi je vous fais cette recommandation : **cessez d'écrire des lettres de motivation, envoyez votre offre de solutions !**

Comment écrit-on une lettre d'offre de solutions ?

Vous avez déjà fait le plus gros du travail dans votre *hacking* de l'offre d'emploi, car en procédant comme l'exercice précédent vous le recommande, vous avez extrait le **besoin principal** de votre offre d'emploi.

✓ Reprenez l'offre d'emploi que vous avez hackée à l'exercice précédent et réécrivez votre reformulation du besoin.

Vous recherchez un/une .... dont le rôle sera de

....

....

Maintenant que vous reste-t-il à faire ? À problématiser ce besoin, car cela vous permettra de vous mettre en résolution de problème.

Problématiser un besoin

Problématiser est un mot qui peut faire peur en vous rappelant vos cours de français ou de philosophie et votre prof qui vous reprochait de ne pas avoir bien problématisé.

Il n'y a pas lieu d'avoir peur car, en vérité, problématiser un besoin consiste juste à le questionner. Les questions que vous allez vous poser pour cela sont : Quel est l'enjeu du poste ? Quelle est la problématique principale du poste ? Quelle sera ma préoccupation principale dans ce poste ?

✓ Rédigez la problématique/l'enjeu du poste.

L'enjeu du poste est ....

....

....

....

ASTUCE

Vous n'arrivez pas à problématiser le besoin ? Pas de soucis, voici une astuce : reprenez le besoin que vous avez reformulé auparavant et posez-vous la question « Comment je ferai pour répondre à ce besoin ? » Ça y est ! Vous avez problématisé le besoin. Vous avez vu comme c'est facile ! Cette question, écrivez-la au brouillon. Vous la ferez disparaître (ou pas) dans la version finale de votre lettre.

Se mettre en résolution de problème

Vous avez problématisé le besoin. Il s'agit maintenant d'apporter vos solutions. Avez-vous une méthode, une technique, un procédé pour résoudre la problématique du poste ? Dans ce cas, citez cette méthode, cette technique, ce procédé. Sinon, ayez recours au plan d'action en trois points (le rythme ternaire est toujours le plus efficace).

✓ Rédigez votre proposition de solution.

Pour mener à bien la mission que vous me confierez, je retiens les trois axes suivants :

1. ....
2. ....
3. ....

À NOTER

Arrivé à ce stade de votre lettre d'offre de solutions, le recruteur est enchanté. Vous avez reformulé son besoin, vous avez posé la problématique du poste et proposé une solution. À ses yeux, vous êtes un *problem solver* ! Que vous reste-il à faire ? À le prouver. À en apporter la preuve ! Comment ? En décrivant des réalisations passées, en donnant des exemples de réalisations probantes (c'est-à-dire qui font preuve) en lien avec votre résolution de problème.

ASTUCE

Donnez une réalisation probante pour chaque point de votre plan d'actions. Soit trois exemples à l'appui de votre plan d'actions en trois points !

Description d'une réalisation probante

Pour décrire une réalisation probante, rien de mieux que la méthode OM(E)R :

- O de **Objectif** : *Quel objectif m'a-t-on fixé dans cette mission ?*
- M de **Mission/Méthode/Moyens** : *Quel a été le déroulement de la mission ? Quelles méthodes ai-je utilisées ? Avec quels moyens ?*
- (E) de **Engagement** : *Quelle a été ma part dans cette mission ? (Pour vous rappeler d'utiliser le « je » dans votre description de réalisation probante).*
- R de **Résultat(s)** : *Quels résultats quantitatifs et/ou qualitatifs ai-je obtenus ?*

✓ Décrivez une de vos réalisations probantes sous format OM(E)R.

....

....

....

Refaites cet exercice pour chacune des réalisations probantes dont vous voulez vous servir comme exemple. Si vous avez du mal à les retrouver, allez voir votre tableau des réalisations (p. 48).

Si vous n'avez pas de réalisations probantes ou pas assez, la solution est de faire des propositions d'action. Réfléchissez aux points de votre plan d'action et cherchez à en faire des propositions d'action détaillée.

✓ Décrivez une proposition d'action

....

....

....

Vous pouvez choisir de ne mettre que des réalisations probantes ou que des propositions d'action ou un mix des deux.

C'est fait, vous venez de construire votre **première lettre d'offre de solutions** ! Fini les lettres de motivation MOI-MOI-MOI dont vous n'étiez pas fier. Bienvenue dans le monde des apporteurs et apporteuses de solutions, bien plus gratifiant pour la confiance en soi.

À NOTER

- **Point 1 :** en prenant l'habitude de rédiger des offres de solutions, vous prendrez confiance en vous, car vous serez fier de ce que vous avez écrit. Par ailleurs, vous vous serez mis dans une posture de type entrepreneurial et commercial et préparez ainsi votre future mise à votre compte. Car vous saurez faire des offres de solutions pour vos clients ! CQFD.
- **Point 2 :** la lettre d'offre de solutions est un deux en un car vous en utiliserez le contenu au moment de l'entretien de recrutement comme je vous le montre dans l'exercice suivant.
- **Point 3 :** votre lettre d'offre de solutions fera une page, donc environ 25 lignes.

EXERCICE 6 : **RÉUSSIR SES ENTRETIENS DE RECRUTEMENT**

L'entretien de recrutement est décrit de manière plus complète au chapitre 9 de mon livre Décrochez votre nouveau job, *Paris, Dunod, 2018.*

Jeune diplômé, 24 ans, une tête à la Tintin. Un peu « chien fou » comme on l'est parfois à cet âge. Je le reçois en entretien d'accompagnement professionnel. Tom me fait part d'une réflexion qu'il s'est faite à l'issue de plusieurs entretiens de recrutement :

– Je me suis rendu compte que, de plus en plus, les recruteurs me demandaient de me projeter dans le poste. Par exemple, l'autre jour, l'un d'eux m'a demandé de décrire l'emploi du temps d'une journée type.

– Jeune homme, lui ai-je répondu, il vous faut créer votre offre de solutions si vous souhaitez vous projeter dans le poste qui vous est proposé. C'est-à-dire identifier et reformuler le besoin lié au poste puis vous mettre en mode résolution de problème. Ainsi, vous saurez décrire une journée type dans ce type de poste. C'est ainsi que nous en sommes venus à analyser l'offre d'emploi pour laquelle il avait passé cet entretien de recrutement afin de maximiser ses chances de réussir ses entretiens à venir.

Pour réussir vos entretiens de recrutement, il est important de comprendre qu'ils se composent de six phases : **Accueil – Présentation(s) – Investigation – Projection – Questions – Négociation**. Les trois premières sont centrées sur le candidat. Les trois dernières sont centrées sur le poste.

Les 6 phases de l'entretien de recrutement

Accueil : ponctualité – sourire – dress-code – regard direct – poignée de main souple et ferme – remerciements

↓

Présentation(s) : réponse à la question « Présentez-vous », « Parlez-moi de vous », « Dites-moi qui vous êtes ». N'utilisez pas un plan chronologique. Préférez un plan thématique avec annonce du plan. Exemple : « *Au cours de ma carrière, j'ai développé trois grandes compétences : 1re compétence…, 2e compétence…, 3e compétence…* » Avec une terminaison sur le poste pour lequel vous êtes convoqué. Le tout en 3 minutes maximum. Le recruteur peut aussi faire une présentation.

↓

Investigation : phase la plus longue portant sur vos compétences, motivations, qualités et défauts, valeurs, projets à moyen terme… Ne soyez pas affirmatif, mais démonstratif en décrivant vos compétences, motivations, qualités, défauts, valeurs à l'aide d'exemples tirés de votre vie professionnelle (et personnelle). Et construisez vos réponses en fonction du recruteur, de ses attentes, besoins, enjeux, préoccupations.

↓

Projection dans le poste : c'est ici que vous placez votre offre de solutions exposée dans votre lettre. Par exemple, si le recruteur vous demande : « Si je vous confie le poste, comment allez-vous procéder ? » S'il ne le fait pas, prenez-en l'initiative. Cela vous mettra en pole position par rapport à vos concurrents.
Entraînez-vous à la dire à l'oral. Profitez des éléments donnés en cours d'entretien pour l'affiner. Pour ça, prenez des notes au cours de l'entretien (sous forme de mots-clés).

↓

Questions à poser : quand le recruteur vous pose la question : « Avez-vous des questions à poser ? », forcément, vous en avez deux ou trois. Cela montre votre curiosité et votre motivation. Privilégiez des questions sur le poste : création ou remplacement ? Nombre de collègues ? Nombre de collaborateurs ? de managers ? Relations avec quels services en interne ? Avec qui en externe ?

↓

Négociation : en général, elle n'a pas lieu au premier entretien. Mais tenez-vous prêt en proposant, par exemple, une fourchette restreinte pour montrer que vous connaissez votre valeur, mais êtes ouvert. Astuce : donnez comme fourchette basse votre salaire cible. Ainsi, vous obtiendrez ce que vous visiez ou mieux !

✓ Présentez-vous (en maximum 500 mots, soit 3 minutes).

....

....

....

....

....

....

> **À NOTER**
>
> Et si vous vous entraîniez à l'entretien de recrutement en vous faisant coacher en art oratoire ? Par ailleurs, les institutions (Apec, Pôle emploi...) ont des exercices dédiés et gratuits.

Toujours plus loin

✓ Complétez la grille suivante.

	OK/PAS OK	VOS COMMENTAIRES
J'ai compris les points clés de l'entrepreneuriat.		
J'ai assimilé la trame du pitch.		
J'ai refait mon CV sur le modèle indiqué.		
Je sais *hacker* une offre d'emploi.		
J'ai écrit ma première lettre d'offre de solutions.		
J'ai compris comment réussir mes entretiens de recrutement.		

Vous avez trois OK ? Vous êtes en route vers la réussite et pouvez passer à la suite pour consolider vos acquis et découvrir d'autres exercices de la confiance en soi et de la réussite.

Sinon, reprenez les exercices dont vous avez besoin, relisez les, refaites ce qui est demandé. Vous pouvez aussi demander de l'aide à vos proches ou vous faire accompagner par un coach de carrière ou un conseiller professionnel. À vous de voir.

Mettre le cap sur la réussite

Grâce à tous les efforts que vous avez fournis pour surmonter votre échec (ou sentiment d'échec) initial, vous voici de nouveau prêt pour la réussite.

Il convient maintenant de ne plus commettre les erreurs du passé, de capitaliser tous vos acquis de cette période de reconquête. Vous en avez les moyens ! Ce parcours, loin d'avoir été une traversée du désert, vous a permis de construire les conditions de votre réussite future !

Ce dernier chapitre vous accompagnera dans la réussite de votre nouvelle vie. Assurons-nous, avant cela, que les acquis sont bien ancrés.

Le test

LES ACQUIS CETTE PARTIE SONT-ILS BIEN ANCRÉS ?

✓ Complétez la grille suivante.

	OUI	NON	VOS COMMENTAIRES
Êtes-vous vigilant à être en position de vie OK+/OK+ dans vos relations avec les autres ?			
Utilisez-vous la cohérence cardiaque en période de stress chronique ?			
Vous servez-vous de l'EMT comme antidote à des situations de stress aigu ?			
Vous sentez-vous plus en phase avec vos valeurs ?			
Êtes-vous à l'écoute de vos besoins ?			
Travaillez-vous à transformer vos croyances limitantes en croyances aidantes ?			
Avez-vous conscientisé vos limites et vos parasites ?			

Pratiquez-vous la visualisation positive pour atteindre vos objectifs ?			
Faites-vous au moins un entretien réseau par mois ?			
Utilisez-vous les réseaux sociaux dans une pratique professionnelle ?			
Faites-vous en sorte d'améliorer votre efficacité professionnelle ?			
Cherchez-vous à développer vos *soft skills* ?			
Êtes-vous devenu apporteur de solutions ?			

VOS RÉPONSES, NOS CONSEILS

Avec ce test, voici retracés les principaux moyens qui vous ont permis de restaurer votre confiance en soi pour retrouver les chemins du succès. L'idée n'est pas de tous les adopter, mais de continuer à utiliser ceux qui vous sont bénéfiques.

Dans ce chapitre, nous allons voir d'autres outils vous permettant de garder le cap vers la réussite.

Cette étape finale comprend **quatre exercices** pour agir :

- « *Fake it until you make it* » ou l'art de faire semblant jusqu'à ce qu'on y arrive ;
- « Apprendre à saisir sa chance » ou l'art de transformer les hasards en chance ;
- « Des 4 accords toltèques faire son code de conduite » ou l'art de la parole impeccable ;
- « Travailler et la réussite viendra par surcroît ! » ou l'amour du travail.

Booster vos performances

EXERCICE 1 : *FAKE IT UNTIL YOU MAKE IT*

Pour beaucoup de gens, il est essentiel de tout maîtriser pour se lancer dans l'action. Ils n'agissent pas tant qu'ils ne savent pas parfaitement comment s'y prendre.

✓ Vous sentez-vous dans ce cas ? Dans quelle situation ?

....

....

....

Si vous avez répondu « oui », vous ne le savez peut-être pas, mais vous répondez là à une injonction qu'on vous a faite dans l'enfance et que vous vous imposez depuis lors : « Sois parfait ! »

Ce perfectionnisme est délétère. Il empêche de se sentir libre d'agir. Il pousse à la procrastination. Il nous fait reculer dans nos choix (puisque choisir implique de savoir avant d'agir alors que décider, comme nous l'apprend le philosophe Charles Pépin, consiste à agir avant de savoir). Il est sans doute aussi à l'origine de différences entre les sexes dans les décisions d'agir ou de ne pas agir. Des études montrent ainsi que la majorité des femmes ne répondent à une offre d'emploi que si elles remplissent 80 % des critères alors que les hommes se contenteraient d'en maîtriser 30 %.

Encore une fois, ce tropisme semble bien français comme le fait de privilégier l'essence sur l'expérience, comme le fait de ne pas agir, travailler ou se donner de la peine par peur de l'échec. En effet, les Anglo-Saxons paraissent avoir résolu ce problème. Ils ont d'ailleurs une formule contre-intuitive, mais absolument magistrale pour qui veut se lancer dans l'action : « *Fake it until you make it* » (que l'on pourrait traduire par : « Fais semblant jusqu'à ce que tu y arrives ! »).

Que nous dit cet adage ? Que si nous pensons ne pas savoir faire quelque chose, il nous reste à le pratiquer jusqu'à y parvenir. Que si nous ne comprenons pas quelque chose, il nous reste à écouter, observer, questionner, reformuler, noter ce que l'on voit et entend. Cela finira par rentrer !

N'attendons pas de tout savoir avant d'agir. Ne cherchons pas à tout comprendre, tout contrôler, tout maîtriser pour passer à l'action. « Prévoir en stratège, agir en primitif », a écrit dans ses carnets de résistance (*Les Feuillets d'Hypnos*) le poète René Char. Le philosophe Charles Pépin fait plus simple avec ses enfants. Il leur dit : « J'y vais, je vois. » La vie se charge de nous enseigner ce que nous avons à apprendre. Encore faut-il avoir confiance dans les autres et, surtout, avoir confiance dans la vie !

La volonté est quelque chose de difficile à mettre en œuvre pour beaucoup d'entre nous. Le « Je veux, je peux » ne marche pas la plupart du temps. En revanche, « faire » est à la portée de chacun. Il sera toujours temps de théoriser ensuite. « Je ne sais que ce que je sais faire », a dit Paul Valéry. C'est le sens du « *Fake it untill you make it* ».

Vous avez peur ? Rien de plus normal. C'est inhérent à la vie humaine. Et c'est plutôt rassurant. Comme le rappelle l'écrivain Nancy Huston (née en 1953) : « Éliminer la peur, ce serait éliminer notre humanité et nous transformer en robots », dans sa tribune « Métaphysique de la trouille » publiée dans *Le Monde* le 30 octobre 2010.

Vous avez peur ? C'est parfait. Nous avons tous peur. Comme le fait remarquer la psychologue américaine Susan Jeffers (1938-2012) dans son livre au titre si évocateur *Tremblez, mais osez !* (2001), nous avons des peurs variées : perdre notre travail, changer de travail, nous lancer dans un projet, demander une augmentation, mettre fin à une relation, être quitté, être trompé, être critiqué, etc. En vérité, l'éventail des peurs est infini. Et nous avons chacun nos peurs.

✓ Citez trois de vos peurs.

....

....

....

Eh bien, nous apprend Susan Jeffers, toutes nos peurs n'en font en vérité qu'une : c'est la **peur de ne pas savoir faire face**. Or, si nous sommes là, si vous êtes là en train de lire ce guide, c'est que vous avez su faire face dans le passé. Donc vous saurez faire face à l'avenir. La peur sera toujours présente. La seule chose que vous avez à faire, c'est de développer une confiance en vous solide. Car la confiance en soi permet d'agir malgré la peur.

Et de la confiance en soi, vous qui tenez ce guide entre les mains, vous avez commencé à en engranger si vous avez mis en œuvre ce qui vous est proposé. Car vous avez compris qu'elle naît de la connaissance de soi, de l'action et de la rencontre avec l'autre. En vous ouvrant aux autres, à la vie, à vous-même, vous créez un socle de confiance en soi qui vous permet de décider pour vous-même et en toute autonomie, de faire vos choix de vie indépendamment des jugements des autres et de vous-mêmes, en un mot, de gagner votre émancipation !

EXERCICE 2 : APPRENDRE À SAISIR SA CHANCE

Septembre 2009, une vidéo postée sur YouTube devient virale en quelques mois. Son auteur ? Philippe Gabilliet, professeur de leadership à l'ESCP. Sait-il que cette vidéo va bouleverser sa vie et faire de lui un auteur et un conférencier à succès ? Dans Le Facteur chance*, tel est le nom que porte la vidéo, un inconnu au crâne rasé, filmé dans un bureau en désordre, sous une mauvaise lumière, s'adresse à ses élèves en leur rappelant qu'il leur a expliqué pendant cette année d'études que pour réussir, il fallait du talent. Que pour réussir, il fallait du travail. Mais il a oublié de leur dire quelque chose : c'est l'importance de la chance pour réussir. Puis pendant les 5 minutes de cette vidéo (que je vous conseille vivement de regarder), Philippe Gabilliet explique comment susciter cette chance !*

En 2011, Philippe Gabilliet a sorti le livre *Éloge de la chance* dans lequel il développe la notion de chance en expliquant comment se saisir des événements de la vie quotidienne pour en faire de véritables opportunités.

La chance dont parle Gabilliet n'est pas la chance passive. Par exemple, le fait qu'en sortant de la librairie où vous êtes allé acheter ce livre, vous tombiez sur un billet de 200 euros (d'ailleurs, merci de partager, car c'est un peu grâce à moi que vous êtes entré dans cette librairie pour vous procurer cet ouvrage dont tous vos amis vous parlent !). Non, Gabilliet parle de la chance, celle qu'on provoque en faisant en sorte de transformer les hasards de la vie en véritables opportunités professionnelles ou financières.

✓ Estimez-vous être chanceux ? Dans quelles circonstances ?

....

....

....

Les cinq ingrédients de la chance :

Philippe Gabilliet discerne cinq ingrédients qui alimentent notre chance au quotidien :

1. La rencontre opportune : nous faisons de multiples rencontres dans nos vies. Certaines bonnes. Certaines moins bonnes. Et cela surtout si vous avez un *networking* actif. Eh bien, parmi toutes ces rencontres, l'une va déboucher sur l'opportunité qui vous permettra d'atteindre vos objectifs.

✓ Souvenez-vous d'une rencontre opportune que vous avez faite et qui a modifié le cours de votre vie.

....

....

....

....

2. L'information clé : à travers nos rencontres ou notre veille, nous cherchons à nous informer. Parmi toutes les informations que nous obtenons, l'une va se révéler décisive et se transformer en opportunité.

✓ Rappelez-vous une information qui a été décisive dans le cours de votre vie.

....

....

....

3. Le nouveau territoire : le fait de changer de ville, de région, de pays peut être une source d'opportunités. Mais Gabilliet élargit cette notion de nouveau territoire à toute nouvelle activité. Le fait de pratiquer un nouveau sport, d'embrasser une nouvelle pratique artistique, culturelle, d'entrer dans une association, une ONG, de suivre une formation, de pratiquer le *networking*, de faire du bénévolat de compétence, d'entrer dans un groupe de chercheurs d'emploi, etc.

✓ Quelles sont vos nouvelles pratiques ? Vous paraissent-elles receler des opportunités ? Lesquelles ?

....

....

....

4. La proposition inattendue : dans notre *networking* ou dans nos nouvelles activités, alors que nous ne demandons rien hormis des infos, des conseils ou des contacts, quelqu'un peut nous faire une proposition d'association, d'emploi, de contrat.

✓ Rappelez-vous une proposition que l'on vous a faite sans que vous vous y attendiez.

....

....

....

5. **L'incident providentiel :** la vie est parsemée d'incidents si l'on y pense, la chaudière qui nous lâche, la queue à la Poste, la voiture qui ne démarre pas, un train qui n'est pas à l'heure, le chômage, un échec peuvent se transformer en opportunité si on sait rebondir dessus.

✓ Reprenez votre ligne de vie et, dans les « vallées », repérez les éléments qui vous ont permis de rebondir.

....

....

....

Les 5 postures de vie propices à provoquer la chance

En somme, savoir transformer les hasards de la vie en opportunités est le véritable facteur chance. Pour cela, rien ne remplace le fait d'agir, de vivre. Gabilliet propose cinq postures de vie, **cinq principes d'actions** pour déclencher les opportunités.

- Être **curieux** et pour cela développer notre disponibilité intérieure à saisir la chance et sortir de sa routine.
- Être **en connexion avec les autres** grâce à la magie du *networking*. Être celui qui met en relation ou celui qui aide les autres à atteindre leurs objectifs.
- Être conscient que la chance ne marche pas toujours. Qu'il y a des revers. Qu'il faut **savoir utiliser les échecs comme levier de chance**. Qu'il faut savoir recycler nos échecs. La vraie chance n'est pas dans ce qui nous arrive, mais dans ce que nous faisons de ce qui nous arrive.
- Être **en anticipation** en ayant un projet d'avance, en ayant des objectifs qui feront que l'on sera à l'écoute des opportunités. Apprendre ainsi à programmer la chance.
- Être **audacieux**. Le principe le plus important qui consiste à tenter sa chance, à saisir l'opportunité pour la transformer en réalité. Car rien ne sert d'attendre sa chance si on ne sait pas la saisir quand elle se présente.

> **À NOTER**
>
> Remarquez que les modèles présentés dans cette partie insistent tous sur l'importance de l'action : l'estime de soi, les vertus de l'échec, la confiance en soi, l'Ikigai, le système FLOQER, l'art oratoire, les quatre accords toltèques, la chance, etc.

✓ Comment allez-vous faire pour adopter ces cinq postures de vie ? Décrivez-le.

....

....

....

À NOTER

Depuis dix ans, un terme fait florès : la sérendipité. Il signifie *grosso modo* « découverte par hasard ». Beaucoup de découvertes médicales en sont issues (la *pénicilline* de Fleming, le laser *Femtoseconde* du prix Nobel de physique français 2018, Gérard Mourou). Mais la découverte par hasard existe-t-elle vraiment ? Avec le facteur chance, l'on comprend que cet heureux hasard a été favorisé par un environnement favorable, un terrain propice. Agissez, sortez de chez vous et la sérendipité vous sourira !

EXERCICE 3 : DES 4 ACCORDS TOLTÈQUES FAIRE SON CODE DE CONDUITE

Isabelle est psychologue. Elle pratique l'EMDR et a d'excellents résultats avec ses patients grâce à cette thérapie qui accomplit des prouesses pour soigner les traumas et les phobies. Elle exerce en libéral dans ses cabinets de Bordeaux et de Paris et, une fois par semaine, elle travaille au sein d'un dispensaire. Cette activité secondaire ne lui rapporte pas grand-chose, mais elle souhaite apporter ses bons soins aux gens qui n'ont pas les moyens de se payer un psy. Je lui demande comment elle fait pour passer de son activité solitaire en cabinet à son travail en équipe au dispensaire.

- D'abord, me répond-elle, en libéral, je ne travaille pas seule, car je partage un cabinet avec d'autres libéraux. Ensuite, j'applique un code de conduite dans ma vie professionnelle, qui me permet de la vivre le plus sereinement possible et d'entretenir les rapports les meilleurs avec mes collègues et mes confrères.

- Lequel, lui dis-je ?

- Les quatre accords toltèques.

Les quatre accords toltèques, qu'est-ce que c'est ?

Les Quatre Accords toltèques est un livre, devenu *best-seller* mondial, d'un auteur mexicain, Don Miguel Ruiz. Chaman lui-même, il se propose de révéler au grand public les enseignements des chamans mexicains. Si l'on doit résumer Les accords toltèques, ils sont en fait un **art de la parole**. Ils peuvent sembler farfelus au premier abord, car issu du chamanisme. De plus, Don Miguel Ruiz parle de paradis et d'enfer, de magie blanche et noire, de péché. Mais, ne vous y trompez pas : les accords toltèques sont un art de la parole.

Un art de la parole et aussi un puissant **code de conduite** pour mener nos vies professionnelles, amoureuses, amicales, sociales, familiales.

✓ Vos parents, vos frères et sœurs vous critiquaient-ils sans même le vouloir ?

....

....

....

✓ Êtes-vous sensible aux opinions des autres vous concernant ?

....

....

....

✓ Vous arrive-t-il de colporter des mensonges, rumeurs ou médisances ?

....

....

....

✓ Un collègue fait la tête. Pensez-vous immédiatement être la cause de sa mauvaise humeur ?

....

....

....

1er accord toltèque : « Que ta parole soit impeccable »

Nous sommes tous victimes d'opinions portées sur nous, de critiques, de médisances, de rumeurs. Toutes ces paroles sont colportées soit par maladresse (les paroles des parents), soit par haine, jalousie, envie, colère (contre, par exemple, le confrère qui écrit des livres alors que c'est notre rêve inabouti). Ces paroles sont comme des virus informatiques. Si nous les croyons, les écoutons ou les propageons, ce sont des virus que nous introduisons dans notre esprit et dont nous aurons beaucoup de mal à nous débarrasser.

Notre rôle est donc de faire un bon usage de la parole en ne critiquant pas, en ne participant pas aux médisances et en ne colportant pas les rumeurs. En rendant notre parole impeccable, nous éliminons ce poison de notre esprit et de notre cœur et nous avons des chances d'être heureux et libres !

✓ Vous sentez-vous capable de ne pas critiquer, faire des reproches, colporter des rumeurs ou des médisances ?

....

....

....

2e accord toltèque : « Quoi qu'il arrive, n'en fais pas une affaire personnelle »

Vous vous efforcez d'avoir une parole impeccable, mais les autres n'en ont pas forcément une, eux-mêmes. Ils vous critiquent, vous font des reproches, vous insultent, mentent, vous encensent, vous accusent d'être responsable de leur état émotionnel (colère, peur, tristesse…), etc.

Le risque, c'est que vous le preniez pour vous, l'acceptiez et décidiez de rendre coup pour coup. C'est dommage parce qu'en vérité, vous n'êtes pas responsable des reproches, insultes, mensonges, actes, accusations, louanges des autres. C'est leur manière de voir le monde, pas la vôtre.

Miguel Ruiz vous recommande quelque chose de très sain : ne pas faire une affaire personnelle des opinions des autres à votre égard ni de leurs actes. C'est leur affaire à eux. Pas la nôtre. Et si vous-même, vous vous adressez des reproches, des critiques, il vous recommande d'apprendre à vous en détacher. Pourquoi ? Parce qu'en en faisant une affaire personnelle, on se condamne à en souffrir.

Selon Ruiz, les conséquences heureuses de ce deuxième accord sont innombrables :

- les paroles des autres ne vous blesseront plus ;
- vos émotions désagréables (colère, tristesse) et vos sentiments négatifs (jalousie, envie) disparaîtront ;
- vous aurez un immense sentiment de liberté ;
- vous serez en mesure de dire « Je t'aime » sans crainte du ridicule, dire « oui » ou « non » selon ce que vous choisissez sans honte ni culpabilité.

✓ Vous sentez-vous capable de ne plus faire une affaire personnelle des paroles et actes d'autrui ?

....

....

....

3e accord toltèque : « Ne fais pas de suppositions »

Les autres peuvent ne rien dire, ne nous adresser aucun reproche ni critique. Et cela peut être pire encore, car on suppose tout un tas de choses et leur prête des intentions qui ne sont peut-être pas les leurs. C'est alors que l'on se met à leur en vouloir, à médire à leur propos et à ne plus avoir une parole impeccable. Ou alors on estime qu'ils doivent deviner vos besoins. C'est le cas souvent dans nos relations et, en particulier, au sein des couples où l'on pratique allègrement le « Tu aurais dû le savoir ».

Pourquoi ? Parce que nous voulons tout expliquer et sommes avides de réponses même fausses. Parce que nous pensons que les gens fonctionnent comme nous, voient la vie à notre façon. Seule solution pour ne plus supposer : poser des questions pour comprendre. Et accepter que les autres nous en posent. Conséquence heureuse de ne plus supposer : des relations plus claires avec les autres et notre parole deviendra impeccable.

✓ Vous sentez-vous capable de ne plus supposer et de demander des éclaircissements ?

....

....

....

4e accord toltèque : « Fais toujours de ton mieux »

Il s'agit maintenant de transformer les trois premiers accords en actes. Qu'ils ne restent pas de vains mots. Don Miguel Ruiz ne nie pas la difficulté de l'application de ces trois accords toltèques. Que dit-il ? De faire de son mieux pour les mettre en œuvre. Si on en rompt un, eh bien, de recommencer le lendemain. D'être en mesure de dire : « J'ai fait de mon mieux. »

Ce « faire de son mieux » est un appel à agir même de manière imparfaite plutôt que se réfugier dans l'inaction. Il en résultera une grande liberté et un grand contrôle sur votre vie.

✓ Vous sentez-vous capable de mettre en œuvre les trois premiers accords toltèques en faisant de votre mieux ?

....

....

EXERCICE 4 : **TRAVAILLER ET LA RÉUSSITE VIENDRA PAR SURCROÎT**

Arrivé au terme de ce dernier chapitre, n'allez pas croire que le « faire semblant », que la chance, ou que le respect scrupuleux des quatre accords toltèques suffiront à faire de vous *a very successful people*.

Il est un secret encore plus grand que tous ces moyens pour s'en sortir dans notre monde complexe, semé d'embûches et d'incertitudes. Jean de La Fontaine nous le relève dans sa fable « Le laboureur et ses enfants » qu'il commence par « Travaillez, prenez de la peine : C'est le fonds qui manque le moins. » et conclut par : « Le travail est un trésor. »

Or, tout semble fait, aujourd'hui, pour nier la part du travail dans la réussite individuelle :

- la téléréalité met à l'écran des gens souvent sans talent ni avantage autre que leur plastique, leur culot ou leur vide existentiel ;
- sur les réseaux sociaux, les *people*, les YouTubeuses et les Instagrameuses nous donnent à voir leur vie de rêve parfois totalement factice.

Et nous finissons par croire que la réussite est quelque chose de facile, qu'elle s'obtient comme on achète un billet de loterie. Or, sans talent, pas de réussite. Mais sans travail non plus. Car le talent a besoin du travail pour réussir. Avant même l'époque actuelle, les Français ont toujours eu ce snobisme, que n'ont pas les Anglo-Saxons, de ne jamais reconnaître la part de travail dans leur réussite.

Christophe André, dans son livre *L'Estime de soi*, nous révèle que c'est un mécanisme de défense pour les personnes à basse estime de soi : ainsi, si elles échouent, elles peuvent mettre leur échec sur le compte de leur absence de travail et non leur manque de talent. On retombe sur ce fameux essentialisme français qui fait que nous redoutons tant l'échec et que certains d'entre nous préfèrent ne pas agir qu'échouer.

Quant aux personnes à haute estime de soi, nous dit Christophe André, il s'agit d'augmenter leur mérite en cas de succès. Par exemple, l'étudiant qui pourra afficher bien haut sa réussite à un examen en ajoutant : « J'ai réussi sans rien réviser ! »

Exemple : *Paradoxalement, l'auteur de la fable « Le Laboureur et ses enfants », Jean de La Fontaine, a cherché à entretenir, toute sa vie, une légende : celle du paresseux qui n'a pas besoin de travailler, celle du fabuliste à qui l'inspiration vient sans difficulté en se mettant à sa table de travail, le soir venu, après une journée de flânerie et d'aventures galantes.*

Jusqu'au jour où, patatras, nous raconte Erik Orsenna dans son livre La Fontaine, une école buissonnière, *le pot aux roses fut découvert : du fait d'une erreur de l'imprimeur, on put consulter les manuscrits de la dernière édition de ses fables... Ce n'était que ratures, réécritures, suppressions, remords, reprises... Bref, du TRAVAIL !*

✓ Quel est votre rapport au travail ? Décrivez quel type de travailleur vous ressentez être.

....

....

....

....

Connaissez-vous « la théorie des 10 000 heures » ?

Une étude a été menée par un psychologue sur des élèves sortant d'un conservatoire de Berlin : quel était leur devenir professionnel ? Certains devenaient virtuoses ou solistes. D'autres entraient dans un orchestre. Enfin, d'autres encore devenaient professeurs de musique. Ce qui les différenciait, selon ce psychologue ? Les virtuoses et les solistes avaient travaillé leur instrument plus de 10 000 heures. Les musiciens d'orchestre, environ 6 000 heures. Les professeurs de musique n'avaient pas travaillé leur instrument plus de 4 000 heures.

Cela veut-il dire que pratiquer 10 000 heures nous assure de devenir virtuose ? Certainement pas. Et d'ailleurs, nous n'avons pas tous forcément envie d'être virtuoses. Cela nous indique simplement que les méthodes de développement personnel et professionnel décrites dans cette partie ne vous seront d'aucune aide si vous ne vous décidez pas à travailler. À faire des efforts !

✓ La théorie des 10 000 heures vous a-t-elle convaincu ? Que vous évoque-t-elle en ce qui concerne votre propre activité ?

....

....

....

....

Une dernière citation pour conclure ce chapitre. Elle nous vient du philosophe Alain dans *Propos sur le bonheur* : « Un travail réglé et des victoires après des victoires, voilà sans doute la formule du bonheur ».

Toujours plus loin

✓ Complétez la grille suivante.

	OK/PAS OK	VOS COMMENTAIRES
J'ai compris le principe du « *Fake it untill you make it* ».		
J'ai assimilé les principes d'action propres à favoriser la chance.		
Je décide de faire des quatre accords toltèques mon code de conduite dans ma vie pro et privée.		
Je sais que c'est en me donnant à fond dans mon travail que je réussirai.		

Si vous avez trois OK, ce chapitre est assimilé. Sinon, reprenez les exercices qui vous manquent et pratiquez !

L'échec n'est pas une fatalité même s'il fait partie intégrante de la vie. Depuis que nous sommes bébé, nous procédons par essais-erreurs : pour apprendre à marcher, à parler, à nous socialiser, dans le cours de nos études, durant notre vie professionnelle, pour trouver notre compagne ou notre compagnon de vie, etc. L'accepter est une nécessité, puisque c'est ainsi que nous, êtres humains, procédons depuis la nuit des temps pour aller au-delà des limites que la nature nous a fixées, et ce depuis que Prométhée a volé le feu aux dieux pour le confier aux hommes...

Accepter l'échec est donc une nécessité. Cependant, nous n'acceptons pas de rester sur un échec. Cela fait aussi partie de notre nature humaine de vouloir réussir ce que nous entreprenons. De la réussite, nous tirons fierté, confiance en soi, amour de la vie et des autres.

Et aussi, et c'est ce qui manque le plus aujourd'hui à beaucoup : la réussite donne un sens à notre vie.

Vous l'aurez compris à la lecture de cette partie : restaurer sa confiance en soi est à la fois la clé de vos succès futurs et leurs conséquences. Pour cela, trois impératifs : **s'accepter pour agir avec les autres**.

Car dans la confiance en soi, il y a un double mouvement d'intériorité et d'extériorité :

- intériorité dans la mesure où l'on se sent capable de faire quelque chose. Ce qui vient compléter notre vision de soi et notre amour de soi pour former notre estime de soi comme nous l'a appris le psychothérapeute Christophe André ;
- extériorité, car directement en lien avec l'action qui nécessite confiance dans les autres et confiance dans la vie comme nous l'a révélé le philosophe Charles Pépin dans son livre *La confiance en soi.*

Puisse ce petit livre à l'ambition modeste, mais réelle, vous apporter les outils de la reconquête de votre vie professionnelle et de votre vie tout court, les moyens de ne pas renoncer, la volonté de vous accomplir et de mettre le mot « réussite » en lieu et place du mot « échec ».

Ainsi, vous ferez vôtre ce magnifique vers du poète Alfred Tennyson en conclusion de son poème « Ulysse » : « *To strive, to seek, to find, and not to yield* » (se battre, chercher, trouver, sans jamais renoncer).

Faire soi-même son bilan de compétences

Déborah ROMAIN-DELACOUR

PARTIE II

Vous vous posez des questions sur votre situation actuelle ? Vous souhaitez réfléchir à votre avenir professionnel ? Vous devez faire un choix de reconversion professionnelle ou étudier une opportunité d'évolution importante dans votre carrière ? Et vous ne savez pas quelle décision prendre.

Que vous soyez un jeune diplômé à la recherche d'un premier emploi, un demandeur d'emploi en situation de transition professionnelle ou encore un salarié qui s'interroge sur son évolution de carrière, cet ouvrage s'adresse à vous. Il constitue une méthode simple et efficace pour faire vous-même votre bilan de compétences[1] et obtenir des résultats concrets.

1 Le bilan de compétences est une démarche réglementée. Un rappel de la législation concernant ce dispositif figure en fin d'ouvrage.

Comprendre à quoi sert un bilan de compétences

Lors de ce premier chapitre, vous allez identifier les trois grandes phases d'un bilan de compétences. Ensuite, vous découvrirez ce qui se cache exactement derrière le terme « compétences ». Pour finir, vous prendrez connaissance des outils à votre disposition pour les révéler et les valoriser.

Le test

UN BILAN DE COMPÉTENCES. OUI, MAIS POURQUOI ?

Pour quelles raisons envisagez-vous de vous engager dans un bilan de compétences ?

✓ **Lisez chacune des propositions figurant dans le tableau suivant et attribuez-vous le nombre de points correspondant selon le principe décrit ci-dessous.**

- « C'est mon cas » = 2 points
- « C'est un peu mon cas » = 1 point
- « Ce n'est pas mon cas » = 0 point

N°	PROPOSITIONS	C'EST MON CAS	C'EST UN PEU MON CAS	CE N'EST PAS MON CAS	NOTES PERSONNELLES
1	J'ai un projet en tête, mais je ne sais pas vraiment comment le mettre en œuvre.				
2	Je vis mal mon travail, j'y vais à reculons.				
3	Mon responsable hiérarchique m'a conseillé de réaliser un bilan de compétences.				
4	Je souhaite me mettre à mon compte.				

5	Mon emploi est menacé.				
6	J'ai un projet, mais je veux le valider avant de me lancer.				
7	Je souhaite entreprendre une formation pour me former et investir dans la construction de mon avenir professionnel.				
8	Mon conjoint est muté. Je dois changer de lieu d'habitation et d'entreprise.				
9	J'ai plein de projets, mais je n'arrive pas à faire un choix.				
10	Je souhaite évoluer professionnellement, mais je ne sais pas comment.				
11	Je vis mal mes relations hiérarchiques et/ou internes.				
12	J'ai envie de trouver un métier qui me corresponde ; j'ai besoin de savoir pour quoi je suis fait.				
13	Je souhaite faire un bilan, car j'ai fait le tour de mon poste et je m'ennuie.				
14	Je n'arrive pas à mettre des mots sur ce que je sais faire après plusieurs années d'expérience et je ne sais pas ce que je vaux sur le marché de l'emploi.				
15	Mon entreprise est en pleine restructuration. Je suis perdu dans cette nouvelle organisation.				
16	Je me rends compte que je travaille mécaniquement et sans plaisir.				
17	Je me sens dévalorisé dans mon travail. Je n'ai pas/plus confiance en moi professionnellement.				
18	Je souhaite quitter mon entreprise. Pour préparer mon départ, je dois identifier mes points d'appui professionnels et mes axes de progrès. Je dois également faire le point sur ce que je veux et ce que je ne veux plus.				

Chacune des 18 propositions du tableau précédent correspond à un profil type, A, B ou C.

✓ Additionnez les points relatifs à ces propositions et inscrivez-les dans le tableau ci-dessous.

NUMÉROS DES PROPOSITIONS	SCORES	TYPE DE PROFIL
2 + 10 + 12 + 13 + 14 + 16		A
1 + 4 + 6 + 7 + 9 +18		B
3 + 5 + 8 + 11 + 15 + 17		C

Vous disposez maintenant de trois scores, un pour chaque profil A, B et C.

VOS RÉPONSES, NOS CONSEILS

Chaque proposition renvoie à un profil type de candidat (A, B, C). Déterminer le vôtre à partir de votre score le plus élevé vous permettra de mieux vous situer au démarrage du bilan.

A. Vous vous sentez perdu : vous avez le sentiment de ne pas être à votre place et d'avancer sans but. Vous vous sentez démotivé par votre situation actuelle, mais il est très difficile pour vous de vous orienter et de faire des choix. Si c'est ce que vous ressentez, entamer un bilan de compétences va vous permettre de mieux vous connaître. Vous serez alors capable de dire qui vous êtes et ce qui vous motive vraiment. Vous pourrez ainsi passer à l'action pour concrétiser un projet qui a du sens pour vous.

B. Vous savez déjà ce que vous souhaitez faire : vous avez une idée de projet, un cap que vous vous êtes fixé, mais vous ne savez pas encore très bien comment vous donner les moyens d'avancer et vous vous interrogez également sur la faisabilité de votre projet. C'est très bien, car c'est en vous questionnant que vous vous donnez toutes les chances de réussir. En élaborant méthodiquement votre projet professionnel, vous serez plus sur de vous. Vous avancerez alors plus sereinement.

C. Vous vous sentez pris au piège d'une situation qui vous échappe : en réalisant votre bilan de compétences, vous apprendrez à vous organiser pour sortir de cette situation que vous ne maîtrisez pas, en définissant précisément le projet professionnel qui vous correspond.

Booster vos performances

EXERCICE 1 : IDENTIFIER LES ÉTAPES DU BILAN DE COMPÉTENCES

Voici les objectifs à remplir au cours d'un bilan de compétences.

✓ **Reportez-les dans le logigramme ci-après.**

- Formuler un engagement personnel fort
- Analyser son besoin
- Connaître ses intérêts professionnels et ses motivations
- Connaître le déroulement du bilan de compétences
- Rechercher des informations sur les professions et le marché de l'emploi
- Identifier ses compétences acquises et restant à acquérir
- Prendre conscience de ses atouts et de ses difficultés
- Écrire le document de synthèse de son bilan de compétences
- Élaborer un projet professionnel et personnel
- Construire un plan d'actions possibles et réalistes
- Explorer son parcours antérieur et nommer ses acquis

Après avoir complété le logigramme du bilan de compétences, vous avez pu mettre en évidence qu'un bilan de compétences comprend trois phases indispensables :

- une phase de démarrage organisée autour de trois objectifs spécifiques, et qui constitue la phase préparatoire au bilan de compétences. Cette phase permet en premier lieu d'obtenir de l'information précise et concrète sur le déroulement du bilan de compétences, ainsi que sur les méthodes et techniques classiquement mises en œuvre. En deuxième lieu, elle a également pour objectif de définir et d'analyser la nature de la demande et des besoins. Un point sera donc réalisé sur les attentes concernant le bilan de compétences et la situation personnelle du demandeur. En troisième lieu, cette étape permet de confirmer l'engagement dans la démarche. Celle-ci doit impérativement être volontaire et accompagnée d'un engagement personnel fort ;
- une phase d'investigation permettant de réaliser une exploration des acquis ainsi que des intérêts professionnels et personnels du bénéficiaire. Cette exploration se met en œuvre à partir d'une réflexion sur le parcours antérieur, et doit permettre l'identification de compétences précises, d'une part, et l'analyse de motivations associées au sentiment de compétence, à l'estime de soi et aux valeurs professionnelles, d'autre part. Elle doit également donner lieu à un travail de recherche sur les métiers et les milieux professionnels, afin de pouvoir mettre finement en relation souhaits personnels, représentations individuelles et réalités professionnelles ;

- une phase de synthèse qui clôture le bilan en mettant en évidence les atouts, les axes de progrès, et les compétences disponibles pour définir un projet personnel et professionnel. Celle-ci prévoit également les principales étapes de la réalisation du projet qui doit être concret et précis. Ancré dans la réalité, réaliste et réalisable, le projet rédigé comprend en effet les informations nécessaires à sa mise en action, à savoir : la liste des compétences disponibles d'emblée, et celles restant à acquérir ou à développer, ainsi que les moyens et méthodes à mettre en œuvre afin de concrétiser le projet. Le bilan de compétences, au-delà d'une étude centrée sur soi, vise, de manière très pragmatique, à repérer l'ensemble des actions possibles à mettre en œuvre à partir des éléments recueillis, et à identifier la procédure à suivre pour les réaliser, en vue d'atteindre les objectifs fixés.

EXERCICE 2 : **AU CŒUR DU BILAN DE COMPÉTENCES : VOTRE RÔLE DANS LE DISPOSITIF**

À votre avis, quel sera votre rôle au cours du bilan ?

✓ Pour le déterminer, cochez les cases qui vous semblent appropriées.

☐ Je prendrai une part active dans la réalisation de mon bilan de compétences. Je ferai des recherches et produirai des documents.

☐ Le bilan de compétences ne requiert pas d'écrit. Il suffira d'y réfléchir.

☐ Je pourrai faire mon bilan de compétences sans sortir de chez moi. Avec Internet, mon ordinateur et ce livre, j'aurai tout ce qu'il me faut à la maison.

☐ Si je veux obtenir des effets concrets, je devrai entrer en relation avec d'autres personnes qui pourront répondre à mes questions et m'aideront à progresser.

☐ Le bilan de compétences concerne mon projet d'avenir. Je n'aurai donc pas besoin de me questionner sur mon passé.

☐ Il sera important de me connaître mieux pour faire des choix d'avenir qui me correspondent. Pour cela, je devrai faire le point sur mes expériences passées.

☐ Avoir pleinement conscience de mon mode de fonctionnement et de ma personnalité me sera très utile pour être acteur de mon projet.

☐ Je n'aurai pas besoin de réfléchir sur moi-même puisque je ne peux pas me changer. Je devrai juste avancer sans me poser de questions.

Vous allez tenir le premier rôle. Vous serez au cœur de la démarche de bilan, dans une double posture, active et auto-attentive :

- une posture active, car vous allez prendre une part dynamique dans l'avancement de votre bilan de compétences. Vous serez amené à vous informer, vous documenter, rechercher et contacter des interlocuteurs pour confronter vos idées à la réalité du marché. Vous serez également conduit à mettre en relation les données que vous aurez collectées, à les analyser, à synthétiser et écrire ; autrement dit, à construire et formaliser votre projet personnel et professionnel ;

- une posture auto-attentive, car vous allez être amené à porter une attention toute particulière à vous-même. C'est une posture peu fréquente qui implique à la fois et paradoxalement une prise de distance par rapport à soi-même et une implication forte et focalisée sur sa propre personne. Parler de soi, exprimer des connaissances et des savoir-faire, évoquer des difficultés personnelles et professionnelles, aborder certains aspects conflictuels de sa personnalité seront autant d'activités inhabituelles auxquelles vous allez être confronté pendant ce bilan. Cela pourra par moments vous sembler difficile, mais ne vous découragez pas, car chaque étape que vous allez franchir sera structurante et vous permettra de cristalliser un engagement solide vers un projet nouveau.

EXERCICE 3 : ÊTRE AU CLAIR AVEC LA NOTION DE COMPÉTENCES

✓ **À partir du questionnaire ci-après, notez tous les mots ou expressions qui vous viennent spontanément à l'esprit lorsque vous entendez le terme compétences.**

QUESTIONNAIRE D'ACTIVATION D'IMAGES SPONTANÉES
Une compétence c'est :
Une compétence ce n'est pas :

Parler de compétences, c'est être dans l'air du temps. Néanmoins, la notion est-elle toujours bien employée ? Le questionnaire d'activation d'images spontanées que vous venez de compléter a permis de faire émerger le sens que vous donnez au terme « compétences ». Démêlons maintenant le vrai du faux.
En fonction de la situation, la notion de « compétences » revêt deux significations distinctes mais complémentaires qu'il est important de maîtriser dans le cadre d'un travail de bilan, pour mobiliser cette notion à bon escient.

- **Signification 1 : Compétences = Performance**

Dans ce cas, « être compétent » revient à posséder des caractéristiques personnelles (connaissances, savoir-faire et conduites types) mobilisables d'emblée face à une situation particulière, dans un contexte de travail donné. Les compétences sont donc indissociables de l'activité à travers laquelle elles s'expriment. Elles ne peuvent par conséquent être repérables qu'en action.
À la lumière de cette explication, vous comprenez bien qu'il est insuffisant de se contenter d'élaborer une liste de compétences clés. Il faudra aller plus loin et accompagner l'expression de vos compétences d'une contextualisation précise. De surcroît, n'oubliez jamais qu'une organisation professionnelle recherche avant tout des salariés efficaces, capables de mettre en œuvre rapidement des solutions adaptées pour répondre à des problèmes concrets.

- **Signification 2 : Compétences = Développement**

Dans ce cas, la notion de « compétences » doit être entendue comme faisant partie du champ du développement de la personne. La recherche des compétences est réalisée afin de permettre une prise de conscience de l'étendue de ses possibilités. Cela requiert de focaliser son attention sur soi afin de faire apparaître des dimensions personnelles existantes d'une part, mais également à développer, d'autre part.
Ces deux acceptions de la notion de « compétences » représentent les facettes indissociables d'un même phénomène. Gardez-les conjointement à l'esprit, car c'est bien la combinaison de ces deux sens qui constituera un préalable nécessaire à la construction de votre projet professionnel. Un projet qui s'inscrira dans une dynamique de connaissance renforcée des voies de réalisation possibles dans le milieu professionnel, en fonction de vos atouts et de vos potentiels identifiés.

EXERCICE 4 : LES OUTILS POUR RÉUSSIR

✓ Répondez aux questions ci-dessous pour évaluer votre niveau de maîtrise des outils du bilan de compétences.

	QUESTIONS	OUI	NON	UN PEU	REMARQUES PERSONNELLES CONTEXTE DE REALISATION
	Rechercher des informations				
1	Savez-vous comment rechercher les informations dont vous avez besoin ?				
2	Savez-vous trouver rapidement les informations que vous cherchez ?				
3	Savez-vous faire le tri dans les informations collectées ?				

Interviewer des personnes					
4	Avez-vous déjà été interviewé par quelqu'un ?				
5	Avez-vous déjà interviewé une personne ?				
6	Savez-vous écouter ?				
Passer des tests					
7	Avez-vous déjà passé des tests de personnalité ?				
8	Avez-vous déjà passé des tests d'intelligence ?				
9	Avez-vous déjà passé des tests de motivation ?				
Planifier et passer à l'action					
10	Êtes-vous souvent en retard ?				
11	Vous fixez-vous des objectifs à atteindre pour réaliser vos projets ?				
12	Utilisez-vous l'écrit dans votre vie de tous les jours ?				

• Outil 1 : la recherche d'informations

Vous pourrez collecter de l'information à travers deux types d'activités, la lecture de livres, articles, blogs, forums, d'une part ; à travers les rencontres de professionnels, d'autre part. Cette démarche exploratoire va vous permettre de mieux connaître l'environnement professionnel qui suscite chez vous de l'intérêt, ainsi que les possibilités et opportunités qui y sont afférentes.

Attention néanmoins, car l'activité de recherche porte en elle deux risques majeurs.

- Le risque de dispersion : bannissez éparpillement et attention distraite qui sont les deux ennemis de la concentration. Pour cela, focalisez-vous sur votre besoin de départ et écrivez la question à laquelle vous souhaitez répondre avant de démarrer votre recherche. Deux astuces s'offrent à vous pour bien cadrer votre travail de recherche : l'utilisation d'un bloc-notes (papier ou numérique) pour noter au fur à mesure toutes les idées qui vous viennent à l'esprit et la détermination d'un temps de recherche suffisant pour atteindre l'objectif que vous vous êtes fixé ;

- le risque de croyance irréfléchie : ne vous arrêtez pas à la première information recueillie. C'est en multipliant vos sources que vous allez pouvoir vous forger un véritable esprit critique.

• Outil 2 : l'entretien

Pendant votre bilan, vous allez être amené à prendre contact avec des professionnels et à les interroger. Pour créer un climat relationnel positif avec votre interlocuteur, vous devrez vous situer en position d'écoute active et adopter une attitude neutre et bienveillante. Pour cela, à chaque question que vous poserez, laissez la personne que vous interviewez s'exprimer. Ne lui coupez pas la parole et, si vous devez affronter un silence, trois astuces pourront être mobilisées :

- reformuler ses propos : la personne interviewée se sentira comprise, cela l'incitera à poursuivre ;
- répéter simplement les derniers mots prononcés : la personne interviewée se sentira invitée à développer sa position ;
- prendre en considération la dimension non verbale : un regard sincère, un sourire chaleureux, des hochements de tête entendus sont autant de comportements qui favoriseront un échange approfondi avec votre interlocuteur.

• Outil 3 : les tests

Vous allez être amené à passer des tests pour approfondir votre réflexion sur vous-même et à vous approprier vos résultats ; ainsi, vous pourrez les incorporer à votre projet d'avenir.

• Outil 4 : la planification des actions

Vous devrez concrétiser votre bilan de compétences par des actions répétées. Et qui dit passage à l'action dit planification des activités. Pour ce faire, vous aurez le choix entre :

- un agenda électronique sur Smartphone pour noter vos rendez-vous et planifier vos tâches avec des ordres de priorité et des échéances ;
- un agenda papier à utiliser en même temps qu'un tableau de gestion de tâches, comme celui qui figure ci-après.

DATE	TEMPS DE TRAVAIL	OBJECTIFS	DESCRIPTION DU TRAVAIL À EFFECTUER POUR ATTEINDRE L'OBJECTIF	ÉCHÉANCE	NOTES

Voici deux astuces pour gagner du temps :

- prendre des notes à chaque instant : quand vous élaborez un projet, il y a les moments de travail effectif, mais il y a aussi les moments, en dehors des situations de travail, où surgissent des idées fortes. Pour ne pas oublier ces fulgurances, ayez toujours à portée de main un support pour écrire, car d'expérience, ce sont souvent ces idées-là qui constituent les lignes de force d'un projet. Vous pouvez télécharger une application gratuite pour prendre des notes sur votre Smartphone et/ou acheter un cahier que vous dédierez à cet usage ;

- distinguer de manière claire temps de travail et temps de loisir : il est tout aussi nécessaire d'organiser des temps de travail cadrés par des objectifs et des tâches précises que de s'autoriser des moments de détente tout aussi cadrés dans le temps, comme une activité sportive, ludique ou culturelle, ou bien tout simplement une pause-café. Ces moments de détente sont véritablement nécessaires pour que la motivation ne s'émousse pas au fil de la journée et du travail sur votre projet.

Toujours plus loin

Vous venez de terminer le premier point de votre bilan de compétences. Vérifiez maintenant que vous êtes assez informé pour pouvoir poursuivre et passer au deuxième point.

Pour cela, autoévaluez-vous à partir de la grille suivante. Vous mettrez une croix dans la colonne A si la connaissance est acquise, dans la colonne ECA si la connaissance est en cours d'acquisition et, enfin, dans la colonne NA si la connaissance est non acquise.

	A	ECA	NA
Je connais les trois phases du bilan de compétences.			
Je suis capable d'identifier le rôle que je vais jouer au cours de mon bilan de compétences.			
Je sais ce que signifie le terme « compétences ».			
Je suis au clair avec les outils que je pourrai mobiliser dans le cadre de mon bilan de compétences.			

Vous souhaitez maintenant approfondir certains points. Cela signifie qu'il est temps de passer au chapitre suivant. Si vous ne maîtrisez pas encore certaines connaissances, relisez attentivement les passages qui correspondent aux notions que vous devez consolider avant de vous tourner vers le chapitre suivant.

S'engager concrètement dans un bilan de compétences

Un bilan de compétences constitue un véritable engagement qui débute toujours par un retour sur son parcours personnel et un bilan professionnel.

Le test

S'ENGAGER, QU'EST-CE QUE CELA SIGNIFIE POUR VOUS EXACTEMENT ?

✓ Dans la liste ci-dessous, choisissez trois mots qui représentent le mieux pour vous la notion d'engagement.

obligation – accord – choc – combat – contrat – promesse – alliance – garantie – rencontre – assurance – action – position – reconnaissance – relation – abandon – confiance – respect – responsabilité – lien – long terme – force – implication – ténacité – travail – renoncement – sérieux – volonté – démission – reniement

✓ Complétez maintenant le tableau ci-dessous.

	L'ENGAGEMENT C'EST :			LE DERNIER ENGAGEMENT QUE J'AI PRIS :	
	Choix n° 1 …………	Choix n° 2 …………	Choix n° 3 …………	C'était quand ?	
Classement par ordre d'importance (du plus important : 1 au moins important : 3)				C'était quoi ?	
Connotation (positive : +, négative : –, neutre : 0)				C'était avec qui ?	

VOS RÉPONSES, NOS CONSEILS

Ce test permet de clarifier votre perception de l'engagement. Répondez tout d'abord aux questions suivantes.

1. Avez-vous maintenu l'ordre initial de vos choix spontanés ?
   - ☐ Oui ☐ Non
2. L'idée d'engagement est-elle positive pour vous ?
   - ☐ Oui ☐ Non
3. Vous êtes-vous remémoré rapidement un souvenir d'engagement récent ?
   - ☐ Oui ☐ Non

Déterminez maintenant votre profil type.

Profil A : vous avez coché une majorité de « non ».
Profil B : vous avez coché une majorité de « oui ».

Reportez-vous aux explications ci-dessous pour découvrir votre relation à l'engagement.

A. Vous avez quelques difficultés à vous engager : de manière générale, vous percevez plutôt négativement l'idée d'engagement qui est pour vous synonyme d'enfermement limitant votre champ d'action. Vous préférez privilégier votre liberté en vous engageant le moins possible.

B. Vous n'avez aucune difficulté à vous engager : vous ressentez l'engagement comme positif et structurant. Vous mettez par ailleurs un point d'honneur à tenir tous les engagements que vous prenez.

Booster vos performances

EXERCICE 1 : RÉPERTORIER SES EXPÉRIENCES PROFESSIONNELLES

✓ Faites la synthèse de votre parcours professionnel en complétant la grille ci-dessous.

Périodes	Entreprises	Postes	Rémunération	Comment avez-vous trouvé cet emploi ?	Les missions proposées correspondaient-elles à vos attentes de départ ?	Pour quelles raisons avez-vous changé de poste ?
				☐ Candidature spontanée ☐ Réponse à une offre ☐ Réseau ☐ Fin de stage ☐ Autre :	☐ Oui, tout à fait ☐ Partiellement ☐ Non, pas du tout	☐ Ras-le-bol ☐ Ennui ☐ Envie de changement ☐ Suivi de conjoint ☐ Licenciement ☐ Autre :
...	...	...	...	...	...	...

Cette grille complétée constitue une première photographie de votre expérience professionnelle.

Trois points de vigilance doivent dès à présent attirer votre attention :

- peu de postes sont pourvus grâce aux offres d'emploi. Il ne faut donc jamais négliger le marché caché (postes vacants sans annonce) ;
- un recrutement s'effectue dans les deux sens. De la même manière que le recruteur voudra tout savoir à propos de vous, renseignez-vous bien sur le poste que vous convoitez afin de déterminer si celui-ci correspond véritablement à vos attentes, pour ne pas être déçu par la suite ;
- faites évoluer vos compétences en restant dynamique (changement d'entreprise, de poste, de mission, de responsabilités) pour que ce que vous faites continue à avoir du sens pour vous. Vous aurez alors plus d'énergie à mobiliser dans vos projets professionnels.

EXERCICE 2 : **PRENDRE CONSCIENCE DE SES SOUHAITS DU PASSÉ NON RÉALISÉS**

✓ Ouvrez vos placards et vos tiroirs, regardez vos étagères, fouillez vos ordinateurs, tablettes, smartphones, tout votre logement, votre cave ainsi que votre garage.

Notez dans le tableau ci-dessous ce que vous avez acheté, sans l'avoir jamais utilisé, pour :

- pratiquer un loisir (par exemple : baskets pour courir, crayons de couleur pour dessiner, etc.) ;
- renforcer une compétence (par exemple : une application pour améliorer son niveau en anglais, un ouvrage sur les techniques d'animation d'équipe, etc.) ;
- démarrer un projet (par exemple : un cahier pour commencer l'écriture d'un roman, du papier à poncer et de la peinture pour retaper votre table de jardin, etc.).

SOUHAITS DU PASSÉ NON RÉALISÉS	MATÉRIEL ACHETÉ	POURQUOI CE SOUHAIT N'A-T-IL PAS ÉTÉ RÉALISÉ ?	RESSENTI GÉNÉRAL
		☐ À cause de vous ☐ À cause des autres ☐ Éléments de précision :	☐ Tristesse ☐ Colère ☐ Regret ☐ Soulagement ☐ Autre :
...	...	...	...

✓ Pour chacun de vos souhaits, choisissez maintenant entre :

- vous engager sur une date de démarrage de réalisation de votre souhait ;
- donner à quelqu'un le matériel acheté qui encombre votre maison pour rien.

Cet exercice vous aura permis de prendre conscience de ce qui est vraiment important pour vous, de désencombrer votre logement et de prendre des engagements fermes.

EXERCICE 3 : **RÉACTIVER SES CENTRES D'INTÉRÊT OUBLIÉS**

✓ Fermez vos yeux. Respirez calmement pendant environ une minute et laissez venir à votre esprit les images d'un paysage que vous aimez (mer, forêt, désert, etc.). Il y a un chemin que vous pouvez emprunter et, tout en avançant dans ce lieu, vous observez chaque détail de cet endroit, les couleurs, les formes, les mouvements. Vous sentez les odeurs, vous entendez les bruits. Vous vous sentez apaisé.

✓ Pensez maintenant à ce que vous aimiez faire avant, à vos centres d'intérêt oubliés. Aidez-vous si besoin de la liste ci-dessous et complétez le tableau.

Activités sportives collectives : ....

Activités sportives individuelles : ....

Activités artistiques : ....

Activités culturelles : ....

Activités musicales : ....

Activités culinaires : ....

Activités manuelles : ....

Activités ludiques ....

CENTRES D'INTÉRÊT OUBLIÉS	QUEL ÉTAIT VOTRE NIVEAU D'INTÉRÊT ?			À QUELLE FRÉQUENCE PRATIQUIEZ-VOUS ?			POURQUOI AVOIR ARRÊTÉ ?	AIMERIEZ-VOUS REPRENDRE CETTE ACTIVITÉ DANS LE FUTUR ?	
	Fort	Moyen	Faible	Souvent	Quelquefois	Rarement		Oui	Non

✓ Notez ci-dessous par ordre de priorité les trois activités que vous souhaiteriez le plus pratiquer à nouveau.

ACTIVITÉS	DATE DE REPRISE ENVISAGÉE ?	FRÉQUENCE ENVISAGÉE ?	COMMENT PRATIQUER ?	ÉVENTUELLEMENT, AVEC QUI PRATIQUER ?

EXERCICE 4 : **FABRIQUER SON CARNET DE BORD, TÉMOIN DU CHEMINEMENT DANS LE PROJET**

✓ Pour démarrer votre carnet de bord, suivez la méthode indiquée ci-dessous.

AVANT DE COMMENCER VOTRE CARNET DE BORD, PRÉPAREZ-VOUS	
Quel support choisir ?	
• Cahier • Carnet • Agenda papier ou électronique • Traitement de texte (exemples : Writer, Word, etc.) • Tableur (exemples : Calc, Excel, etc.) • Application sur Smartphone (exemples : Evernote, Journey, etc.)	Je choisis : ....
À quelle fréquence écrire ?	
Écrivez chaque jour. Cela deviendra votre rituel quotidien d'écriture.	Je m'engage : ....
Quand écrire ?	
Matin ou soir. Au moment qui vous convient le mieux.	Je choisis : ....
Quoi écrire ?	
• Date • Lieu • Pensées et sentiments récents ou anciens, sans retenue ni censure, jusqu'à épuisement des idées • Découvertes, observations, expériences, résultats, conclusions, causes des succès/échecs • Dessins, collages, illustrations, photos, graphiques, etc.	Je m'engage : ....

Deux bonnes raisons de tenir un carnet de bord :

- se libérer...
  - des émotions négatives : tenir un carnet de bord permet d'augmenter son bien-être en prenant du recul et de la hauteur. Écrire au quotidien aide à comprendre ses angoisses et à trouver des solutions efficaces pour les atténuer ;
  - l'esprit : tenir un carnet de bord permet de gagner en lucidité.
- progresser...
  - en réfléchissant sur son passé : la relecture du carnet de bord *a posteriori* donne l'opportunité de constater ses changements, blocages et progrès, ce qui augmente la compréhension et la confiance en soi ;

- en augmentant sa productivité : tenir un carnet de bord permet de recenser les objectifs fixés au quotidien et le cheminement pour les atteindre. De plus, la satisfaction d'avoir écrit donne un sentiment d'accomplissement qui augmente la motivation. Cela permet de développer des solutions créatives adaptées pour avancer plus rapidement dans chaque étape de ses projets.

Pour conclure, retenez qu'écrire sur ses émotions permet d'améliorer :

- sa santé physique ;
- sa santé mentale ;
- ses relations avec les autres en les rendant plus épanouissantes.

Toujours plus loin

Le tableau ci-dessous va vous permettre de réaliser une synthèse des éléments significatifs mis à jour lors de ce chapitre.

SYNTHÈSE			
Exercices	Notions clés	Votre positionnement	Vos remarques personnelles
Test	M'engager c'est :	☐ plutôt facile ☐ plutôt difficile	
Exercice 1	Le poste qui a le plus compté dans ma carrière :		
Exercice 2	Un souhait du passé non réalisé :		
Exercice 3	Un centre d'intérêt oublié :		
Exercice 4	Concernant mon carnet de bord…	☐ je ne l'ai pas encore commencé ☐ je le commence maintenant ☐ je l'ai déjà commencé	

Passons au chapitre suivant.

Repérer ses points forts et compétences transférables

Au cours de ce chapitre, vous allez en découvrir davantage sur vous-même et apprendre à mettre en valeur vos acquis.

Le test

CONNAISSEZ-VOUS VOTRE STYLE D'APPRENTISSAGE PRÉFÉRENTIEL ?

✓ Complétez le questionnaire en indiquant dans la dernière colonne du tableau votre choix pour chacune des dix situations.

ÊTES-VOUS AUDITIF, VISUEL OU KINESTHÉSIQUE ?		
Situations	Possibilités d'action	Choix
1. En général, quand vous choisissez de cuisiner un plat, vous…	▲ vous inspirez de photos. ■ demandez des suggestions à votre entourage. ● faites ce que vous connaissez en utilisant des ingrédients dont vous disposez.	
2. Quand vous vous concentrez sur une tâche, voici ce qui peut vous distraire…	▲ le désordre. ■ le bruit. ● le mouvement.	
3. Votre moyen de détente préféré est…	▲ regarder la télévision, une vidéo ou bien lire un livre. ■ écouter de la musique ou bien la radio. ● pratiquer une activité où vous êtes actif ; par exemple un sport ou une partie de jeu vidéo.	
4. Vous êtes perdu. Vous demandez donc votre chemin à quelqu'un. Préférez-vous…	▲ qu'on vous montre une carte. ■ qu'on vous explique l'itinéraire. ● qu'on vous montre directement le chemin.	
5. En général, quand vous vous souvenez de quelqu'un…	▲ c'est d'abord de son visage puis de son nom. ■ c'est d'abord de son nom puis de son visage. ● c'est d'abord de l'endroit, du moment où vous vous êtes vus et de ce que vous faisiez.	

ÊTES-VOUS IMPULSIF OU RÉFLEXIF ?		
Situations	Possibilités d'action	Choix
1. Dans un groupe de travail, votre rôle en général est…	◆ d'apporter des idées, de participer, d'être au centre des débats. ★ d'écouter les autres et de réfléchir en silence.	
2. Dans un contexte nouveau…	◆ il est facile pour vous de tisser rapidement des liens avec les gens. ★ il n'est pas facile pour vous de tisser rapidement des liens avec les gens.	
3. Vous préférez travailler…	◆ en groupe. ★ seul.	
4. En premier lieu, vous avez tendance à…	◆ essayer de faire. ★ réfléchir avant de faire.	
5. Dans une situation donnée, en général, vous êtes plutôt…	◆ sociable. ★ réservé.	

VOS RÉPONSES, NOS CONSEILS

Les possibilités d'action que vous avez choisies concernant les dix situations hypothétiques présentées mettent en évidence votre style d'apprentissage prédominant. Le connaître vous permettra d'assimiler davantage de connaissances.

▲ Vous avez un style d'apprentissage visuel (majorité de triangles) : vous avez tendance à mieux vous souvenir de ce que vous voyez.

Voici des astuces pour développer davantage vos capacités de mémorisation :

- Privilégiez une prise de notes graphique : couleurs, surlignages, écritures diverses, etc.
- Mobilisez des outils faisant appel à un visuel efficace.
- Remplacez les mots par des images, des symboles ou des mots-clés.
- Appuyez-vous sur des supports écrits ou des images, livres, articles, photographies, vidéos, affiches, diaporamas, etc.

■ Vous avez un style d'apprentissage auditif (majorité de carrés) : vous avez tendance à mieux vous souvenir de ce que vous entendez.

Voici des astuces pour développer davantage vos capacités de mémorisation :

- Assistez à des conférences.
- Discutez de sujets avec vos collègues.
- Présentez vos nouvelles idées oralement à d'autres personnes.
- Utilisez un enregistreur audio pour pouvoir écouter plusieurs fois une prestation orale.
- Prononcez vos réponses mentalement ou à haute voix, racontez-vous le déroulement.

● Vous avez un style d'apprentissage kinesthésique (majorité de ronds) : vous avez tendance à mieux vous souvenir de ce que vous faites.

Voici des astuces pour développer davantage vos capacités de mémorisation :

- Fabriquez des modèles réduits (maquettes, personnages, etc.) et manipulez-les.
- Créez des grandes cartes d'organisation d'idées, affichez-les au mur et faites vivre les informations figurant dessus (découpage, collage d'éléments mobiles et repositionnables à l'infini, etc.).
- Prenez des pauses kinesthésiques (jouez un morceau de musique, faites un bracelet de perles, du tricot, un petit dessin, quelques étirements, ou bien encore deux ou trois positions de yoga, etc.).

◆ Vous avez un style d'apprentissage impulsif (majorité de losanges) : vous préférez apprendre en étant en action. Vous aimez mettre en application, expérimenter, discuter et expliquer aux autres. Vous avez tendance à répondre rapidement, quitte à commettre des erreurs, et vous avez du mal à gérer l'incertitude. Attention, il est parfois bon de savoir prendre du recul dans certaines situations.

★ Vous avez un style d'apprentissage réflexif (majorité d'étoiles) : vous préférez d'abord réfléchir de manière solitaire et en toute tranquillité. Vous avez tendance à différer vos réponses dans le temps pour vous assurer d'apporter l'exacte solution au problème rencontré. Vous préférez l'indécision au risque d'erreur. Attention, il est parfois bon de réagir vite dans certaines situations.

✓ Faites maintenant la synthèse de vos résultats.

POSSIBILITÉS D'ACTION	TOTAL	CLASSEMENT DÉCROISSANT	STYLE D'APPRENTISSAGE PRÉFÉRENTIEL
▲			
■			
●			
POSSIBILITÉS D'ACTION	TOTAL	CLASSEMENT DÉCROISSANT	STYLE D'APPRENTISSAGE PRÉFÉRENTIEL
◆			
★			

Connaître votre style d'apprentissage préférentiel va vous permettre d'optimiser vos apprentissages, car vous saurez quelles stratégies mobiliser prioritairement pour être efficace. Sachez néanmoins qu'il est parfois nécessaire de laisser de côté une stratégie préférentielle pour faire appel à une autre stratégie plus adaptée.

Booster vos performances

EXERCICE 1 : ÉVALUER SON NIVEAU D'ESTIME DE SOI

✓ Entourez la réponse qui vous paraît la plus pertinente pour chacune des dix propositions puis renseignez vos scores à partir des indications qui figurent après l'échelle.

ÉCHELLE D'ESTIME DE SOI			SCORES
1. J'ai tendance à avoir un avis positif sur moi-même.	Plutôt faux	Plutôt vrai	
2. Je pense souvent que je suis nul.	Plutôt faux	Plutôt vrai	
3. Je suis aussi capable que les autres de réussir.	Plutôt faux	Plutôt vrai	
4. J'ai du mal à me trouver des qualités.	Plutôt faux	Plutôt vrai	
5. Je suis apprécié par mon entourage.	Plutôt faux	Plutôt vrai	
6. Je me mets souvent en situation d'échec.	Plutôt faux	Plutôt vrai	

7. Je suis une personne de valeur, tout autant que les autres.	Plutôt faux	Plutôt vrai	
8. Je ne m'aime pas beaucoup.	Plutôt faux	Plutôt vrai	
9. Dans l'ensemble je suis satisfait de moi.	Plutôt faux	Plutôt vrai	
10. J'ai souvent l'impression d'être inutile.	Plutôt faux	Plutôt vrai	
Total			

✓ Indiquez vos scores et calculez votre total à partir des indications suivantes.

NUMÉROS DES ITEMS	COTATION	
	Plutôt faux	Plutôt vrai
1, 3, 5, 7, 9	1	2
2, 4, 6, 8, 10	2	1

Connaître votre estime de soi est important pour pouvoir agir dessus et l'accroître.

- Estime de soi faible (score proche de 10) : Un travail sur l'estime de soi apparaît très souhaitable afin de pouvoir vous épanouir dans l'avenir.
- Estime de soi modérée (score autour de 15) : L'estime de soi est saine. Votre état général est équilibré.
- Estime de soi élevée (score proche de 20) : Ce score met en évidence une forte estime de soi ainsi qu'une personnalité affirmée et solide.

Augmenter son estime de soi en cinq points...

- Lister sur une feuille les petites joies du quotidien.
- Pratiquer une activité manuelle afin de mettre à jour des réalisations positives concrètes (peinture, jardinage, cuisine, etc.).
- Pratiquer une activité physique régulièrement (quelques minutes peuvent suffire : marche, étirements, vélo, natation, etc.).
- Donner et partager en s'impliquant, par exemple, dans une activité bénévole.
- Tenir un journal de bord de ses réalisations positives ainsi que des compliments reçus.

EXERCICE 2 : MESURER SON SENTIMENT D'EFFICACITÉ PERSONNELLE

✓ Entourez la réponse qui vous paraît la plus pertinente pour chacune des dix propositions puis renseignez vos scores à partir des indications qui figurent après l'échelle.

SENTIMENT D'EFFICACITÉ PERSONNELLE : ÉVALUATION				SCORES
1. Avec des efforts, je me sors de toutes les situations difficiles.	Plutôt faux	Plutôt vrai	Très vrai	
2. Quand une personne me met des « bâtons dans les roues », je finis toujours par m'en sortir.	Plutôt faux	Plutôt vrai	Très vrai	
3. Souvent, je ne trouve pas de solutions aux problèmes.	Plutôt faux	Plutôt vrai	Très vrai	
4. Je ne suis pas très débrouillard, j'ai donc du mal à faire face aux imprévus.	Plutôt faux	Plutôt vrai	Très vrai	
5. Je reste calme quand je suis face à des difficultés, car je sais que je peux compter sur mes capacités pour trouver des solutions.	Plutôt faux	Plutôt vrai	Très vrai	
6. Je sais que je trouverai une solution à mon problème si je me concentre dessus.	Plutôt faux	Plutôt vrai	Très vrai	
7. Ce n'est pas simple pour moi de me focaliser sur des objectifs pour atteindre mes buts.	Plutôt faux	Plutôt vrai	Très vrai	
8. En général, j'ai du mal à faire face aux situations inhabituelles.	Plutôt faux	Plutôt vrai	Très vrai	
9. Lorsque je me sens piégé dans une situation, j'ai du mal à en sortir.	Plutôt faux	Plutôt vrai	Très vrai	
10. Je fais face efficacement aux situations inattendues.	Plutôt faux	Plutôt vrai	Très vrai	
Total				

✓ Indiquez vos scores et calculez votre total à partir des indications suivantes.

NUMÉROS DES ITEMS	COTATION		
	Plutôt faux	Plutôt vrai	Très vrai
1, 2, 5, 6, 10	1	2	3
3, 4, 7, 8, 9	3	2	1

Connaître votre sentiment d'efficacité personnelle est important pour pouvoir agir dessus et l'augmenter.

- Sentiment d'efficacité personnelle faible (score proche de 10) : Vous manquez de confiance en votre capacité à faire face aux problèmes qui se présentent à vous et à connaître du succès. Vous avez donc tendance à facilement baisser les bras, dès qu'une difficulté survient, et à penser que si vous n'y arrivez pas, c'est entièrement de votre faute.
- Sentiment d'efficacité personnelle dans la moyenne (score autour de 20) : Vous faites des efforts et persévérez pour atteindre les buts que vous vous fixez. Vous croyez en votre capacité de faire face à la plupart des situations. Cela vous permet de rester mobilisé sur les difficultés pour les surmonter.
- Sentiment d'efficacité personnelle élevé (score proche de 30) : Vous avez confiance en vous et vous savez que, quoi qu'il arrive, vous gérerez les situations qui se présentent à vous avec succès. Vous êtes actif, centré sur les problèmes et pouvez donc y apporter des solutions.

Bon à savoir : pour réussir et surmonter une difficulté, il faut en premier lieu croire que l'on va réussir.

Voici trois axes à travailler pour améliorer votre sentiment d'efficacité personnelle :

- accumuler des expériences réussies, même modestes, permet de développer le sentiment que l'on peut surmonter toutes les situations ;
- s'intéresser aux autres et à leurs réussites ouvre le champ des possibles par identification ;
- avoir conscience de ses états internes en pratiquant des exercices de relâchement ou de méditation donne l'opportunité d'aborder le chemin de la réussite avec plus de sérénité.

EXERCICE 3 : ÊTRE AU CLAIR AVEC SES ACQUIS

✓ Recensez dans le tableau ci-dessous votre parcours de formation.

MES ACQUIS FORMATIFS				
Périodes	Formations suivies		Organismes (Université, École, Centre de formation, etc.)	Connaissances acquises
	Intitulé	Niveau		

✓ Évaluez votre niveau linguistique.

MES ACQUIS LINGUISTIQUES					
Langues étrangères	Niveau (notions, scolaire, courant, bilingue, langue maternelle, TOEIC, TOEFL ?)	Compréhension orale		Compréhension écrite	
		Compris	Parlé	Lu	Écrit
		☐	☐	☐	☐
		☐	☐	☐	☐
		☐	☐	☐	☐

✓ Recensez vos compétences dans le tableau ci-dessous.

MES ACQUIS EN CONTEXTE PROFESSIONNEL				
Domaines de compétences	Compétences spécifiques	Situation professionnelle vécue sur laquelle s'appuie cette compétence	Maîtrise de la compétence	Intérêt pour la compétence
Exemple : travailler en équipe	Exemple : • Animer un groupe de travail	Exemple : • Pilotage d'un groupe de travail sur l'expérimentation de techniques pédagogiques innovantes…	++	+++
	• Conduire une réunion d'équipe	• Animation des réunions plénières du lundi matin (bilan et planification de la semaine)	+	-
	• Gérer un conflit	• Entretiens individuels et médiation entre deux salariés ne souhaitant plus partager le même bureau	-	- -

Pour vous aider, n'hésitez pas à consulter les fiches métiers Pôle emploi (www.pole-emploi.fr/candidat/les-fiches-metiers-@/index.jspz?id=681), en accès libre sur Internet.

EXERCICE 4 : SAVOIR VALORISER SON PARCOURS

Dans votre vie professionnelle ou extraprofessionnelle, vous avez réalisé des actions qui ont mis en évidence vos talents, vos capacités, vos connaissances ou bien vos potentiels. Ces actions réalisées dans un contexte donné et à un moment précis de votre parcours permettent d'attester de votre compétence.

✓ Choisissez trois réalisations significatives qui ont débouché sur un résultat marquant :

- une réalisation dont vous êtes fier ;
- une réalisation qui vous a permis de faire des découvertes ;
- une réalisation qui vous a confronté à des difficultés importantes.

✓ Renseignez maintenant le tableau ci-dessous.

MES RÉALISATIONS SIGNIFICATIVES								
					Auto-évaluation			
Mission de départ Contexte Enjeux Objectifs	Actions réalisées (voir liste de verbes d'action)	Moyens mis à votre disposition (humains, matériels, financiers)	Interlocuteurs (personnes-ressources, services, clients, fournisseurs)	Résultats qualitatifs et quantitatifs (indicateurs chiffrés, respect des délais.)	Compétences développées (techniques, relationnelles, etc.)	Difficultés rencontrées	Intérêt (---/+++)	Satisfaction (---/+++)

VERBES D'ACTION

Gestion/organisation

Définir, étudier, concevoir, analyser, établir, développer, dresser, déterminer, inventorier, auditer, mettre au point, organiser, piloter, programmer, conclure, diversifier, tester, harmoniser, implanter, recruter, gérer, mettre en place, consolider, contrôler, restructurer, rationaliser, planifier, expérimenter, tenir à jour, créer, améliorer, vérifier, etc.

Commerce

Négocier, prospecter, vendre, signer, acheter, persuader, promouvoir, commercialiser, fidéliser, rentabiliser, produire, financer, convaincre, contracter, représenter, etc.

Management/communication

Superviser, décider, arbitrer, diversifier, restructurer, manager, animer, informer, interviewer, recommander, superviser, coordonner, etc.

Toujours plus loin

Le tableau ci-dessous va vous permettre de réaliser une synthèse des éléments significatifs mis à jour lors de ce chapitre.

SYNTHÈSE			
Exercices	Notions clés	Votre positionnement	Vos remarques personnelles
Test	Styles d'apprentissage dominants	• auditif • visuel • kinesthésique • impulsif • réflexif	
Exercice 1	Estime de soi	• faible • modérée • élevée Comment augmenter son estime de soi ?	
Exercice 2	Sentiment d'efficacité personnelle	• faible • dans la moyenne • élevé Comment développer son sentiment d'efficacité personnelle ?	
Exercice 3	Formation la plus significative		
	Langues et niveaux		
	Domaines de compétences principaux		
Exercice 4	Une réalisation marquante		

Vous êtes prêt à passer à l'étape suivante, qui concerne la connaissance de vous-même.

Bien se connaître pour avancer

Un bilan de compétences comprend toujours une part d'introspection sur soi-même et un retour sur son parcours de vie. Sans plus attendre, commençons dès à présent par le point de départ : votre enfance.

Les tests

QUEL GENRE D'ENFANT ÉTIEZ-VOUS ?

On reste toujours au fond de soi, l'enfant que l'on a été. Alors quel type d'enfant sommeille encore en vous aujourd'hui ?

✓ Pour le savoir, répondez au test et reportez-vous ensuite aux indications ci-après pour compléter la colonne « score ».

N°	PROPOSITIONS	JAMAIS	PARFOIS	SOUVENT	TOUJOURS	SCORE
	Quand vous étiez enfant…					
1	Vous agissiez selon vos intuitions.	☐	☐	☐	☐	
2	Vous exprimiez votre colère.	☐	☐	☐	☐	
3	Vous aviez le sens de l'organisation.	☐	☐	☐	☐	
4	Vos idées vous paraissaient moins vraies que celles des autres.	☐	☐	☐	☐	
5	Vous imaginiez des lieux ou des situations à venir.	☐	☐	☐	☐	
6	Vous aviez tendance à vous emballer rapidement.	☐	☐	☐	☐	
7	Vos principes moraux pouvaient varier en fonction des situations rencontrées.	☐	☐	☐	☐	

8	Vous aviez tendance à défendre les plus faibles.	☐	☐	☐	☐	
9	Vous aviez tendance à observer le monde qui vous entoure avant d'agir.	☐	☐	☐	☐	
10	Vous attendiez que l'on vous demande votre avis avant de vous exprimer.	☐	☐	☐	☐	

✓ **Traduisez maintenant vos réponses en scores numériques :**

- Jamais = 0
- Parfois = 1
- Souvent = 2
- Toujours = 3

✓ **Complétez le tableau ci-dessous.**

Par exemple, si vous avez coché « parfois » à la proposition 1 et « souvent » à la proposition 5, vous obtenez un total de 3 que vous pouvez reporter dans la première case du tableau ci-après.

NUMÉRO DES PROPOSITIONS	SCORES	TYPE DE PROFIL
1 + 5		C
2 + 6		Imp.
3 + 9		MR
4 + 7		Infl.
8 + 10		A

VOS RÉPONSES, NOS CONSEILS

Les résultats obtenus au test vont vous permettre d'identifier le genre d'enfant que vous étiez. Ne retenez que les scores situés entre 4 et 6. Il est possible que vos résultats mettent en évidence plusieurs profils. Par exemple, vous pourrez présenter à la fois un profil créatif et impulsif.

C = Créatif : enfant, vous aviez tendance à faire preuve de créativité et d'innovation. Vous abordiez souvent le monde avec un regard neuf, bien à vous.

Imp. = Impulsif : enfant, vos réactions étaient alternativement gouvernées par les quatre émotions fondamentales (peur/tristesse/colère/joie). Vous exprimiez la plupart du temps vos besoins sous forme d'émotions positives (plaisir) ou négatives (souffrance).

MR = Mâture rationnel : enfant, vous aviez tendance à aborder les événements avec recul. Cérébral, vous aviez pour habitude de tenir compte de la réalité extérieure pour agir. Doté d'un esprit d'analyse et d'organisation, vous recherchiez les informations nécessaires pour tirer des conclusions rationnelles ou déterminer des probabilités.

Infl. = Influençable : enfant, vous vous laissiez la plupart du temps influencer par certains schémas de comportement ainsi que par les valeurs véhiculées par votre entourage. Vos *a priori* positifs ou négatifs changeaient au gré des rencontres que vous faisiez.

A = Adapté : enfant, vous souhaitiez simplement vivre en harmonie avec les autres et vous recherchiez l'approbation des personnes qui comptaient le plus à vos yeux. Vous étiez capable de bien gérer vos pulsions. Toutefois, vous pouviez vous montrer révolté face à une situation injuste.

Reportez dans le tableau suivant votre ou vos profil(s) dominant(s) passé(s). Et qu'en est-il aujourd'hui ? Avez-vous changé ?

VOUS ENFANT : VOS PROFILS DOMINANTS	VOUS AUJOURD'HUI : VOS PROFILS DOMINANTS
1	1
2	2
3	3

Chacun des cinq profils constitue une réponse possible dans un cas de figure particulier. Il n'existe pas un profil qui soit meilleur qu'un autre, mais il existe pour chaque contexte un profil de réponse que vous avez appris à mobiliser. Si néanmoins vous vous sentez frustré dans une situation donnée, demandez-vous si vous avez bien mis en œuvre le profil de réponse qui vous convient le mieux... Par exemple, lors d'un entretien de recadrage avec votre supérieur hiérarchique, celui-ci vous reproche de ne pas avoir respecté les délais de livraison. Vous vous énervez contre lui, car vous estimez qu'il vous manquait des éléments déterminants pour l'avancée du projet, non fournis par celui-ci malgré de multiples relances. *A posteriori*, vous regrettez votre réaction. Vous avez réagi de manière impulsive alors que vous auriez dû mobiliser un comportement « mâture rationnel » qui vous aurait fait gagner en crédibilité.

Booster vos performances

EXERCICE 1 : AMORCER UN TRAVAIL AUTOBIOGRAPHIQUE

✓ Remémorez-vous quelques événements importants de votre vie en complétant le tableau ci-dessous : une grande joie, une erreur considérable, un changement important, un souci de santé, un apprentissage marquant, une réelle fierté, une grosse frayeur, une rencontre mémorable[2].

UNE GRANDE JOIE				UNE ERREUR CONSIDÉRABLE			
Contexte	Faits	Ressenti	Image	Contexte	Faits	Ressenti	Image
UN CHANGEMENT IMPORTANT				UN SOUCI DE SANTÉ			
Contexte	Faits	Ressenti	Image	Contexte	Faits	Ressenti	Image
UN APPRENTISSAGE MARQUANT				UNE RÉELLE FIERTÉ			
Contexte	Faits	Ressenti	Image	Contexte	Faits	Ressenti	Image
UNE GROSSE FRAYEUR				UNE RENCONTRE MÉMORABLE			
Contexte	Faits	Ressenti	Image	Contexte	Faits	Ressenti	Image

Chaque existence est jalonnée par des événements clés. Des prises de conscience, des rencontres, des ruptures de parcours, des changements, des échecs ou bien des réussites, des épreuves qui construisent et qui font progresser. Revenir sur son itinéraire de vie au travers du récit de faits marquants permet d'apporter un éclairage nouveau sur soi et d'avancer.
Pour aller plus loin, partagez ce travail avec une personne de votre entourage et bénéficiez ainsi d'un effet libérateur pour les événements négatifs et d'un effet booster pour les événements positifs.

2 Les images que vous aurez choisies ont pour but d'illustrer vos souvenirs. Ce peut être une photographie, un dessin, un croquis, un article de presse, etc.

EXERCICE 2 : APPRENDRE À AGIR EN FONCTION DE CE QUE L'ON DÉSIRE VRAIMENT

✓ Entourez la proposition correspondant le mieux à chacune des dix situations suivantes.

1. Votre supérieur hiérarchique vous demande d'organiser le prochain séminaire de votre entreprise, mais vous n'avez pas le temps de vous en occuper.

- ● Vous le faites, furieux d'être toujours celui qui récupère du travail supplémentaire.
- ■ Vous déclarez que vous n'avez pas le temps de vous en occuper et refusez catégoriquement de le faire.

2. Vous alliez prendre la parole lorsqu'une personne vous interrompt pour s'exprimer à votre place.

- ● Vous la laissez faire sans rien dire.
- ■ Vous faites remarquer que vous avez été interrompu et que vous êtes tout à fait capable de vous exprimer en votre nom.

3. Votre emploi du temps est surchargé.

- ● Vous essayez de tout faire en un minimum de temps. Finalement, vous bâclez votre travail et vous culpabilisez.
- ■ Vous vous calmez et prenez du temps pour organiser vos tâches par niveau de priorité.

4. Un collègue vous aborde et vous donne des conseils que vous n'avez pas demandés.

- ● Vous l'écoutez, mais vous regrettez au fond de ne pas savoir comment interrompre cette conversation.
- ■ Vous le remerciez chaleureusement pour l'intérêt qu'il vous porte tout en lui déclarant que vous n'avez pas besoin de conseils.

5. Vous êtes invité à une soirée habillée, mais vous n'avez pas du tout envie de vous préparer.

- ● Vous vous y rendez quand même en tenue de soirée, mais vous êtes mal à l'aise. Vous regrettez d'être venu.
- ■ Puisqu'il ne vous est pas possible de porter les vêtements de votre choix, vous décidez de ne pas aller à cette soirée.

6. Votre maison est encombrée par les affaires mal rangées de votre famille.

- ● Vous passez votre temps à ranger ce qui traîne partout, mais vous en avez marre.
- ■ Vous ne rangez pas pour les autres. Chacun doit s'occuper de ses affaires.

7. Une personne vous demande pourquoi vous n'avez pas d'enfants.

- ● Vous partez dans une longue et embarrassante explication.
- ■ Vous déclarez que cela relève de votre vie privée et que vous ne souhaitez pas aborder le sujet.

8. Vous êtes végétarien et on vous sert de la viande au dîner auquel vous êtes convié.

● Vous mangez seulement les légumes, vous vous en excusez maladroitement et vous vous sentez gêné d'être végétarien.

■ Vous mangez seulement les légumes en vous expliquant brièvement. Vous ne vous sentez pas gêné d'être végétarien et restez fidèle à vos principes.

9. Une personne vous annonce qu'elle n'aime pas la manière dont vous êtes coiffé.

● Cela vous vexe terriblement et vous finissez par changer de coiffure.

■ Vous aimez votre coiffure et vous ne faites absolument pas attention aux critiques. Il est hors de question de vous laisser influencer par les autres.

10. Lors d'une réunion d'équipe, un collègue vous attaque frontalement.

● Vous vous énervez intérieurement et vous vous perdez dans des justifications interminables.

■ Vous écoutez, respirez calmement et donnez une explication claire et synthétique au problème soulevé par votre collègue.

Vous venez de passer en revue dix situations typiques où vous êtes susceptible d'agir en vous oubliant au lieu d'écouter votre désir profond. Comment vous positionnez-vous par rapport à ces situations ?

● Vous avez choisi une majorité de ronds : vous avez tendance à accorder de l'importance au regard des autres et vous êtes parfois blessé par leurs opinions. Vous ne pouvez pas empêcher les personnes que vous côtoyez de porter des jugements et d'avoir des attentes vous concernant. Mais soyez prudent et ne vous laissez pas influencer. N'écoutez pas tout, faites la part des choses et restez toujours fidèle à votre propre vision du monde.

■ Vous avez choisi une majorité de carrés : vous avez des principes clairs et des valeurs bien ancrées. Vous vous affirmez et vous ne laissez jamais personne vous dicter votre conduite. Vous agissez comme vous le souhaitez vraiment, fidèle à vos convictions. N'oubliez pas néanmoins qu'il est parfois bon d'écouter l'opinion des autres. Cela permet de confronter ses idées avec celles des autres et, donc, d'évoluer et d'avancer.

✓ Agir en fonction de ce que l'on désire vraiment demande un prérequis essentiel : la conscience de soi. Apprenez à développer la conscience de soi grâce au balayage corporel émotionnel :

(Durée : environ 10 minutes, pratique : régulière)

- **Phase préparatoire :** installez-vous confortablement dans une position assise ou allongée. Respirez tranquillement, simplement. (Durée : 1 minute)
- **Phase de balayage corporel :** portez toute votre attention sur chacune des parties de votre corps : tête, cou, épaules, nuque, dos, poitrine, ventre, périnée, cuisses, genoux, mollets, chevilles, plante des pieds, orteils. Si votre esprit

rencontre une distraction, prenez conscience de ce phénomène et ramenez-le doucement sur l'objet de votre attention : votre corps. (Durée : 4 minutes)

- **Phase de balayage émotionnel :** portez toute votre attention sur un moment heureux où vous vous êtes senti au maximum de vos capacités. Ressentez cette émotion positive et portez votre attention sur votre corps. Quelles sensations physiques éprouvez-vous dans chacune des parties du corps citées lors de la phase de balayage corporel ? Comment est votre respiration ? Soyez attentif à toutes ces sensations et, si votre esprit rencontre une distraction, prenez-en conscience et ramenez-le doucement à vos sensations physiques et émotionnelles. (Durée : 4 minutes)
- **Phase de retour :** terminez cet exercice en laissant votre esprit revenir à son point d'ancrage. Respirez tranquillement, simplement. (Durée : 1 minute)

À retenir : développer la conscience de soi permet de mettre à jour trois compétences émotionnelles importantes à maîtriser pour évoluer sur le plan personnel et professionnel.

- Conscience émotionnelle : capacité à reconnaître ses émotions et les effets qu'elles génèrent.
- Auto-objectivité : capacité à évaluer avec justesse ses forces et ses faiblesses.
- Assurance : capacité à croire en sa valeur et en sa compétence.

EXERCICE 3 : DEVENIR ATTENTIF À L'INSTANT PRÉSENT

✓ Avez-vous tendance à vivre dans le passé, dans le présent ou dans l'avenir ?

Entourez la proposition correspondant le mieux à chacune des cinq situations décrites ci-dessous.

1. Vous gagnez 50 000 € à un jeu d'argent.

▲ Vous investissez dans l'immobilier, car cela rapporte.
■ Vous rêvez de faire un bon placement qui vous fera gagner de l'argent.
● Vous vous dites que ce n'est pas avec cette somme que vous allez pouvoir changer votre vie.
◆ Vous mettez l'argent de côté pour pouvoir gérer les galères à venir, car vous savez que les meilleurs moments sont derrière vous.
★ Vous partez faire le tour du monde pendant une année, car vous en rêvez depuis toujours.

2. Au bureau, vous avez un dossier à terminer de toute urgence. Au moment de le boucler, votre téléphone sonne et quelqu'un frappe à votre porte.

▲ Vous terminez à la hâte votre dossier, puis vous ouvrez la porte tout en répondant au téléphone.

■ Vous voudriez bien réussir à tout faire, mais tout gérer en même temps paraît difficile.

● Vous vous mettez en colère contre vous-même : vous auriez dû terminer ce dossier plus tôt. Au fond, vous êtes également en colère contre la personne qui vous appelle au mauvais moment et contre celle qui frappe à votre porte à l'improviste.

◆ Vous regrettez les temps anciens, cette époque où la dictature de la rapidité permanente n'était pas encore partout présente dans la société.

★ Vous allez ouvrir et vous vous excusez auprès de la personne qui se présente à l'improviste en lui demandant de patienter, car vous avez un dossier urgent à terminer. Vous ne répondez pas au téléphone, vous écouterez plus tard le message laissé sur votre répondeur.

3. Selon vous, le présent, c'est...

▲ Ce qui vous permet de concrétiser vos projets.

■ Ce qui vous permet d'imaginer de nouveaux projets.

● Souvent désagréable.

◆ Le temps qui passe inexorablement.

★ L'unique moment dans la vie qui existe vraiment.

4. Vous avez prévu de déjeuner avec un ami.

▲ Vous vous apprêtez à lui raconter fièrement tous vos projets.

■ Vous avez envie de rêver avec lui à d'hypothétiques projets à entreprendre.

● Vous avez peur qu'il vous demande de l'argent ou un service.

◆ Vous allez encore évoquer avec nostalgie le temps de votre jeunesse où vous aviez la vie devant vous et où vous étiez plein de rêves.

★ Chouette ! Vous allez profiter de votre ami que vous aimez. Vous allez passer un moment agréable.

5. Votre couple est synonyme de...

▲ Multiples projets à réaliser.

■ Rêves de projets.

● Difficultés permanentes.

◆ Souvenirs du passé.

★ Bonheurs simples du quotidien.

Vous venez de passer en revue plusieurs situations qui révèlent la manière que vous avez de vous positionner par rapport au présent. Selon les réactions que vous avez choisies, vous appartenez à un profil type.

▲ Vous avez choisi une majorité de triangles : vous êtes hyperactif actif. Vous avez tendance à vous impliquer dans de multiples projets et à ne jamais vous arrêter. C'est très positif, mais attention toutefois à ne pas vous oublier et à penser aussi un peu à vous-même.

■ Vous avez choisi une majorité de carrés : vous êtes hyperactif rêveur. Vous aimez avoir des projets et y réfléchir, y penser de manière détaillée et vous projeter. La réalisation apparaît néanmoins problématique.

● Vous avez choisi une majorité de ronds : vous êtes insatisfait chronique. Vous êtes souvent mécontent et vous en souffrez. Vous avez l'impression que rien ne se déroule jamais comme prévu. Cela vous décourage et vous rend fataliste. Vous avez beaucoup de mal à éprouver du plaisir au quotidien.

◆ Vous avez choisi une majorité de losanges : vous êtes nostalgique. Le présent vous semble fade et triste par rapport au passé. Vous vous rappelez sans cesse des souvenirs vécus.

★ Vous avez choisi une majorité d'étoiles : vous êtes attentif. Vous savez vous arrêter pour apprécier des instants de vie. Une bonne gestion des émotions vous permet de trouver l'énergie d'entreprendre et de déterminer sereinement les étapes concrètes de réalisation de vos projets.

✓ Apprendre à être plus attentif à l'instant présent en quatre étapes :

(Durée : environ 10 minutes, pratique : quotidienne si possible)

- **Phase préparatoire :** installez-vous confortablement dans une posture à la fois dynamique et détendue. Respirez tranquillement, simplement. (Durée : 2 minutes)
- **Phase d'attention focalisée :** portez toute votre attention sur votre respiration. Si votre esprit rencontre une distraction, prenez conscience de ce phénomène et ramenez votre esprit doucement sur l'objet de votre attention : votre souffle. (Durée : 3 minutes)
- **Phase d'attention ouverte :** portez toute votre attention sur ce qui vous arrive ici et maintenant (sensations physiques, pensées, émotions, bruits, odeurs, etc.). Dans cet état d'esprit, rien n'est distraction, mais toute expérience devient objet de méditation. (Durée : 3 minutes)
- **Phase de repos :** terminez cet exercice en laissant votre esprit se reposer. Respirez tranquillement, simplement. (Durée : 2 minutes)

Progressivement, pensez à mobiliser cette attention ouverte pour vivre en pleine conscience certains moments de votre journée (par exemple, un petit-déjeuner en famille, une balade en forêt, une conversation avec un collègue, etc.). Apprenez ainsi à célébrer les bonheurs simples du quotidien.

EXERCICE 4 : **FAIRE FACE AUX SITUATIONS DE MANIÈRE ADAPTÉE**

De manière générale, comment réagissez-vous lorsque vous devez affronter des situations compliquées ?

✓ Entourez la réponse qui vous semble la plus adaptée pour chacune des douze propositions puis renseignez vos scores à partir des indications qui figurent après la grille.

COMMENT FAITES-VOUS FACE AUX PROBLÈMES DU QUOTIDIEN ?					
Stratégies de faire-face centrées sur le problème					Scores
1. J'établis un plan d'actions et je m'y tiens.	Presque jamais	Pas souvent	Souvent	Très souvent	
2. Je fais des efforts pour atteindre les objectifs que je me suis fixés.	Presque jamais	Pas souvent	Souvent	Très souvent	
3. Je modifie mes actions en fonction du problème rencontré.	Presque jamais	Pas souvent	Souvent	Très souvent	
4. J'analyse la situation pour mieux la comprendre.	Presque jamais	Pas souvent	Souvent	Très souvent	
Total (1 + 2 + 3 + 4)					
Stratégies de faire-face centrées sur les émotions					Scores
5. Quand j'ai des difficultés, je culpabilise.	Presque jamais	Pas souvent	Souvent	Très souvent	
6. Je me sens envahi par mes émotions lorsque je suis confronté à une situation difficile.	Presque jamais	Pas souvent	Souvent	Très souvent	
7. J'essaie de penser à autre chose pour me sentir mieux.	Presque jamais	Pas souvent	Souvent	Très souvent	
8. Je me dis que le problème que je rencontre n'a pas d'importance.	Presque jamais	Pas souvent	Souvent	Très souvent	
Total (5 + 6 + 7 + 8)					
Stratégies de faire-face centrées sur la recherche de soutien					Scores
9. Je sollicite l'avis d'un professionnel.	Presque jamais	Pas souvent	Souvent	Très souvent	
10. Je demande de l'aide à ma famille.	Presque jamais	Pas souvent	Souvent	Très souvent	

11. Je prends contact avec des personnes qui ont rencontré un problème similaire.	Presque jamais	Pas souvent	Souvent	Très souvent	
12. J'ai besoin du soutien et des encouragements de mon entourage pour surmonter mes difficultés.	Presque jamais	Pas souvent	Souvent	Très souvent	
Total (9 + 10 + 11 + 12)					

✓ Indiquez vos scores et calculez vos totaux à partir des indications suivantes.

PRESQUE JAMAIS	PAS SOUVENT	SOUVENT	TRÈS SOUVENT
1	2	3	4

Cet exercice permet de prendre conscience des stratégies de faire-face aux situations que vous avez tendance à mobiliser préférentiellement. Plus votre score est proche de 16, plus vous faites appel à cette stratégie. Plus il est proche de 4, moins vous avez tendance à la mobiliser.

- Stratégie de faire-face centrée sur le problème : vous avez tendance à vous centrer sur le problème que vous rencontrez en augmentant vos ressources avec des efforts et des actions directes (recherche d'informations, élaboration de plans d'action, etc.), pour mieux y faire face.
- Stratégie de faire-face centrée sur les émotions : vos réponses émotionnelles provoquées par la situation vécue ont tendance à prendre le dessus. Elles peuvent être très variées, fonctionnelles (relâchement, respiration, etc.) ou dysfonctionnelles (consommation de substances, déni, etc.).
- Stratégie de faire-face centrée sur la recherche de soutien : vous avez tendance à rechercher un support social impliquant une demande d'aide (conseils, informations), ou bien une demande affective (besoin d'écoute, de reconnaissance, de réconfort).

Retenez ces trois points :

- plusieurs stratégies de faire-face peuvent être mobilisées pour une même situation ;
- il n'y a pas une stratégie meilleure qu'une autre. Cela dépend des situations ;
- faire appel à un soutien diminue le stress ressenti et permet de mieux affronter les situations.

Toujours plus loin

Le tableau ci-dessous va vous permettre de réaliser une synthèse des éléments significatifs mis à jour lors de ce chapitre.

SYNTHÈSE			
Exercices	Notions clés	Votre positionnement	Vos remarques personnelles
Test	Enfant vous étiez :	☐ créatif ☐ impulsif ☐ mature rationnel ☐ influençable ☐ adapté	
	Et aujourd'hui, vous êtes plutôt :	☐ créatif ☐ impulsif ☐ mature rationnel ☐ influençable ☐ adapté	
Exercice 1	Un moment clé de votre vie :		
Exercice 2	Face à une situation d'interaction sociale, vous avez tendance à…	☐ accorder de l'importance au regard des autres. ☐ affirmer vos convictions. Comment agir davantage en fonction de ce que vous désirez vraiment ?	
Exercice 3	Votre profil type dominant	☐ hyperactif actif ☐ hyperactif rêveur ☐ insatisfait chronique ☐ nostalgique ☐ attentif Comment devenir plus attentif à l'instant présent ?	
Exercice 4	Votre stratégie de faire-face préférentielle	☐ centrée sur le problème ☐ centrée sur les émotions ☐ centrée sur la recherche de soutien Comment faire face aux situations de manière adaptée ?	

Libérer son potentiel professionnel

Vous êtes au clair avec vos savoirs, vos savoir-faire et vos savoir-être. Nous allons donc voir comment libérer votre potentiel afin de vous développer professionnellement.

Le test

AVEZ-VOUS UNE VIE ÉQUILIBRÉE ?

✓ Quels sont les domaines de votre vie qui vous donnent entière satisfaction et ceux pour lesquels vous êtes insatisfait ?

Évaluez la satisfaction que vous ressentez dans chacun des douze domaines de la vie représentés au sein de la cible existentielle ci-dessous. Pour cela, coloriez, pour chaque domaine, un, deux, trois, quatre, cinq, six, sept ou bien aucun des quartiers de la cible (aucun quartier coloré = domaine de vie non satisfaisant ; jusqu'à sept quartiers colorés = domaine de vie très satisfaisant).

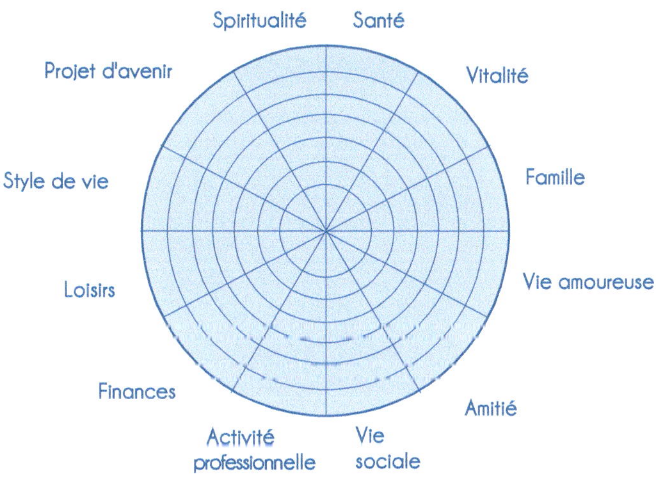

VOS RÉPONSES, NOS CONSEILS

Grâce à la représentation de votre cible existentielle, vous disposez d'un repère visuel clair qui vous permet de prendre conscience des domaines de votre vie satisfaisants et non satisfaisants.

Pour un équilibre optimal, il est bon d'obtenir une satisfaction élevée en ne délaissant aucun domaine de la vie. Des recherches montrent en effet que cela permet d'améliorer le bien-être général et de développer le sentiment de vivre une existence heureuse.

Booster vos performances

EXERCICE 1 : **LIBÉRER SON POTENTIEL EN SE PROJETANT POSITIVEMENT DANS L'AVENIR**

✓ Partez à la découverte de votre idéal en complétant le tableau suivant.

SI TOUS LES DOMAINES DE VOTRE VIE ALLAIENT DANS LE SENS DE VOS ATTENTES LES PLUS OPTIMISTES, À QUOI RESSEMBLERAIT VOTRE EXISTENCE DANS CINQ ANS ?		
Qui serez-vous ?	Que ferez-vous ?	Quelle image aura-t-on de vous ?

À travers cet exercice va émerger votre système de valeurs ainsi que votre potentiel imaginatif et créatif, en mettant en relation réalité vécue et projection dans l'avenir. En stimulant la dimension utopique de votre être, vous vous tracez une route jusqu'à la concrétisation de vos rêves.

EXERCICE 2 : LIBÉRER SON POTENTIEL EN COMMUNIQUANT POSITIVEMENT AVEC LES AUTRES

✓ Complétez le questionnaire en indiquant votre choix dans la dernière colonne du tableau.

À VOTRE AVIS, COMMENT RÉAGIRIEZ-VOUS À LA CONFIDENCE NOTÉE CI-DESSOUS ?		
Exemple de confidence	Réactions possibles	Choix
Je ne supporte pas mon poste actuel. Il ne m'intéresse pas. Je ne sais pas si je dois continuer… En même temps, j'ai un bon salaire et c'est un emploi stable… Ou je lâche tout pour faire ce que j'ai envie de faire… Mais je perds le confort de ma situation actuelle. Je ne sais pas quoi faire. J'ai aussi peur de me lancer et de changer que d'avoir plus tard des regrets…	1. Ta difficulté est double. Tu hésites à quitter ton poste actuel et tu as peur, car tu ne sais pas si ce que tu imagines pourrait te convenir vraiment.	☐ 1
	2. Fais attention avant de changer de situation. Réfléchis bien. Il faut que tu sois sûr que c'est plus avantageux pour toi et que ta nouvelle situation ne sera pas pire que l'ancienne. Si tu veux mon point de vue, je ne suis pas sûr que changer de poste soit une bonne idée dans ta situation.	☐ 2
	3. Tu peux m'en dire plus au sujet de ce qui t'intéresse ? C'est quoi ton projet, exactement ?	☐ 3
	4. C'est une décision difficile, vraiment. Ou bien tu cours le risque de te lancer dans un nouveau projet, ou bien tu restes dans une situation professionnelle déplaisante, mais sécurisante.	☐ 4
	5. Tu angoisses trop. Ne t'inquiète pas, tout finira bien par s'arranger.	☐ 5
	6. Ne t'inquiète pas. Ta situation n'est pas désespérée. Il faudrait que quelqu'un t'aide à te décider. Prends contact avec un organisme spécialisé dans l'accompagnement de projet. J'en connais un, si tu veux, je peux te donner ses coordonnées.	☐ 6

Les six réactions possibles à la confidence ci-dessus mettent en évidence six attitudes bien distinctes qu'il est possible d'adopter dans une situation de communication.

- Attitude d'interprétation : Elle consiste à exprimer à votre interlocuteur les raisons cachées qui, de votre point de vue, sous-tendent son discours. Attention, car interpréter peut déformer ce qui est dit et donc générer chez l'autre un blocage de la communication.
- Attitude de jugement : Elle consiste à exprimer une évaluation positive ou négative à l'égard des propos tenus par votre interlocuteur. Cette attitude peut également générer un blocage de la communication.
- Attitude de questionnement : Elle consiste à poser des questions à votre interlocuteur afin de permettre à celui-ci de s'exprimer. Cette attitude l'empêche de développer ses idées et génère une expression superficielle.

- Attitude de compréhension : Elle consiste à manifester à votre interlocuteur votre intérêt concernant ce qu'il est en train de vous raconter sans prendre position. Cela génère chez lui le sentiment que vous l'écoutez pour essayer de le comprendre et non de le juger. Cela crée donc un climat relationnel favorable à une expression sincère et authentique.
- Attitude de soutien : Elle consiste à encourager et consoler. Cette attitude part d'une bonne intention, mais peut être vécue par votre interlocuteur comme la manifestation d'une non-prise en considération de son vécu.
- Attitude de conseil : Elle consiste à donner une solution rapidement au problème posé par votre interlocuteur. Elle met en évidence une tendance à réagir par l'action, en poussant à l'action. Cette attitude empêche de résoudre les problèmes par soi-même et peut même s'apparenter à de la manipulation si l'autre est poussé à faire des choix qui ne lui conviennent pas.

Situation de communication idéale	• Pas d'interprétation • Pas de jugement • Pas de questionnement • Pas de soutien • Pas de conseil (sauf en fin de conversation si besoin)
Une seule attitude bénéfique à adopter = l'attitude compréhensive	• **Reformulation** • **Soutien empathique non verbal** : mimiques, bruits, onomatopées qui mettent en évidence de l'intérêt pour ce qui est exprimé. • **Respect des silences pleins** : observation d'indicateurs non verbaux qui indiquent une poursuite de réflexion malgré un arrêt de l'expression. • **Intervention de synthèse** : résumé de ce qui a été dit pour vérifier que tout a été compris, revenir sur un point à approfondir ou bien relancer le discours.

EXERCICE 3 : ÉCRIRE SES AFFIRMATIONS POSITIVES POUR DÉVELOPPER TOUS SES POTENTIELS

✓ Vous allez, grâce au guide ci-après, écrire vos affirmations positives correspondant aux potentiels que vous souhaitez développer.

ÉCRIRE SES AFFIRMATIONS POSITIVES POUR DÉFINIR SON CAP VERS LA RÉUSSITE		
Questions	Réponses	Aide
Quel est mon premier souhait ?	Mon premier souhait est…	Réfléchir à partir des p. 207 et suiv.
Quels domaines de la vie sont concernés par mon premier souhait ?	☐ Santé ☐ Vitalité ☐ Famille ☐ Vie amoureuse ☐ Amitié ☐ Vie sociale ☐ Activité professionnelle ☐ Finances ☐ Loisirs ☐ Style de vie ☐ Projet d'avenir ☐ Spiritualité	Se référer au test de ce chapitre
Pourquoi est-ce que je fais ce premier souhait ?	Je fais ce premier souhait parce que…	Réfléchir à partir des p. 221 et suiv.
Pour réaliser mon premier souhait, quelle est la personne que je voudrais devenir ?	Pour réaliser mon premier souhait, je veux devenir…	Réfléchir à partir des p. 215 et suiv.

<table>
<tr>
<td>Pour réaliser mon premier souhait, quels sont les engagements que je prends aujourd'hui ?</td>
<td>Pour réaliser mon premier souhait, je m'engage à…</td>
<td>Définir avec précision les actes permettant de réaliser son souhait :
☐ Description
☐ Fréquence
☐ Quantité
☐ Plages horaires
☐ Jours
☐ Durée
Les actes doivent être réalistes et évolutifs. Il faut prévoir une phase de progression pour ne pas se décourager.
Exemple : je souhaite commencer la course à pied pour être en forme et moins stressé. Je ne pratique que très peu d'activité physique depuis de nombreuses années. Je vais donc commencer mon entraînement en me fixant l'objectif de courir un kilomètre une fois par semaine, puis je vais augmenter progressivement ma pratique. Je pourrai passer ensuite à deux séances par semaine (augmentation de la fréquence) et à deux kilomètres par sortie (augmentation de la distance), etc.</td>
</tr>
<tr>
<td colspan="3">Je fais de même pour chacun des souhaits que je veux réaliser. J'écris sur une feuille l'ensemble de mes souhaits. Ils doivent être rédigés à la forme affirmative et agrémentés de citations positives sur moi-même ainsi que d'encouragements. Ce sont mes affirmations positives. Je n'oublie pas de noter la date et le lieu où celles-ci ont été formulées.
Exemple d'affirmations positives :
Mes affirmations positives, le 14/03/2018 à Lille
« Je laisse disparaître la croyance limitante selon laquelle je ne suis pas un bon orateur. Mon cerveau est un organe miraculeux, capable de se développer, mais seulement à la hauteur de ma conviction quant à sa capacité d'amélioration. Alors j'entretiens chaque jour la croyance inébranlable selon laquelle mes capacités de communication sont excellentes et continuent de s'améliorer. Pour cela, je m'engage quotidiennement à ralentir mon débit de parole lorsque je m'adresse à mon épouse, à mes enfants, à mes amis, à mes collègues ou à toute autre personne. Je laisse partir les pensées négatives me concernant et je fais entrer des pensées bienveillantes à mon égard. Je mérite de me considérer positivement (…). »</td>
</tr>
<tr>
<th colspan="3">LIRE SES AFFIRMATIONS POSITIVES POUR GARDER LE CAP VERS LA RÉUSSITE</th>
</tr>
<tr>
<th>Questions</th>
<th>Réponses</th>
<th>Aide</th>
</tr>
<tr>
<td>À quel moment est-ce que je m'engage à lire mes affirmations positives ?</td>
<td>☐ Le matin au réveil
☐ Le soir en me couchant
☐ Le matin et le soir</td>
<td>Je garde mes affirmations positives près de mon lit.
Je peux les photographier avec mon téléphone portable pour pouvoir les lire chaque jour, même si je ne suis pas chez moi.</td>
</tr>
</table>

<table>
<tr><td>Je m'engage à lire mes affirmations en pleine conscience. Quel est alors mon sentiment ?</td><td>☐ Je ressens la signification de chaque mot
☐ Je suis convaincu que le contenu de ce que je lis est vrai</td><td>Je me mets en condition en pratiquant au préalable un exercice d'attention focalisée et ouverte.</td></tr>
<tr><th colspan="3">FAIRE ÉVOLUER SES AFFIRMATIONS POSITIVES POUR CONTINUER À PROGRESSER</th></tr>
<tr><th colspan="2">À faire</th><th>Aide</th></tr>
<tr><td colspan="2">Je mets à jour mes affirmations positives.
Un souhait réalisé pourra alors être supprimé, tout comme un nouveau souhait pourra faire son apparition.</td><td>Reprendre la méthodologie d'écriture détaillée en première partie.</td></tr>
<tr><td colspan="3">J'écris sur une nouvelle feuille l'ensemble de mes souhaits actualisés. Je n'oublie pas de noter la date et le lieu où ceux-ci ont été formulés. J'archive mes précédentes affirmations positives dans un dossier, classeur ou cahier. Je peux ainsi les consulter si je le souhaite pour prendre conscience de mon évolution.</td></tr>
</table>

En vous concentrant chaque jour sur ce que vous souhaitez accomplir, vous pourrez plus aisément garder le cap que vous vous êtes fixé. De plus, savoir où vous allez va vous donner de l'énergie pour atteindre vos objectifs et chaque réussite vous permettra de croire davantage en vous, en vos capacités et en votre potentiel.

Toujours plus loin

Le tableau ci-dessous va vous permettre de réaliser une synthèse des éléments significatifs mis à jour lors de ce chapitre.

<table>
<tr><th colspan="5">SYNTHÈSE</th></tr>
<tr><th>Exercices</th><th>Notions clés</th><th colspan="2">Votre positionnement</th><th>Vos remarques personnelles</th></tr>
<tr><td rowspan="2">Test</td><td>Le domaine de ma vie le plus satisfaisant</td><td>☐ Santé
☐ Vitalité
☐ Famille
☐ Vie amoureuse
☐ Amitié
☐ Vie sociale</td><td>☐ Activité professionnelle
☐ Finances
☐ Loisirs
☐ Style de vie
☐ Projet d'avenir
☐ Spiritualité</td><td></td></tr>
<tr><td>Le domaine de ma vie le moins satisfaisant</td><td>☐ Santé
☐ Vitalité
☐ Famille
☐ Vie amoureuse
☐ Amitié
☐ Vie sociale</td><td>☐ Activité professionnelle
☐ Finances
☐ Loisirs
☐ Style de vie
☐ Projet d'avenir
☐ Spiritualité</td><td></td></tr>
<tr><td>Exercice 1</td><td>Ma vie idéale dans cinq ans, en une phrase</td><td colspan="2">...</td><td></td></tr>
<tr><td>Exercice 2</td><td>Dans une situation de communication, il est bénéfique d'adopter une attitude…</td><td colspan="2">☐ d'interprétation
☐ de jugement
☐ de questionnement
☐ de compréhension
☐ de soutien
☐ de conseil</td><td></td></tr>
<tr><td rowspan="3">Exercice 3</td><td>Concernant la rédaction de mes affirmations positives…</td><td colspan="2">☐ je ne les ai pas rédigées
☐ je ne les ai pas encore rédigées
☐ je vais les rédiger maintenant
☐ je les ai rédigées</td><td></td></tr>
<tr><td>Concernant la lecture de mes affirmations positives…</td><td colspan="2">☐ je les lis chaque matin
☐ je les lis chaque soir
☐ je les lis matin et soir
☐ je les lis de temps en temps
☐ je ne les lis jamais
☐ je ne peux pas les lire, car je ne les ai pas rédigées</td><td></td></tr>
<tr><td>Mes affirmations positives…</td><td colspan="2">☐ me donnent le sourire
☐ m'apaisent
☐ m'aident à rester focalisé sur mon objectif
☐ autre :
....</td><td></td></tr>
</table>

S'adapter à la réalité du marché

Après avoir collecté des informations de terrain sur les métiers qui vous intéressent ainsi que sur le marché de l'emploi, vous serez en capacité de vous positionner sur la voie professionnelle de votre choix.

Le test

QUE SOUHAITEZ-VOUS POUR VOTRE FUTUR ?

✓ Vos quatre piliers : auto-évaluation

Pour chacun des quatre piliers présentés ci-après (famille, amis, travail, loisirs), évaluez tout d'abord votre niveau d'implication. Pour cela, attribuez une note à chaque pilier, allant de zéro à quatre étoiles (★★★★). L'évaluation doit porter sur votre ressenti global.
Par exemple, si vous vous sentez plutôt impliqué dans votre vie familiale, vous pouvez mettre trois étoiles (★★★). En revanche, si vous avez le sentiment de vous investir dans peu d'activités extraprofessionnelles, dessinez alors une seule étoile (★).
Évaluez ensuite votre niveau de satisfaction en procédant de la même manière.
Quand vous aurez terminé, prenez quelques minutes pour regarder les étoiles que vous avez représentées. Observez en premier lieu vos étoiles d'implication et, en second lieu, vos étoiles de satisfaction. Qu'en pensez-vous ? Notez les mots ou idées qui vous viennent spontanément à l'esprit au sein de la colonne « notes personnelles ».

	Niveau d'implication	Niveau de satisfaction	Notes personnelles
Ma vie familiale (Conjoint, enfant(s), parents, frère(s), sœur(s), cousin(s), oncle(s), tante(s), neveu (x), nièce(s), etc.)			
Ma vie amicale (Amis, copains, connaissances, etc.)			
Ma vie professionnelle (Fonctions, tâches, activités, missions, relations, etc.)			
Ma vie extraprofessionnelle (Loisirs, hobbies, centre d'intérêt, activité sportive, artistique, créative, etc.)			

✓ **Répondez maintenant aux trois questions suivantes à partir des éléments figurant dans le tableau précédent.**

1. Ressentez-vous un équilibre satisfaisant entre vie privée et vie professionnelle ?
☐ Oui ☐ Non ☐ Peut mieux faire

2. Quelle est votre activité préférée dans la vie ?

....

À quelle fréquence la pratiquez-vous ?

☐ Jamais ☐ Rarement ☐ Parfois ☐ Souvent ☐ Très régulièrement

Est-ce satisfaisant selon vous ?

☐ Insatisfaisant ☐ Moyennement satisfaisant ☐ Satisfaisant ☐ Très satisfaisant

3. Dans la vie de manière générale, avez-vous le sentiment d'être en accord avec vos valeurs ?

☐ Oui ☐ Non ☐ Peut mieux faire

VOS RÉPONSES, NOS CONSEILS

Le test que vous venez de passer permet de mettre à jour vos aspirations. Concernant ce test, commencez par observer les étoiles correspondant au premier pilier « Ma vie familiale ». Combien d'étoiles de satisfaction et d'implication lui avez-vous attribué ? Pour quelles raisons ? Ressentez-vous un déséquilibre ? Faites de même pour chaque pilier. Réfléchir à l'importance de vos quatre piliers dans votre vie va vous permettre d'identifier ce qui compte vraiment pour vous.

Relisez vos notes personnelles et complétez-les si besoin à la lumière de ces nouveaux éléments. Vos réflexions doivent rester présentes à votre esprit tout au long de ce chapitre. Elles vous guideront dans vos choix.

Booster vos performances

EXERCICE 1 : S'INFORMER SUR LES PROFESSIONS

✓ **Complétez le tableau ci-dessous en vous appuyant sur :**

- les fiches ROME de pôle emploi (www.pole-emploi.fr/candidat/les-fiches-metiers-@/index.jspz?id=681)
- les fiches métiers figurant sur le site www.lesmetiers.net

Nom du métier	Présentation du métier	Compétences requises	Qualités essentielles	Fourchette de salaire	Environnement de travail	Évolution professionnelle	Mobilité professionnelle	Formation requise

✓ Pour chacun de ces métiers, recherchez au moins deux personnes qui exercent cette profession au sein de votre réseau ou bien prenez contact avec des professionnels de votre choix dont les coordonnées figurent sur les pages jaunes. Posez-leur quelques questions concernant leur métier à partir de la trame d'enquête proposée ci-dessous.

MÉTIER CIBLÉ :	
Fiche signalétique	
Entreprise	
Adresse	
Nom de la personne rencontrée	
E-mail Téléphone	................@........ 04/.. /.. /.. /.. 06/.. /.. /.. /..
Conditions d'accès	
Depuis combien de temps exercez-vous ce métier ?	
Comment avez-vous été recruté sur ce poste ?	
Y a-t-il un diplôme exigé pour ce poste ? Si oui, avez-vous des organismes de formation à me recommander ?	
À votre avis, quelles sont les qualités requises pour être un bon professionnel dans votre domaine ?	
Description du métier	
Pouvez-vous décrire les tâches que vous effectuez au quotidien ?	
Qu'est-ce qui vous plaît dans votre métier ?	
Y a-t-il des aspects qui vous déplaisent ?	
Conditions de travail	
Quelles sont les conditions de travail liées à votre métier (horaires, déplacements, travail à l'extérieur, de nuit, le week-end, port de charges lourdes, etc.) ?	
Quelle est la fourchette de salaire ?	
Quelles sont les possibilités d'évolution ?	
Y a-t-il des débouchés ?	

Quelle est la procédure de recrutement classique au sein de votre entreprise ?	
Quels sont les types de contrats proposés en général ?	
Pour aller plus loin	
Avez-vous des conseils à me donner ?	
Pouvez-vous s'il vous plaît me recommander une personne pour mon enquête métier ?	
Autre question :	

Réaliser une enquête métier permet de confronter son attirance pour une profession à la réalité de terrain vécue au quotidien par un professionnel en exercice.
C'est un outil d'aide à la décision qui permet de collecter des informations avant de faire un choix concernant son orientation ou sa reconversion. Cet outil permet également de se constituer un réseau de professionnels.

✓ **À partir des informations recueillies, classez les métiers explorés par ordre de préférence.**

CLASSEMENT DES MÉTIERS EXPLORÉS PAR ORDRE DE PRÉFÉRENCE
1
2
3
4
5
6

EXERCICE 2 : METTRE EN ADÉQUATION SES SOUHAITS AVEC LA RÉALITÉ DU MARCHÉ DE L'EMPLOI

✓ Reprenez le ou les métier(s) que vous avez sélectionné(s) lors de l'exercice précédent et procédez à une étude des débouchés à partir des offres disponibles sur les sites de recherche d'emploi (Pôle emploi, APEC, Indeed, Monster, etc.). Appuyez-vous sur le tableau suivant.

MÉTIER CIBLÉ :			
Secteurs géographiques	Date de consultation : .... Nombre d'offres	Date de consultation : .... Nombre d'offres	Date de consultation : .... Nombre d'offres
Bassin d'emploi ciblé :			
Département :			
Région :			
National/Outre-mer :			
Total des offres			
Remarques			

✓ Consultez le BMO 2017 (enquête des besoins en main-d'œuvre de Pôle emploi : http://statistiques.pole-emploi.org/bmo) pour chaque métier ciblé et complétez le tableau suivant.

ANNÉE : MÉTIER CIBLÉ :			
Secteurs géographiques	Nombre de projets de recrutement	Difficulté à recruter (en %)	Nombre d'emplois saisonniers (en %)
Bassin d'emploi ciblé :			
Département :			
Région :			
National/Outre-mer :			
Total des offres			
Remarques			

✓ À partir des informations recueillies, remplissez le tableau suivant.

CLASSEMENT DES MÉTIERS EXPLORÉS EN FONCTION DES DÉBOUCHÉS
1
2
3
4
5
6

EXERCICE 3 : **FAIRE DES CHOIX**

✓ Comparez les classements effectués lors des exercices 1 et 2. Pour cela, appuyez-vous sur le tableau ci-dessous.

CLASSEMENT DES MÉTIERS EXPLORÉS PAR ORDRE DE PRÉFÉRENCE	CLASSEMENT DES MÉTIERS EXPLORÉS EN FONCTION DES DÉBOUCHÉS
1	1
2	2
3	3
4	4
5	5
6	6

✓ Compte tenu des informations dont vous disposez à l'issue de ce chapitre, quels sont les métiers que vous choisissez ? Notez-les dans le tableau ci-après.

CLASSEMENT DES MÉTIERS EXPLORÉS PAR ATTIRANCE ET PAR DÉBOUCHÉ
1
2
3

✓ Mettez en relation les métiers choisis avec les résultats mis à jour au test du début de chapitre. Qu'en pensez-vous ?

....

Toujours plus loin

Le tableau ci-dessous va vous permettre de réaliser une synthèse des éléments significatifs mis à jour lors de ce chapitre.

<table>
<tr><th colspan="5">SYNTHÈSE</th></tr>
<tr><th>Exercices</th><th>Notions clés</th><th colspan="2">Votre positionnement</th><th>Vos remarques personnelles</th></tr>
<tr><td rowspan="2">Test</td><td>Je classe mes piliers par niveau d'implication.
1 = très impliqué jusqu'à 4 = peu impliqué</td><td colspan="2">☐ Ma vie familiale
☐ Ma vie amicale
☐ Ma vie professionnelle
☐ Ma vie extraprofessionnelle</td><td></td></tr>
<tr><td>Je classe mes piliers par niveau de satisfaction.
1 = très satisfait jusqu'à 4 = peu satisfait</td><td colspan="2">☐ Ma vie familiale
☐ Ma vie amicale
☐ Ma vie professionnelle
☐ Ma vie extraprofessionnelle</td><td></td></tr>
<tr><td rowspan="3">Exercice 1</td><td>Je classe les métiers que j'ai explorés par ordre de préférence.</td><td>1
2
3</td><td>4
5
6</td><td></td></tr>
<tr><td>Pour chaque métier exploré, je note une information essentielle obtenue grâce à mes recherches sur Internet.</td><td>1
2
3</td><td>4
5
6</td><td></td></tr>
<tr><td>Pour chaque métier exploré, je note une information essentielle obtenue grâce à mes enquêtes métier auprès de professionnels.</td><td>1
2
3</td><td>4
5
6</td><td></td></tr>
</table>

Exercice 2	Pour chaque métier exploré, je note le nombre d'offres d'emploi collectées qui sont compatibles avec le lieu de travail que je cible.	1 2 3	4 5 6	
	Pour chaque métier exploré, je note le nombre de projets de recrutement et le pourcentage de difficulté à recruter sur le bassin d'emploi que je cible.	1 2 3	4 5 6	
	Je classe les métiers que j'ai explorés en fonction des débouchés mis à jour.	1 2 3	4 5 6	
Exercice 3	Compte tenu de l'ensemble des informations dont je dispose à ce jour, je choisis les métiers suivants…	1 2 3		

Le chapitre suivant concerne la réalisation de votre document de synthèse.

Réaliser le document de synthèse de son bilan de compétences

Vous voilà presque arrivé à la fin de votre parcours de bilan. Le chapitre qui suit est fondamentale, car le processus d'écriture va vous permettre de clarifier et de synthétiser le chemin parcouru jusqu'à présent, de consolider vos décisions et engagements pris, et peut-être de faire émerger de nouveaux questionnements et pistes de réflexion.

Le test

VOTRE PROJET VOUS RESSEMBLE-T-IL ?

✓ Votre projet d'avenir correspond-il à vos priorités essentielles dans la vie ?

Classez, dans le tableau ci-dessous, vos priorités par ordre d'importance. Vous noterez le chiffre 1 pour celle qui vous semble la plus importante et ainsi de suite jusqu'à 9. Puis, vous estimerez le temps en pourcentage que vous y consacrez, en moyenne, par semaine. Le total doit être égal à 100 %.

PRIORITÉS	CLASSEMENT PAR ORDRE D'IMPORTANCE	TEMPS PASSÉ EN MOYENNE PAR SEMAINE (EN %)	COMMENTAIRES PERSONNELS
Famille			
Travail			
Finances			
Loisirs			
Santé			
Amour			
Amitiés			
Spiritualité			
Développement personnel			
		100 %	

VOS RÉPONSES, NOS CONSEILS

Regardez les priorités que vous avez classées en haut de la liste. Peut-être avez-vous été surpris d'un décalage entre ce qui compte vraiment pour vous et le temps alloué aujourd'hui à cette priorité.

Par exemple, votre priorité numéro 1 est votre famille, mais vous passez le plus clair de votre temps au travail.
La priorité la plus importante pour vous est-elle celle pour laquelle vous passez le plus de temps ? Votre projet d'avenir est-il en adéquation avec vos priorités essentielles ? Si ce n'est déjà le cas, il est temps de prendre des décisions qui vous correspondent. Pour cela, surlignez vos trois priorités principales dans la vie et investissez-vous plus dans ce qui est fondamental à vos yeux.
Pour les trois exercices qui suivent, prévoyez un grand classeur et des intercalaires pour organiser le contenu du travail réalisé lors de votre bilan ainsi que votre document de synthèse.

Booster vos performances

EXERCICE 1 : **QUI SUIS-JE ? MA PRÉSENTATION**

✓ Complétez le tableau suivant concernant votre situation personnelle.

CIRCONSTANCES DU BILAN	
Date de démarrage du bilan de compétences	
Contexte de démarrage du bilan de compétences	
INFORMATIONS ADMINISTRATIVES GÉNÉRALES	
NOM - Prénom	
Numéro de téléphone fixe	
Numéro de téléphone portable	
Adresse postale	
Adresse mail	
Date de naissance	

Situation familiale	
Nombre d'enfants	
Moyens de garde des enfants	
Permis	
Moyen de locomotion	

INFORMATIONS PERSONNELLES

Exercices	Notions clés	Votre positionnement le jour de la réalisation de l'exercice	Votre positionnement aujourd'hui	Vos remarques personnelles (Ai-je évolué ? Comment ?)
Test p. 135	Mon rapport à l'engagement	Date : ... / ... / ...... ☐ j'ai des difficultés à m'engager ☐ je n'ai pas de difficultés à m'engager ☐ ça dépend :	Date : ... / ... / ...... ☐ identique ☐ différent Précisez :	
Test p. 143	Mes deux styles d'apprentissage préférentiels	Date : ... / ... / ...... ☐ visuel ☐ auditif ☐ impulsif ☐ réflexif ☐ kinesthésique	Date : ... / ... / ...... ☐ identique ☐ différent Précisez :	
Exercice p. 146	Mon niveau d'estime de soi	Date : ... / ... / ...... ☐ faible ☐ normal ☐ élevé	Date : ... / ... / ...... ☐ identique ☐ différent Précisez :	
Exercice p. 148	Mon sentiment d'efficacité personnelle	Date : ... / ... / ...... ☐ faible ☐ normal ☐ élevé	Date : ... / ... / ...... ☐ identique ☐ différent Précisez :	
Test p. 155	Enfant, j'étais	Date : ... / ... / ...... ☐ créatif ☐ mature-rationnel ☐ adapté ☐ impulsif ☐ influençable	Date : ... / ... / ...... ☐ identique ☐ différent Précisez :	
Exercice p. 159	J'ai tendance à...	Date : ... / ... / ...... ☐ me faire influencer par les idées des autres ☐ affirmer mes principes ☐ ça dépend :	Date : ... / ... / ...... ☐ identique ☐ différent Précisez :	

Exercice p. 161	Je suis plutôt…	Date : … / … / …… ☐ hyperactif actif ☐ hyperactif rêveur ☐ insatisfait chronique ☐ nostalgique ☐ attentif à l'instant présent ☐ ça dépend : …………………	Date : … / … / …… ☐ identique ☐ différent Précisez : ………..	
Exercice p. 164	Face aux situations difficiles…	Date : … / … / …… ☐ je me centre sur le problème à résoudre ☐ je me centre sur ce que je ressens ☐ je recherche du soutien ☐ ça dépend : …………………	Date : … / … / …… ☐ identique ☐ différent Précisez : ………..	
Test p. 167	Le domaine de la vie qui me satisfait le plus	Date : … / … / ……	Date : … / … / …… ☐ identique ☐ différent Précisez : ………..	
	Le domaine de la vie qui me satisfait le moins	Date : … / … / ……	Date : … / … / …… ☐ identique ☐ différent Précisez : ………..	
Exercice p. 169	Mon attitude de communication spontanée	Date : … / … / …… ☐ interprétation ☐ jugement ☐ compréhension ☐ questionnement ☐ soutien ☐ aide ☐ ça dépend : …………………	Date : … / … / …… ☐ identique ☐ différent Précisez : ………..	
Test p. 175	Je suis le plus satisfait de…	☐ ma vie familiale ☐ ma vie amicale ☐ ma vie professionnelle ☐ ma vie extraprofessionnelle ☐ ça dépend : …………………	Date : … / … / …… ☐ identique ☐ différent Précisez : ………..	
	Je suis le plus impliqué dans…	☐ ma vie familiale ☐ ma vie amicale ☐ ma vie professionnelle ☐ ma vie extraprofessionnelle ☐ ça dépend : …………………	Date : … / … / …… ☐ identique ☐ différent Précisez : ………..	
Résumé : ma présentation en 10 lignes		Ce que je veux mettre en évidence ………………………………………………………………… ………………………………………………………………… *Accompagnez votre présentation de pièces justificatives, attestations d'activités, photos, documents divers, articles de presse, etc.*		

EXERCICE 2 : QU'AI-JE FAIT JUSQU'À PRÉSENT ? MON EXPÉRIENCE

✓ Complétez le tableau suivant concernant votre itinéraire personnel et professionnel.

SYNTHÈSE DE MON PARCOURS	
Fonctions occupées les plus significatives	
Nombre d'années d'expérience professionnelle	
Formation la plus significative (intitulé et année)	
Moments clés de mon parcours professionnel et extraprofessionnel	
Qualités clés développées pendant mon parcours	
Compétences clés développées pendant mon parcours	
Résumé : mon expérience en 10 lignes	Ce que je veux mettre en évidence .... *Accompagnez votre présentation de pièces justificatives, attestations d'activités, photos, documents divers, articles de presse, etc.*

EXERCICE 3 : QUE VOUDRAIS-JE FAIRE ? MON DEVENIR PROFESSIONNEL

✓ Complétez le tableau suivant concernant votre avenir professionnel.

MÉTIERS OU POSTES AUXQUELS VOUS PENSEZ POUVOIR ACCÉDER			
Métiers/Postes/ Emplois	Atouts		
	Expérience (professionnelle et extraprofessionnelle)	Formation (initiale et continue)	Compétences/Qualités (savoirs, savoir-faire, savoir-être, valeurs)
1			
2			
3			
4			
PROJETS D'ÉVOLUTION ENVISAGÉS			
Projet principal/ Projet(s) alternatif(s)	Forces et faiblesses		
	Points forts (Expérience, formation, compétences, qualités)	Axes de progrès (Compétences et qualités à développer)	Points de vigilance (points faibles, freins)
1			
2			
3			
PLANS D'ACTION À METTRE EN PLACE			
Projet principal/ Projet(s) alternatif(s)	Actions à réaliser		
	À court terme (Échéance : ....)	À moyen terme (Échéance : ....)	À long terme (Échéance : ....)
1			
2			
3			
Résumé : mon devenir professionnel en 10 lignes	Ce que je veux mettre en évidence .... *Accompagnez votre présentation de pièces justificatives, attestations d'activités, photos, documents divers, articles de presse, etc.*		

Toujours plus loin

Le tableau ci-dessous va vous permettre de faire un point sur les éléments significatifs mis à jour lors de ce chapitre.

SUIS-JE AU CLAIR AVEC... ?		
Qui je suis	☐ Oui	☐ À approfondir Actions à réaliser :
Ce que j'ai fait jusqu'à présent	☐ Oui	☐ À approfondir Actions à réaliser :
Ce que je voudrais faire dans le futur	☐ Oui	☐ À approfondir Actions à réaliser :

Vous voilà prêt à concrétiser votre reconversion professionnelle !

Vous venez d'achever votre bilan de compétences et, grâce à celui-ci, vous avez pu vous mettre au clair avec :

- qui vous êtes (personnalité, connaissances, compétences, aptitudes, etc.) ;
- votre parcours (personnel et professionnel) ;
- ce que vous voulez devenir (votre avenir personnel et professionnel).

À l'issue de ce bilan, peut-être avez-vous opté pour une évolution tout en douceur ou bien au contraire pour un changement radical. À chacun sa manière de faire. Ce qui compte, c'est d'avancer à son rythme et d'apprécier chaque moment. Vous réussirez alors tout ce que vous entreprendrez !

ANNEXE

Cadre législatif du bilan de compétences

Le bilan de compétences est une démarche réglementée qui doit être réalisée conformément aux dispositions légales en vigueur : Articles L. 6313-1, L. 6313-10, L. 6322-42 à L. 6322-51 et R. 6322-32 à R. 6322-63 du Code du travail.

Les actions permettant de réaliser un bilan de compétences ont pour objet de permettre à des travailleurs d'analyser leurs compétences professionnelles et personnelles ainsi que leurs aptitudes et leurs motivations afin de définir un projet professionnel (Article L. 6313-10).

Le bilan de compétences comprend trois phases (Article R. 6322-35) :

- une phase préliminaire qui a pour objet de confirmer l'engagement du bénéficiaire dans sa démarche, de définir et d'analyser ses besoins, de l'informer des conditions de déroulement du bilan de compétences ;
- une phase d'investigation permettant au bénéficiaire d'analyser ses motivations et intérêts professionnels et personnels, d'identifier ses compétences et aptitudes professionnelles et personnelles ;
- une phase de conclusions qui permet au bénéficiaire de prendre connaissance des résultats détaillés de la phase d'investigation et de recenser les facteurs susceptibles de favoriser ou non la réalisation d'un projet professionnel.

La phase de conclusions se termine obligatoirement par la présentation au bénéficiaire du document de synthèse (Article R. 6322-37).

Le document de synthèse élaboré pendant la phase de conclusions comporte les indications suivantes (Article R. 6322-38) :

- circonstances du bilan ;
- compétences et aptitudes du bénéficiaire au regard des perspectives d'évolution envisagées ;
- éléments constitutifs du projet professionnel et éventuellement du projet de formation du bénéficiaire et principales étapes prévues pour la réalisation de ce projet.

Pour bénéficier d'un congé de bilan de compétences, le salarié doit justifier d'une ancienneté d'au moins cinq ans, dont douze mois dans l'entreprise (Article L. 6322-42).

La durée du congé de bilan de compétences ne peut excéder vingt-quatre heures de temps de travail (Article L. 6322-44).

Les documents élaborés pour la réalisation du bilan sont détruits à la fin de la prestation (Article R. 6322-59).

Réussir sa reconversion professionnelle

Ana FERNANDEZ

PARTIE III

Beaucoup d'entre nous peuvent être tentés, à un moment de leur vie, de trouver une nouvelle voie professionnelle ou de s'orienter vers un autre secteur d'activité. Quel que soit le contexte choisi ou subi, une reconversion professionnelle est une prise de conscience, un nouveau départ ainsi qu'un choix souvent courageux.

C'est un rêve à portée de main à condition toutefois de préparer le terrain en amont sereinement, de respecter des étapes de validation et de rester tenace.

Existe-t-il des secrets pour réussir ? Comment changer de cap sans se tromper ? Comment oser se lancer ? Quelles sont les étapes à ne pas négliger ? Est-il nécessaire de suivre une formation ? Qu'ai-je à vendre ? Comment (re)gagner une crédibilité professionnelle ?

Réussir une reconversion professionnelle est un défi qui demande bien plus de confiance en soi qu'une bonne idée lucrative.

Au fil des chapitres suivants, nous vous proposons de vous poser les bonnes questions afin de surmonter vos incertitudes, de clarifier et de mettre en route votre projet pour réussir votre nouvelle vie professionnelle.

Analyser sa situation

Depuis un certain temps, vous ressentez un malaise dans votre poste ou, si vous êtes sans emploi, vous vous posez des questions sur votre voie professionnelle.
Bien que votre expérience et vos compétences soient reconnues, vous sentez que vous arrivez à une période personnelle et professionnelle de réflexion sur votre carrière.
L'idéal est de prendre le temps de faire son bilan de compétence (cf. partie II, « Faire soi-même son bilan de compétences »). Si vous préférez remettre à plus tard cette analyse approfondie de votre parcours, de vos valeurs et de vos motivations, une première démarche d'étude de la situation vous permettra d'avoir une réflexion en amont pour vous poser les bonnes questions et examiner des raisons réalistes pour passer le pas d'une nouvelle vie professionnelle.

Les tests

OÙ EN ÊTES-VOUS ?

✓ Où en êtes-vous à titre professionnel ?

Renseignez la colonne de droite.

	OUI/NON
Vous êtes en poste	
Êtes-vous satisfait de votre poste actuel ?	
Êtes-vous en cours de négociation d'un départ de votre entreprise ?	
Bénéficiez-vous d'un congé de reclassement ?	
Utilisez-vous un CIF[1] ou votre CPF[2] pour une formation actuelle ?	
Faites-vous (ou ferez-vous) l'objet d'un licenciement ?	
Avez-vous répondu à des offres d'emploi ou déposé des candidatures spontanées dans les trois derniers mois ?	

1 Congé individuel de formation.
2 Compte personnel de formation.

Avez-vous été approché(e) par un cabinet de recrutement?	
Avez-vous eu des rendez-vous pertinents/concluants avec des recruteurs?	
Avez-vous suivi des formations complémentaires dernièrement?	
Avez-vous réalisé un bilan de compétences?	
Avez-vous eu des fonctions différentes pendant votre carrière?	
Avez-vous déjà pensé à entreprendre dans votre métier d'origine?	
Avez-vous déjà pensé à changer de secteur?	
Avez-vous déjà pensé à changer de métier?	
Vous êtes sans emploi	
Est-ce la première fois que vous vous retrouvez dans cette situation?	
Bénéficiez-vous d'un congé de reclassement?	
Êtes-vous en cours d'outplacement?	
Êtes-vous en recherche active?	
Avez-vous décroché des entretiens?	
Y a-t-il un ou des cabinet(s) de recrutement qui vous suit(vent) particulièrement?	
Avez-vous suivi des formations complémentaires dernièrement?	
Avez-vous un réseau personnel de contacts professionnels?	
Avez-vous eu des fonctions différentes pendant votre carrière?	
Avez-vous déjà pensé à entreprendre dans votre métier d'origine?	
Avez-vous déjà pensé à changer de secteur?	
Avez-vous déjà pensé à changer de métier?	

✓ Où en êtes-vous à titre personnel ?

Renseignez la colonne de droite.

	VOTRE RÉPONSE
Vous	
Que pensez-vous de votre situation (opportunité, injustice, etc.) ?	
Vous sentez-vous dévalorisé dans votre travail ?	
Que ressentez-vous au sujet de cette situation professionnelle actuelle (joie, tristesse, déprime, etc.) ?	

Quelle est votre résistance physique (plutôt en forme, épuisé(e), etc.) ?	
Avez-vous confiance en vous ?	
Arrivez-vous à gérer votre stress ?	
Aimez-vous relever des défis ?	
Votre entourage	
Votre situation professionnelle aura-t-elle un impact sur votre niveau de vie ?	
Votre entourage a-t-il confiance en vous ?	
La communication est-elle facile avec votre entourage ?	
Avez-vous confiance en votre entourage ?	
Avez-vous le projet d'un déménagement ?	

QUELLES SONT VOS PRIORITÉS ?

✓ Répondez aux questions.

POUR MOI...	IMPORTANT	PEU IMPORTANT	SANS IMPORTANCE
Conserver mon niveau de vie et celui de mon entourage			
Relever un nouveau défi professionnel et personnel			
Rechercher l'indépendance			
Être son propre patron			
Être libre de choisir mes contraintes (horaires, déplacements, management, etc.)			
Se sentir utile à titre professionnel			
Endosser une nouvelle fonction ou commencer un nouveau métier			
Suivre des formations pour définir mon expertise			
Réussir un équilibre entre vie professionnelle et vie personnelle			
Avoir le soutien de mon entourage, de mes relations			

VOS RÉPONSES, NOS CONSEILS

Ces tests vous permettent de mener une première réflexion sur votre situation sans avoir encore identifié un nouveau projet de vie professionnelle.
Être conscient(e) de votre schéma personnel vous permettra d'être plus performant(e), plus efficace en mettant en œuvre pleinement vos ressources et vos talents.

Changer de statut, de métier ou de secteur (que l'on résume dans «reconversion professionnelle») c'est oser :

- remettre volontairement ou involontairement en cause une sécurité acquise par l'expérience, la validation par ses pairs professionnels et l'image véhiculée auprès de tous (collègues et famille);
- prendre des risques et surmonter sa peur face à l'inconnu;
- relever un défi.

Booster vos performances

EXERCICE 1 : **DÉTERMINER VOS ASPIRATIONS**

Quelles sont vos valeurs ? Êtes-vous capable de décrire votre propre système de valeurs par rapport au travail, en allant plus loin que les valeurs morales élémentaires ?

✓ Attribuez une note de 0 à 3 aux valeurs ci-dessous selon le degré d'importance pour vous. Puis multipliez par le coefficient indiqué dans la colonne.

	SANS IMPORTANCE 0	PEU IMPORTANT 1	IMPORTANT 2	TRÈS IMPORTANT 3	TOTAL	TOTAL
IDENTITÉ						
Réputation						
Respect						
Succès						
Honnêteté						

Créativité						
Originalité						
Beauté						
Honneur						
Caractère						
Généralité						
RELATION						
Amour						
Respect						
Honneur familial						
Altruisme						
Amitié						
Pédagogie						
Obéissance						
Intelligence						
Vie de famille						
Morale						
POUVOIR						
Argent						
Obstination						
Succès						
Statut social						
Choix						
Ambition						
Indépendance						
Possession						
Revanche						

Que nous soyons en quête de sens ou d'ascension sociale, les valeurs auxquelles nous croyons influencent le cours de notre existence et motivent nos choix, nos actes et nos pensées.

✓ Renseignez cette grille pour identifier vos besoins et envies.

CE QUE JE NE VEUX PLUS	CE QUE JE SOUHAITERAIS À LA PLACE

En isolant les motifs d'insatisfaction, vous pouvez savoir ce que vous voulez changer ou pas dans votre vie professionnelle.

Exemples de facteurs d'insatisfaction : conditions physiques, horaires de travail, rémunération et sécurité de l'emploi, relations interpersonnelles, etc.

Exemples de facteurs de satisfaction : carrière qui a du sens, responsabilité et autonomie, plaisir et créativité, relations interpersonnelles, etc.
Quand la motivation n'est plus là, il est nécessaire d'identifier la ou les sources d'insatisfaction professionnelle. Par exemple, des difficultés relationnelles avec ses collègues, sa hiérarchie, fatigue liée aux trajets, au travail dans un open space, horaires ou organisation du temps de travail difficiles… Est-ce le contexte dans lequel on évolue qui pose un problème ? Les missions ?

EXERCICE 2 : **IDENTIFIER VOS COMPÉTENCES ET QUALITÉS**

✓ Précisez votre domaine d'expertise ou savoir-faire

Listez les compétences ou savoir-faire (y compris les langues) et les connaissances techniques (y compris les logiciels et les réglementations) acquises pendant votre formation et celles que vous avez développées pendant votre parcours professionnel et vos activités extraprofessionnelles.

Exemples de savoir-faire à retenir

- Pour une fonction de vente Retail ou BTC[3]
  - Networking : création, animation et développement de réseaux directs et indirects.
  - Vente : prospection, fidélisation et développement de la stratégie commerciale.
  - Recrutement, encadrement et accompagnement des collaborateurs front et back-office.
  - Suivi des performances et des réalisations *vs* objectifs.

3 *Retail ou business to customer* : ventes en boutique.

- Création et pilotage d'une organisation de travail centrée sur l'efficacité au service du développement des ventes.
- Mise en place des KPI, reporting, définition des objectifs et des responsabilités (individuels et collectifs).
- Suivi des budgets et comptes d'exploitation.

• Pour une fonction RH

- Piloter et garantir la mise en application de la politique et des process RH.
- Conseiller et apporter une expertise RH aux managers afin de répondre aux exigences du business.
- Assurer la gestion autonome des ressources humaines pour une entité ou zone géographique.
- Contribuer au renforcement de la relation client entre la DRH et ses clients internes.
- Piloter des projets RH transverses : GPEC, SIRH, audit RH, mise en place de reporting, etc.
- Concevoir et animer la conduite du changement : fusions, réorganisations, PSE

✓ Quels sont vos savoir faire ?

Compétences :

....

Connaissances techniques :

....

Langues :

....

Connaître et affirmer les compétences issues de vos formations et votre expérience professionnelle permet une reconnaissance professionnelle (pour la future cible d'employeurs ou clients) et personnelle (prendre conscience de votre propre valeur). Cela facilitera la réflexion sur les différents scénarios envisagés.

Il existe de nombreuses sources qui vous donneront une description très précise des compétences par fonction. Consultez des offres d'emploi récentes et des fiches métiers proposées par Pôle emploi (en utilisant, par exemple, les codes Rome : Répertoire opérationnel des métiers et des emplois et les codes Rime : Répertoire interministériel des métiers de l'État).

✓ Identifiez vos qualités.

Voici une liste non exhaustive pour vous aider à formuler vos qualités et celles à développer :

QUALITÉS	ACQUISES	À DÉVELOPPER
Adaptabilité		
Autonomie		
Bon relationnel		
Capacité à fédérer		
Capacité d'adaptation		
Capacité de décision		
Curiosité		
Dynamisme		
Enthousiasme		
Force de proposition		
Gestion du stress		
Goût du challenge		
Implication		
Persévérance		
Polyvalence		
Ponctualité		
Prise de recul		
Réactivité		
Rigueur		
Sens de l'organisation		
Sens de la communication		
Sens du service		
Travail en équipe		
...		

Reconnaître vos qualités, exprimées dans tous les domaines de votre vie, va vous aider pour déclencher la motivation nécessaire pour avancer dans votre projet :

- sur l'estime de soi : le sentiment des qualités que nous nous reconnaissons est directement lié à la valeur que nous nous donnons à nous-mêmes ;
- sur la confiance en soi : avoir conscience des qualités qui nous sont propres et sur lesquelles nous pouvons nous appuyer renforce le sentiment de confiance en soi au quotidien et dans les situations nouvelles ;

- sur l'assurance : les connaître permet d'être plus à l'aise avec la prise de parole ;
- sur l'atteinte d'objectifs : vous appuyer sur vos qualités est une façon d'évoluer en confiance même quand on est en terrain inconnu, d'exploiter ses propres ressources, ses façons d'être, et d'en tirer des façons de faire et des stratégies qui nous correspondent, plutôt que de gaspiller son énergie à vouloir faire comme autrui.

EXERCICE 3 : MESURER LES RISQUES D'UN CHANGEMENT

✓ **Remplissez cette grille. Proposez ensuite à une personne de confiance de répondre aux mêmes questions vous concernant.**

QUEL EST MON INTÉRÊT À RESTER DANS LA SITUATION PRÉSENTE ?	QUEL EST MON INTÉRÊT DE CHANGER DE VOIE PROFESSIONNELLE ?	À DÉVELOPPER

Changer professionnellement rime souvent avec une prise de risque, mais également avec une nouvelle opportunité.

Peut-être que ce n'est pas vraiment le moment pour vous de « prendre des risques ». Malgré une insatisfaction vécue ou des difficultés rencontrées, votre situation actuelle vous apporte un certain confort et une tranquillité appréciable (niveau de vie, engagements financiers, localisation, etc.).

Évidemment, dans la balance, il y a l'envie qui s'oppose à la peur du changement, de l'inconnu. Le questionnement est le lot de chacun d'entre nous, avec différents niveaux de réticence. La maturité et l'expérience, le parcours, l'entourage ou encore l'âge sont des critères qui peuvent influer sur le fait que quelqu'un va sauter le pas de la reconversion ou non.

Résister au changement est finalement assez courant et naturel.

Il est parfois difficile de se mettre en mouvement : pourquoi prendrait-on des risques face à une situation rassurante ? Certaines personnes ne peuvent se contenter de ce confort matériel et vont franchir le pas. Tout le monde n'a pas les mêmes aspirations, les mêmes besoins, les mêmes contraintes familiales et financières, ni les mêmes soutiens et encouragements de son entourage en cas de changement.

Votre expérience professionnelle forge également votre capacité à changer, selon que vous ayez travaillé dans une entreprise où il fallait trouver des solutions par vous-même ou dans une société où tout était très organisé. Notre angoisse face au changement est aussi liée à notre histoire personnelle.

Toujours est-il que changer demande beaucoup d'énergie. Mais les choses ne sont pas figées. Si le changement ne se fait pas maintenant, il peut se faire plus tard, à un meilleur moment.

Pour éviter que la peur de l'échec ne vous empêche de passer à l'action, il est préférable de repérer les avantages et inconvénients de votre situation.

Toujours plus loin

Ce premier chapitre vous permet d'avoir une réflexion reposant sur une analyse de votre situation professionnelle, de vos compétences acquises et des freins face à un éventuel changement de métier.

Le chapitre suivant vous évitera les écueils d'une transition professionnelle trop rapide et mal préparée, due simplement à une solution « de sauvetage » d'une situation qui ne vous convient plus :

- l'erreur d'un choix de métier, dont le contenu ne donne pas le plaisir que vous attendiez (métier mal connu et perçu) ;
- la déroute financière, c'est-à-dire ne pas parvenir à vivre de son nouveau métier, générer des revenus insuffisants (projet mal ficelé en oubliant l'objectif financier) ;
- l'échec du projet, ne pas atteindre ses objectifs (de clientèle, d'expertise, des conditions de travail).

Se faire accompagner pour amorcer le changement

Une fois l'envie de changement détectée et quand l'idée de « reconversion professionnelle » revient de plus en plus souvent, il convient de poser le bon diagnostic avec des experts de la transition professionnelle.

D'une part, ils vous confronteront à la réalité du marché (votre parcours, vos envies, vos besoins, vos idées). D'autre part, ils vous aideront à analyser le réalisme et la viabilité de votre projet pour vous lancer avec plus de sérénité.

Le test

COMMENT VOUS PROJETEZ-VOUS DANS LE FUTUR ?

✓ Renseignez ce tableau.

	VOTRE RÉPONSE
Voulez-vous vivre ailleurs (en France, à l'étranger) ?	
Envisagez-vous de travailler avec votre conjoint ?	
Souhaitez-vous créer un partenariat ?	
Avez-vous un désir d'indépendance ?	
Depuis quand avez-vous cette envie de changement ?	
Est-ce la première fois ?	
Quel est votre moteur au travail/ce qui vous motive le plus ?	
Avez-vous lu des histoires de reconversion réussie dans des domaines différents ?	
Dans votre entourage, qui semble épanoui au travail ? En connaissez-vous les raisons ? Si oui, pouvez-vous les lister ? Sinon pourriez-vous les interroger ?	

COMMENT VOS CHOIX PASSÉS ONT DICTÉ/DIRIGÉ VOTRE CARRIÈRE ?

✓ Répondez à ces questions.

- Vos choix professionnels ont-ils été influencés par des facteurs extérieurs, tels que le milieu familial, le milieu socioculturel, le milieu économique ou géographique ? Lesquels ?
- Avez-vous déjà réalisé un bilan de compétences ? Si oui, avez-vous mis en œuvre l'une des pistes envisagées ?
- Avez-vous été accompagné par un coach professionnel pendant votre carrière ou à un autre moment ? Si oui, avez-vous atteint l'objectif de cet accompagnement ?
- Avez-vous changé de cap (pendant votre parcours professionnel) ? Pour quelles raisons ?
- Les fonctions que vous avez occupées correspondent-elles à vos appétences spontanées ? En quoi ?
- Parmi les connaissances acquises (formations), quelles sont celles qui n'ont jamais été exploitées ? Pourquoi ?
- Pensez-vous faire une validation des acquis de l'expérience (dite VAE) ?
- Avez-vous eu le sentiment de progresser sur le plan personnel ? Dans quel sens ?
- Dans toutes les fonctions que vous avez occupées, quels sont les points auxquels vous avez attaché le plus d'importance ? Indiquez un ordre de préférence du plus important (1) au moins important (14) :
  - Le travail en équipe
  - La variété des tâches
  - La technicité du travail
  - Le climat social
  - Le dynamisme de l'entreprise
  - Les bonnes conditions de travail
  - La connaissance du métier
  - Les possibilités de formation
  - La liberté de création
  - L'ouverture sur l'extérieur
  - Le charisme du manager
  - La clarté de la mission
  - La taille de la structure
  - La bonne communication au sein de l'équipe et/ou avec le manager

VOS RÉPONSES, NOS CONSEILS

Après cette première auto-analyse, vous avez les informations qui vont vous permettre, à l'aide d'un accompagnement personnalisé, de clarifier votre envie de changement, de valider une idée de projet professionnel et de démarrer les démarches.

Booster vos performances

Selon votre personnalité, vous pouvez avoir tendance à minimiser certains acquis, à les considérer comme banals ou tout simplement à ne pas les voir. Pourtant, ce sont peut-être eux qui vous convaincront d'entamer une nouvelle voie et de vous former.

Pour ces raisons, il est conseillé de s'entourer de professionnels qui vous permettront de prendre du recul par rapport à votre situation en tenant compte des éléments tangibles (profil, parcours, experiences) et de vos ressentis.

Une VAE constitue également un excellent moyen de faire reconnaître officiellement vos compétences et/ou vos connaissances afin d'obtenir tout ou partie d'un diplôme, d'un titre ou d'un certificat de qualification, ou d'accéder directement à un cursus de formation sans justifier du niveau d'études ou du diplôme requis. Les conditions et modalités sont précisées sur le site www.service-public.fr/particuliers/vosdroits/F2401.

Ces accompagnements demandent un investissement personnel en termes d'implication et de temps, conditions indispensables à l'atteinte des objectifs fixés :

- valider un changement de poste, une réorientation professionnelle, une formation ;
- faire le point sur sa carrière pour orienter les prochaines années de sa vie professionnelle ;
- trouver un moyen de rebondir lorsque la situation professionnelle actuelle ne convient plus ;
- anticiper un changement de poste en prévision d'une réorganisation.

EXERCICE 1 : RÉALISER UN BILAN DE COMPÉTENCES

✓ Commencez à étudier les modalités.

Le **salarié** peut prendre l'initiative de faire un bilan de compétences. S'il choisit de le faire en dehors du temps de travail, il n'est pas tenu d'informer son employeur de la démarche.

Dans le cas contraire, le salarié devra faire une demande de congé de bilan de compétences.
Pour cela, il devra remplir certaines conditions en fonction de sa situation :

- pour un salarié en CDI : il faut justifier de 5 années de salariat (consécutives ou non), dont 12 mois au sein de l'entreprise dans laquelle le salarié effectue la demande. À noter qu'un délai de franchise de 5 ans doit être respecté entre deux bilans ;
- pour un salarié en CDD : il faut justifier de 24 mois de salariat (consécutifs ou non) au cours des 5 dernières années dont 4 mois (consécutifs ou non) au cours des 12 derniers mois.

La demande de congé de bilan doit être présentée à l'employeur 2 mois avant le début du bilan. L'employeur dispose ensuite de 30 jours pour répondre. Au-delà, l'absence de réponse vaut acceptation.
Pendant sa période de chômage, un **demandeur d'emploi**, indemnisé ou non, peut demander à son conseiller Pôle emploi de bénéficier d'un bilan de compétences. Si le bilan de compétences est adapté à ses besoins, il pourra être pris en charge en tout ou partie par l'Opacif [4] (www.opacif.fr).

✓ Visualisez les différentes phases.

Cet accompagnement est conduit de manière individuelle sur 2 à 3 mois et vous êtes seul destinataire des conclusions du bilan.
La durée d'un bilan de compétences est de 24 heures maximum (dont 17 heures en face à face avec le consultant) et se déroule en 3 étapes :

- un entretien individuel pour définir vos besoins et vous présenter les conditions de déroulement ;
- une phase d'investigation qui permet d'analyser vos aptitudes et vos centres d'intérêt (tests de personnalité, d'orientation professionnelle, etc.) ;
- une conclusion avec remise d'un document de synthèse, qui reprend votre projet et définit les étapes envisagées de sa mise en œuvre.

✓ Prenez en compte le financement de votre projet.

Il existe différents moyens de financement d'un bilan de compétences :

- par le compte personnel de formation (CPF) : voir votre compte sur le site www.moncompteactivite.gouv.fr/cpa-public (le code CPF Bilan de compétences est le 202) ;
- auprès du Fongecif : prise en charge d'une partie, voire de la totalité du coût. Pour connaître les coordonnées du Fongecif de votre région, consultez la liste sur le site www.fongecif-idf.fr/conseiller/les-particuliers-dans-leur-evolution-professionnelle/trouver-un-centre-de-bilan-de-competences ;
- par l'employeur dans le cadre du plan de formation de l'entreprise ;
- par Pôle emploi.

4 Organisme paritaire au titre du congé individuel de formation.

Le bilan de compétences permet à un salarié de faire le point sur ses compétences, aptitudes et motivations, et de définir un projet professionnel ou de formation. Réalisé pendant ou en dehors du temps de travail, le bilan de compétences se déroule dans un organisme agréé de votre choix, qui garantit la totale confidentialité de la démarche.

Cette prestation individuelle est ouverte aux salariés, aux fonctionnaires, aux travailleurs non salariés, aux demandeurs d'emploi, aux personnes en situation d'arrêt de travail ou en situation de handicap.

EXERCICE 2 : SE FAIRE ACCOMPAGNER PAR UN PROFESSIONNEL

✓ Choisissez un conseiller en évolution professionnelle.

Instauré par la loi du 5 mars 2014, le conseil en évolution professionnelle (CEP) a pour objectif de favoriser l'évolution et la sécurisation d'une carrière par un accompagnement en lien « avec les besoins économiques existants et prévisibles dans les territoires » (article L. 6116-6 du Code du travail).

Dans la pratique, il peut durer le temps d'un échange pour faire le point ou s'étaler sur plusieurs semaines pour élaborer un parcours de reconversion et son plan de financement.

Il se termine également par la remise d'un document qui récapitule le travail effectué et la marche à suivre. Le CEP est un accompagnement régulier et gratuit alors que le bilan de compétences est une démarche ponctuelle devant être financée.

Le CEP est assuré par des conseillers relevant de cinq organismes habilités :

- Pôle emploi pour les demandeurs d'emploi ;
- l'Apec pour les cadres ;
- les Opacif pour tout autre salarié ;
- les missions locales pour les jeunes ;
- Cap emploi pour les personnes en situation de handicap.
- Optez pour un coach professionnel.

Un coaching de carrière est également un outil efficace pour poser les bases de votre envie de reconversion professionnelle. Il peut intervenir à plusieurs niveaux : analyser le besoin, aider à trouver sa voie et accompagner le passage à l'action.

Les objectifs d'un coaching de carrière font l'objet d'un échange entre le coach et le coaché, et ils sont très clairement formalisés dans le cadre d'un « contrat »

Longtemps réservé aux managers et aux cadres dirigeants, le coaching s'est largement démocratisé. Reconversion, élargissement du périmètre d'activité et prise de responsabilités, ou questionnement sur son avenir professionnel, le coach intervient auprès d'un seul individu.

Choisir le coaching, c'est aussi choisir son coach, car il va vous accompagner pendant un temps, dans un passage de vie professionnel important et délicat. Vous devez donc choisir une personne avec qui vous vous sentez bien et en confiance. Pour le trouver, parlez-en autour de vous, sollicitez votre réseau ou consultez les fédérations et associations de coaching existantes. Rencontrez-en plusieurs pour choisir celui avec lequel vous vous sentirez le mieux et qui applique le tarif qui vous convient.

EXERCICE 3 : CHOISIR SON ACCOMPAGNEMENT

Nous vous proposons d'établir le choix de votre accompagnement selon trois critères :

- le temps : date de commencement, durée, fin prévisionnelle ;
- le financement : personnel, prise en charge ;
- l'investissement personnel : contacts à rencontrer, immersion, soutien de l'entourage.

Les objectifs de l'accompagnement – quel qu'il soit – sont de :

- identifier vos compétences, vos points forts, vos axes de progrès, vos aspirations, vos conditions de succès ;
- profiter d'un moment privilégié de réflexion, d'enrichissement et de développement personnel ;
- (re)prendre confiance en soi ;
- communiquer avec plus d'aisance sur soi et ses compétences pour faciliter sa progression dans l'entreprise ou à l'extérieur ;
- se donner les moyens de trouver une situation adaptée à ses attentes et à ses capacités professionnelles (changer ou non de métier/fonction).

Toujours plus loin

Ces accompagnements consistent à définir les éléments constitutifs de la réussite de votre projet et à lever vos freins, en vous éclairant sur les différents enjeux, difficultés et impératifs de la démarche d'accès à un nouvel emploi.

À l'issue de cette phase, vous devez avoir identifié vos motivations réelles, les objectifs poursuivis et l'orientation générale que vous souhaitez donner à votre « nouvelle » vie.

Délimiter son projet de reconversion professionnelle

Choisir un métier puis partir à sa découverte est une étape importante de votre projet de reconversion professionnelle. Il est indispensable d'évaluer la faisabilité de votre projet avant tout engagement financier.

Les tests

AVEZ-VOUS CONSULTÉ DES FICHES ET DES RÉFÉRENTIELS MÉTIERS ?

✓ Écrivez les postes envisagés après le chapitre précédent.

Plongez-vous quelques instants dans votre proche passé. Remémorez-vous quatre actions réalisées récemment et complétez le tableau suivant.

Par exemple : dimanche dernier, je devais faire le grand ménage, mais il faisait beau et j'avais donc très envie d'aller me promener. Finalement, j'ai passé la journée en montagne, à randonner (voir tableau ci-dessous).

	STATUT	FICHE MÉTIER
Métier 1 :	Salarié ou indépendant	Oui/Non
Métier 2 :	Salarié ou indépendant	Oui/Non

Après la phase d'exploration de vos compétences et envies, une ou plusieurs pistes de nouvel emploi se profilent. Que vous connaissiez ou non ces métiers, il est necessaire d'en connaître tous les critères de réussite.

Il existe de nombreuses sources qui vous donneront une description très précise de la fonction que vous ciblez et des compétences à mettre en avant. Consultez des offres d'emploi récentes et des fiches métiers proposées par Pôle emploi (en utilisant, par exemple, le Rome ou le Rime).

Listez les savoir-faire ou compétences, les connaissances techniques et les qualités nécessaires à votre future fonction et vérifiez celles que vous avez développées pendant votre parcours professionnel.

Ces fiches métiers proposent :

- un descriptif synthétique des missions et activités par emploi ;
- les conditions d'accès aux emplois métiers, les diplômes et certifications associés ;
- les conditions d'exercice ;
- les compétences et connaissances requises ;
- les environnements, structures et types d'entreprises où s'exercent ces métiers ;
- les possibilités de mobilité et d'évolution.

ÊTES-VOUS MOTIVÉ PAR DES MODÈLES DE RÉUSSITE ?

✓ **Répondez aux questions.**

- Avez-vous lu des histoires de réussite de personnalités ?
- Suivez-vous des influenceurs sur les réseaux sociaux ?
- Connaissez-vous, dans votre entourage, des personnes qui se sont lancées en tant qu'indépendant ? Ou qui ont changé de fonction dans leur carrière ?

Nourrissez-vous de leurs expériences, inspirez-vous de leur vécu. Les amis, la famille, les anciens collègues qui ont franchi le pas d'une reconversion professionnelle vous donneront un point de vue intéressant. De nombreux blogs vous permettent également de lire des tranches de vie inspirantes.

VOS RÉPONSES, NOS CONSEILS

Avant de s'engager dans un changement d'orientation et de métier, rencontrer des professionnels du secteur et du métier envisagés est particulièrement utile pour s'assurer de faire le bon choix. Ils vous renseigneront sur leurs retours d'expérience et les formations nécessaires.

Ayant ainsi acquis quelques connaissances sur le métier visé, vous serez plus pertinent dans vos questionnements et pourrez mieux faire part de vos doutes aux professionnels.

Booster vos performances

✓ Identifiez des professionnels de la fonction visée.

Exemple de fiche contact

- Coordonnées : ....
- Recommandé par : ....
- À rencontrer lors de : contact téléphonique, rendez-vous en face à face, rencontre informelle, salon professionnel, conférence, immersion (passer une journée avec lui pour « tester » le métier)...
- Quelques questions types : Comment êtes-vous arrivé à ce poste ? Quels sont les profils recherchés (niveau d'études, compétences, qualités, etc.) ? Quelle est la formation, le diplôme requis ? Y a-t-il des écoles reconnues ? Quelles sont vos activités principales ? Une journée type ? Qu'est-ce qui vous plaît le plus ? Le moins ? Quelles sont vos conditions de travail ? Quelles sont les perspectives d'emploi ? Quels sont les salaires ou tarifs pratiqués ? Quelles évolutions sont envisageables ? De quoi a-t-on besoin a minima pour s'engager dans cette voie ?
- Retour de l'échange pour la validation de votre projet : points positifs et négatifs, conseils, connaissance sur le secteur/le marché/la concurrence, formations suivies, clientèle ou employeurs visés, mise en relation avec d'autres professionnels.
- Actions à faire après cet échange : pour votre projet, pour ce contact.

Lorsque vous contactez un professionnel, rassurez-le : c'est une demande d'informations, pas une demande d'emploi. Persévérez dans votre recherche de contacts. Votre entourage personnel et professionnel, les réseaux sociaux (LinkedIn, Facebook, Twitter, blogs, YouTube, etc.), les organismes et syndicats professionnels, les écoles et centres de formation, les salons professionnels sont pour vous autant de sources d'information pour échanger avec les professionnels ciblés.

Cette enquête métier vous permet de :

- vérifier si l'idée que vous vous faites d'un métier est exacte (épanouissement professionnel et personnel, employabilité, revenus) ;
- savoir si vous serez crédible (après formations et expériences) ;
- recueillir des informations et des conseils ;
- développer un premier réseau de contacts.

EXERCICE 1 : **RÉUNIR LES CONDITIONS DE RÉUSSITE**

La rencontre avec des professionnels vous a donné et précisé les compétences à développer pour votre nouveau futur profil et les conditions de réussite.

✓ **Répertoriez les formations existantes nécessaires et rangez-les par ordre d'intérêt du programme.**

	DURÉE	TARIF	PROCHAINES DATES	FINANCEMENT POSSIBLE
Formation 1 Intitulé : .... Niveau : Diplôme/Certification/ Titre prof. Organisme :				
Formation 2 Intitulé : .... Niveau : Diplôme/Certification/ Titre prof. Organisme :				

Une formation et/ou l'obtention d'un agrément sont-elles nécessaires pour gagner en crédibilité et réussir dans votre nouvelle fonction ?
Il sera donc nécessaire de faire un choix, se renseigner, s'inscrire et connaître les modalités pour obtenir des aides financières (votre employeur, CIF, CPF, Pôle emploi, subventions de la mairie, de la région, de la CCI...).
Depuis le 1er janvier 2017, il est possible de se former à la création et à la reprise d'entreprise dans le cadre du compte personnel de formation (CPF).

✓ **Faites l'inventaire de votre boîte à outils (compétences nécessaires à la fonction, formations, moyens matériels) et cochez selon votre situation.**

	ACQUIS	À OBTENIR
Compétences		
Compétence 1		
Compétence 2		
Compétence 3		
Formations		
Formations et niveau déjà obtenus		
Niveau ...... ?		

Nom de l'organisme :		
Financements envisagés :		
....		
....		
Statut		
Salarié ?		
Indépendant ?		
Agrément ...... (de formateur, de sécurité, d'un ordre professionnel) ?		
Moyens matériels		
Techniques (ordinateur, logiciels, matériels, etc.)		
Un espace de travail		

TÉMOIGNAGE DE PROFESSIONNELS

Quels sont les facteurs de réussite pour poser un nouveau projet professionnel ?

- C'est en suivant une démarche ordonnée et structurée (accompagnement par un coach, recherche d'informations, réalisation d'enquêtes, rendez-vous de réseau et analyse des informations recueillies, etc.) que vous aborderez le mieux cette étape de démarrage.
- Il ne s'agit naturellement pas, à ce stade, de réaliser une recherche documentaire pour une véritable étude de marché, mais d'exploiter quelques renseignements capitaux permettant de vérifier rapidement la pertinence de vos premières réflexions.
- À ce stade, vous êtes désormais en mesure de recenser l'ensemble des exigences du projet et de vérifier qu'elles pourront bien être satisfaites. Cette analyse est essentielle, car les caractéristiques contraignantes repérées auront une incidence sur l'estimation des moyens à réunir (compétences, équipements, partenariats, financements...), les risques pouvant peser sur le projet, la faisabilité de celui-ci et sa probabilité d'être rentable.

Toujours plus loin

Cette enquête métier vous permet de :

- déterminer dans quel métier vous souhaitez et vous pouvez reconvertir ;
- préciser les conditions pour vous lancer ;
- vous renseigner sur les modalités de formations (diplômes, coûts, durée, lieu) ;
- vous renseigner sur les aides financières possibles ;
- valider le projet avec vos proches.

Définir un plan d'actions

Vous avez une idée plus précise du métier grâce auquel vous allez rebondir. Des démarches sont à entreprendre : inscription à la formation choisie, obtention des aides financières, calendrier des démarches de recherche d'un emploi salarié ou de création d'entreprise, revenus envisagés.

Toutes ces actions doivent être planifiées afin de mobiliser votre énergie et ténacité pour atteindre votre objectif et réussir votre reconversion.

Vous faites désormais face à un projet à part entière avec un objectif final dans un délai donné, avec des sous-étapes et des scénarios alternatifs en cas de besoin ou d'imprévus.

Les tests

QUEL EST VOTRE MODE DE FONCTIONNEMENT ET D'ORGANISATION ?

✓ Répondez à ces questions. Proposez ensuite à une personne de confiance de répondre aux mêmes questions vous concernant.

	OUI	EN PARTIE	NON
Avez-vous confiance en vous ?			
Savez-vous résister au stress ?			
Aimez-vous relever des défis ?			
Avez-vous la capacité de choisir, de décider ?			
Avez-vous besoin de faire une liste d'actions pour avancer ?			
Avez-vous des activités personnelles qui vous prennent trop de temps ?			
Avez-vous besoin de l'aval de votre entourage ? De quelqu'un en particulier ?			

Savez-vous prendre conseils et avis de personnes que vous connaissez ? Et de personnes inconnues, qui sont crédibles professionnellement pour vous ?			
Êtes-vous rassuré d'être accompagné par un professionnel dans votre projet ?			
Avez-vous un espace (facilement) dédié chez vous pour travailler ?			
Préférez-vous sortir de chez vous pour travailler sur votre projet (par exemple dans une bibliothèque, un espace de coworking, chez un ami) ?			

COMMENT GÉREZ-VOUS VOS PRIORITÉS ?

La réalisation d'un projet de vie est un équilibre entre la sphère personnelle et la sphère professionnelle. Il peut être difficile de faire la part des choses, de cerner les valeurs et désirs qui s'y rattachent et de trouver les moyens et options pour parvenir à réaliser un projet. Il se joue toujours, à cette occasion, un jeu de balancier que l'on repère dans la répartition du temps entre la vie personnelle et la vie professionnelle.

✓ **Donnez la répartition de vos activités à ce jour et le degré de satisfaction que vous y trouvez.**

RUBRIQUES NON EXHAUSTIVES À COMPLÉTER	TEMPS PASSÉ (HEURES ET POURCENTAGES)	SATISFACTION ÉPROUVÉE (TRÈS FAIBLE/FAIBLE/MOYENNE/FORTE/ TRÈS FORTE)
Travail	… heures …… %	
Transport	… heures …… %	
Famille	… heures …… %	
Couple	… heures …… %	
Enfants	… heures …… %	
Amis	… heures …… %	
Sport	… heures …… %	
Maison	… heures …… %	
Loisirs	… heures …… %	

VOS RÉPONSES, NOS CONSEILS

La réussite d'un projet passe par une clarification claire d'un objectif précis et daté, et une organisation méthodique pour le vivre sereinement et apprécier chaque étape franchie.
Détecter ses « voleurs de temps » permet également de faire le tri entre ce qui est important et ce qui est urgent pour faire avancer son projet.

Booster vos performances

Il est temps pour vous d'établir un planning des différentes étapes, du séquencement et de l'enchaînement idéal. Il est souhaitable de s'interroger sur le délai que vous vous accordez pour mettre en œuvre cette reconversion professionnelle. Soyez ambitieux, mais réaliste. Tout changement nécessite du temps et agir dans la précipitation n'est pas une bonne stratégie. En effet, un projet de reconversion professionnelle selon la situation (profil, statut, entourage) peut prendre entre 6 et 36 mois.

EXERCICE 1 : FIXER VOS OBJECTIFS

✓ Apprenez à définir votre objectif.

Pour que votre « objectif » soit un véritable objectif, il doit :

- être défini de manière positive (exprimé en ce que vous voulez et non ce que vous ne voulez pas) ;
- être sous votre contrôle (réalisé et mis en œuvre par vous-même) ;
- être précis et mesurable (temps, lieu et action) ;
- être « écologique », c'est-à-dire ne pas vous nuire directement ou indirectement, comme à votre entourage.

Être efficace consiste à obtenir de bons résultats avec un minimum d'investissement en temps, en argent et en énergie. Pour cela, quelques conseils méthodologiques peuvent vous aider à atteindre vos objectifs :

- définir un objectif précis, avec des verbes d'action pour décrire ce que vous voulez accomplir ;
- fixer une date limitée, qui soit réaliste ;
- prendre un engagement envers soi-même et son entourage ;
- s'assurer que la réalisation de votre objectif dépend de vous. Plus vos objectifs seront clairs dans votre esprit, plus ce sera facile et plaisant ;

- inclure une personne proche pour qu'elle vous « motive » régulièrement à tenir bon ;
- créer les conditions pour poursuivre l'exécution de votre projet jusqu'au bout.

EXERCICE 2 : **PLANIFIER VOS ACTIONS POUR ATTEINDRE VOTRE OBJECTIF**

✓ Posez sur une échelle du temps votre projet et ses alternatives.

À cet instant, vous avez déjà une première vision de votre projet (métier et statut). Votre plan d'actions évoluera à la suite des différentes rencontres que vous allez faire et des points auxquels vous n'aviez pas forcément pensé.
Chaque étape peut susciter des sous-étapes, comme l'exemple de la recherche d'une formation (consulter les annuaires en ligne, participer aux portes ouvertes des centres de formation, rencontrer des anciens élèves, remplir le dossier, réussir l'entretien de sélection, obtenir le financement, trouver éventuellement un stage en entreprise, etc.).
Il est souhaitable que vous envisagiez aussi des scénarios secondaires au cas où vous n'obteniez pas le financement souhaité, ou la place dans le centre de formation envisagé, ou encore si un événement personnel vient bousculer votre projet.

Voici des exemples de planning à titre indicatif

BASE DU PROJET	2018	2019				2020			
		T1	T2	T3	T4	T1	T2	T3	T4
Réaliser un bilan professionnel	Mars								
Me faire accompagner par un coach		Mars - Juin					Juin-Septembre		
Organiser départ entreprise RDV RH Signature départ		 15 février 30 mars							
S'inscrire à Pôle emploi			5 mai						
Analyser les financements possibles			Avril - Juillet						
Prendre RDV avec des professionnels		Janvier - Mai							
Choisir des formations Recherche de formations Dépôt de dossier / Inscription		 Janvier Avant le 15 février							
Formation			15/06/2018 - 28/05/2018						

Dans l'hypothèse d'une recherche d'un emploi salarié

SALARIÉ	2018	2019				2020			
		T1	T2	T3	T4	T1	T2	T3	T4
Refaire mon CV + lettre de motivation							Mai		
Mettre à jour mon profil LinkedIn							Mai		
Entretenir et développer mon réseau									
Garder contact avec collègues			À partir d'avril						
Contacter amis/professionnels						À partir de mars			
Renouveler inscription Ass. Alumni Écoles						Janvier			
S'inscrire à Ass. Professionnelles							Mars		
Répondre à des offres d'emploi Participer à des salons de recrutement S'inscrire sur des sites d'emploi généralistes S'inscrire sur des sites d'emploi spécialisés							À partir de mi-mai		
Trouver un emploi								Avant le 31 décembre	

Dans l'hypothèse d'une recherche en tant que consultant

INDÉPENDANT	2018	2019				2020			
		T1	T2	T3	T4	T1	T2	T3	T4
Élaborer mon offre de service							Mai		
Mettre à jour mon profil sur les réseaux sociaux							Mai		
Entretenir et développer mon réseau									
Garder contact avec collègues			À partir d'avril						
Contacter amis/professionnels						À partir de mars			
Participer à des événements prof. (auditeur)						Janvier			
S'inscrire à Ass. Professionnelles							Mars		
Communication									
Légal : dépôt de nom, logo							Avril		
Choix et création du support web (site, blog, réseaux sociaux)							Avril		
Cartes de visite							Juin		
Prospection Visibilité web (site, blog, réseaux sociaux) Campagnes de mailing, téléphone Participer à des événements prof. (acteurs)									
Signature clients								Avant le 31 décembre	

EXERCICE 3 : S'ORGANISER POUR ÊTRE EFFICACE

Afin d'atteindre votre objectif pour un nouvel emploi, il est indispensable de prévoir, prioriser et anticiper, et cela passe par la nécessité de mieux vous organiser et de mieux travailler.

Avec les différentes étapes franchies, vous verrez votre confiance en vous et votre motivation augmenter, ce qui vous convaincra de persévérer dans vos actions, voire de les améliorer.

✓ Posez la répartition idéale de vos activités pour atteindre votre objectif.

	Temps passé (heures et pourcentages)
	...... heures ...... %
	...... heures ...... %
	...... heures ...... %
	...... heures ...... %
	...... heures ...... %

✓ Examinez une liste de propositions d'organisation.

- Si vous êtes chez vous, aménagez-vous un espace tranquille afin de disposer d'une table avec la place pour un ordinateur et vos documents de travail (organisés dans des chemises pour ne pas perdre de temps à chercher les informations). Si vous préférez être à l'extérieur de chez vous (bibliothèque, centre d'affaires...), prévoyez de prendre avec vous tous vos documents.

  → Ne pas être dérangé et rester concentré.

- Gérez efficacement vos e-mails :
  - créez une adresse e-mail spécifique pour gérer votre projet, facilement identifiable avec votre nom et prénom ; elle sera utilisable aussi pour les réseaux sociaux ;
  - utilisez des modèles d'e-mails et de signature pour gagner du temps (par exemple : « Cordialement » avec, en dessous, vos coordonnées) ;
  - créez des sous-répertoires sur votre ordinateur et dans votre boîte e-mail (par exemple : formations, financement, relation avec Pôle emploi, entretiens réseaux, retour offres d'emploi, retour mailing clients...) ;
  - essayez de garder votre boîte de réception la plus vide possible avec uniquement les messages les plus urgents, classez-supprimez-transférez-traitez tous les e-mails entrants pour ne pas les laisser en attente dans votre boîte e-mail ;

- désactivez l'affichage automatique des nouveaux e-mails arrivant dans votre messagerie, consultez vos e-mails uniquement toutes les heures ou plutôt toutes les 2 heures.

→ Ne pas perdre de temps à retrouver une réponse, les coordonnées d'un contact et organiser particulièrement les relances.

- Listez et écrivez systématiquement tout ce que vous devez faire (urgent ou pas) avec une date, soit dans un fichier Word ou Excel, soit sur un cahier...

→ Savoir tout ce que vous devez faire pour (enfin) prioriser votre recherche.

- Pour les rendez-vous (salon, contact réseau, entretien d'embauche ou client...), faites un rétroplanning avec tous les éléments à préparer pour ne rien oublier : site du salon pour connaître les employeurs présents et les offres ouvertes, informations sur un secteur, sur une entreprise, profil de la personne rencontrée.

→ Clarifier dans votre esprit tout ce que vous devez faire et bloquer dans votre agenda des heures pour réaliser ces tâches.

- Très souvent, les sites d'emploi, de cabinets de recrutement, les plateformes de free-lances et les réseaux sociaux vous demandent de créer un compte afin d'y déposer votre candidature et pouvoir répondre aux offres. Tenez à jour une liste des mots de passe utilisés, et idéalement en avoir un seul.

→ Pouvoir se connecter rapidement et facilement, même si vous n'êtes pas sur votre ordinateur ou smartphone.

- Passer toute la journée sur son ordinateur, participer à des salons de recrutement, faire des rencontres réseau peut vous prendre toute votre énergie. Pensez à vous ressourcer par le sport, auprès d'amis ou de la famille. Il est même conseillé de prendre une journée « off » loin de toute recherche et prospection (sans compter le week-end).

→ Rester en forme et entretenir vos passions vous permettra de garder une dynamique personnelle, qui se traduira par votre motivation dans vos actions de recherche.

Toujours plus loin

Pendant ce processus de formation et d'appropriation, vous revêtirez progressivement vos nouveaux habits. Ce n'est pas rien. En effet, on ne naît pas vendeur, avocat ou boulanger. Lorsqu'on choisit sa voie au collège ou au lycée, la démarche intervient en pleine construction de son identité. Se définir comme appartenant à un métier à ce moment et enclencher les études qui suivront pour y parvenir est un processus lourd… sur lequel il faut désormais revenir.

Si cette voie a cheminé avec vous depuis un certain temps, car c'était votre passion, la transition devrait être douce. Si tout est nouveau, le processus pourra être vécu comme une vraie acculturation : vous rejoignez un autre groupe d'individus, avec ses codes, que vous devrez accepter et vous approprier pour développer un sentiment d'appartenance. Cela vous rendra crédible et vous donnera l'aplomb pour convaincre votre futur employeur ou client. Ou votre futur client si vous décidez de créer vous-même votre emploi ou votre entreprise (*cf.* partie IV, « Se mettre à son compte »).

Trouver un emploi salarié

Grâce à des formations, vous avez enrichi votre profil de nouvelles compétences (savoir-faire, certifications…), rencontré de nouveaux professionnels et élargi votre recherche d'emploi à de nouvelles fonctions.

Afin d'améliorer la visibilité de votre candidature sur les sites d'emploi et les réseaux sociaux, vous devez être conscient que :

- votre CV fait souvent l'objet d'une analyse via des mots-clés grâce à des robots, avant d'être vu par le recruteur ;
- le recruteur parcourt très rapidement vos documents – lettre de motivation et CV – pour faire une première sélection ;
- votre profil intéresse principalement les employeurs des secteurs dans lesquels vous avez déjà travaillé ou auxquels vous avez été formé.

En choisissant précisément les plateformes dans lesquelles vous souhaitez être présent et les contacts que vous souhaitez interpeller, vous pourrez constater un meilleur retour de vos candidatures et décrocher des entretiens d'embauche.

Les tests

VOTRE CV A-T-IL LES ÉLÉMENTS ATTENDUS PAR LES RECRUTEURS ?

✓ Votre CV actuel est-il clair, cohérent et facilement (voire rapidement) lisible ?

Renseignez la grille ci-dessous.
Rappelez-vous que c'est votre CV qui va être vu avant de vous rencontrer. C'est votre « carte de visite » professionnelle, qui va être triée par un système informatique (grâce aux mots-clés fixés par le recruteur), puis lue et analysée par le recruteur (avec son jugement).

Nous vous invitons à répondre à ce test avec votre CV actuel en main. Cette grille vous permet d'évaluer la présence de certains éléments essentiels pour être sélectionné.

	OUI/NON	CONSEIL
Format		
Votre CV tient-il en une page ?		Recommandé en France, quelle que soit votre expérience
L'avez-vous traduit dans une autre langue ?		Recommandé si vous cherchez un poste où les langues sont un atout ou si vous souhaitez travailler à l'étranger
L'avez-vous soumis à la lecture d'un professionnel (par exemple conseiller emploi, coach, formateur) ?		Recommandé
Coordonnées		
Votre e-mail paraît-il facilement identifiable ?		Recommandé
Indiquez-vous votre âge (et non votre date de naissance) ?		Conseillé, pas obligatoire (on pourra estimer votre âge avec votre parcours et formation)
Indiquez-vous votre nationalité ?		Conseillé
Indiquez-vous si vous avez le permis B ?		Recommandé particulièrement pour les fonctions commerciales
Avez-vous indiqué si vous aviez une RQTH (reconnaissance qualité de travailleur handicapé) ?		Recommandé si c'est le cas
Indiquez-vous un lien (blog, site, réseaux sociaux, portfolio, etc.) ?		Recommandé si vous êtes dans un domaine créatif
Photo		
Votre photo a-t-elle été prise dans un photomaton ou par un professionnel (fond blanc) ?		Recommandé
Êtes-vous en tenue professionnelle (pour une femme, en chemisier ou veste, pour un homme, en chemise et cravate) ?		Recommandé
Titre du cv		
Lit-on les postes recherchés ?		Obligatoire
Peut-on lire les années d'expérience que vous avez ?		Obligatoire
Si vous êtes bilingue ou maîtrisez couramment une ou des langues étrangères, les mentionnez-vous ?		Recommandé

Avez-vous fait apparaître trois qualités personnelles ?		Recommandé
Précisez-vous si vous êtes mobile (= prêt à déménager pour un emploi) ?		Recommandé
Domaines de compétences		
Les compétences répertoriées pour votre fonction apparaissent-elles ?		Recommandé
Avez-vous mis vos nouvelles compétences acquises après formation, certification ?		Recommandé
Les logiciels et connaissances techniques que vous maîtrisez sont-ils indiqués ?		Recommandé
Parcours professionnel		
Voit-on apparaître clairement le titre de vos fonctions ?		Recommandé
Les dates sont-elles présentées de manière antichronologique (l'expérience la plus récente en haut du parcours) ?		Obligatoire
Les dates sont-elles spécifiées en année complète ?		Recommandé
Voit-on clairement le nom des employeurs ?		Obligatoire
Fournissez-vous des données sur les employeurs (chiffre d'affaires, effectif, périmètre, etc.) ?		Recommandé si nécessaire selon poste ou secteur
Quand les employeurs sont peu connus, avez-vous précisé leur secteur d'activité ?		Recommandé
Indiquez-vous le lieu de vos postes ?		Recommandé
Vos réalisations sont-elles décrites de façon concrète (équipe à superviser, responsabilité, chiffres, périmètre géographique, type de produits ou services, etc.) ?		Recommandé
Savez-vous quelles sont les personnes référentes que l'on peut appeler à votre sujet ?		À préparer dès maintenant, ne pas attendre de décrocher des entretiens
Formations et langues		
Indiquez-vous la date de fin de vos formations ?		Recommandé
Mettez-vous d'abord le titre du diplôme suivi de l'école et du lieu d'obtention ?		Recommandé

Avez-vous vos diplômes et certifications disponibles ?		Recommandé, car on peut vous les demander
Précisez-vous les langues parlées et le niveau pour chacune d'elles ?		Recommandé
Centres d'intérêt		
Avez-vous mis une ou des activités ?		Recommandé si pertinent et valorisant
Autres		
Avez-vous exagéré ou dissimulé des informations dans votre CV ?		Déconseillé
Avez-vous retiré une expérience ou une formation ?		Nécessaire parfois quand vous estimez qu'elle n'est pas en lien avec le poste ciblé
Avez-vous un doute sur un élément à mettre (expérience courte ou non, qui n'est pas en corrélation avec votre parcours, absence pour voyage ou congé de maternité/parental, etc.) ?		Demandez conseil à des professionnels (par exemple conseiller emploi, coach, consultant en recrutement)

QUELLE VISIBILITÉ POUR VOTRE CANDIDATURE ?

✓ **Aujourd'hui, sur quelles plateformes pensez-vous déposer votre CV ?**

Indiquez les sites d'emploi généralistes nationaux, régionaux ou à l'étranger (entre 5 et 10).

....

Indiquez les sites d'emploi par secteur (entre 5 et 10).

....

Indiquez les agences d'intérim nationales, locales ou à l'étranger (entre 5 et 10).

....

Indiquez les cabinets de recrutement locaux, en région ou à l'étranger (entre 5 et 10).

....

Indiquez les réseaux sociaux sur lesquels vous allez créer/mettre à jour votre profil.

....

	VOTRE RÉPONSE	VOTRE RÉPONSE DANS 1 OU 2 OU 3 MOIS
Actions		
Recevez-vous une indemnisation de chômage ou autre ?		
Avez-vous suivi une formation ?		
Pensez-vous adhérer à l'association des anciens élèves de votre école, à une fédération ou un ordre ? Ou renouveler votre adhésion ?		
Pensez-vous participer à des petits-déjeuners ou apéros networking en lien avec votre métier ?		
Listez les sources d'information qui vous permettent de rester à jour de vos connaissances et du marché de votre emploi et secteurs (presse, sites, blogs, conférences, MOOC, newsletters).		
Combien de CV pensez-vous déposer par semaine (sur sites d'emploi et cabinets de recrutement, offres, candidature spontanée) ?		
Pensez-vous vous faire aider par un professionnel de l'insertion professionnelle (conseiller Pôle emploi, coach, consultant en recrutement)		
Dès maintenant ?		
Au bout de combien de temps, si vous ne trouvez pas ?		
Planning		
Allez-vous être absent pour des congés, une intervention médicale ou autres événements ?		
Dans un mois ?		
Dans deux mois ?		
Analysez à quel moment dans la journée vous êtes le plus productif et celui où vous êtes fatigué et seul à la maison ?		
Combien de jours pensez-vous dédier par semaine à votre recherche ?		
Avez-vous inscrit sur votre agenda les dates des salons de recrutement pour les 3 mois à venir ?		
Quand pensez-vous créer (ou mettre à jour) votre profil sur les réseaux sociaux ?		
Combien de rendez-vous avec votre réseau personnel souhaitez-vous réaliser par semaine (par téléphone, en face à face) ?		
Combien de temps passerez-vous à le préparer ?		
Date de prise de poste souhaitée		

VOS RÉPONSES, NOS CONSEILS

Vous entrevoyez les pistes d'amélioration pour votre CV et les éléments à compléter. En le déposant sur les sites d'emploi et en complétant votre profil sur les réseaux sociaux, vous le mettez dans les mains d'un algorithme, qui se charge de trier les candidatures reçues.

Le CV dresse l'inventaire de votre parcours, mais il en dit peu sur votre démarche, votre motivation et la manière dont vous répondrez aux besoins de l'entreprise. La lettre de motivation est donc nécessaire pour expliquer la raison de la candidature et le projet professionnel.

C'est un document synthétique, subjectif et de mise en valeur. Son objectif est d'introduire votre candidature, c'est pourquoi elle doit être brève et précise. Vous ne devez donc pas négliger sa rédaction. Elle doit encourager le destinataire à ouvrir et lire attentivement votre CV.

Booster vos performances

Une gestion de votre temps, une priorisation de vos actions et un outil simple de suivi de vos candidatures vous permettent de mettre en place un plan d'actions précis pour améliorer votre visibilité auprès des recruteurs.

Votre réseau peut aussi vous faciliter l'accès à des offres du marché caché, vous faire rencontrer des experts et peaufiner votre projet professionnel. N'oubliez pas que vous leur êtes redevable et de leur assurer la réciproque pendant votre recherche ou quand vous serez en poste !

Une démarche proactive complétée par votre présence sur les réseaux sociaux vous aidera à répondre à des annonces ou envoyer des candidatures spontanées avec succès.

EXERCICE 1 : **ÉLABORER UN CV LISIBLE ET UNE LETTRE DE MOTIVATION EFFICACE**

Le recruteur consacre peu de temps à la lecture du CV : il souhaite trouver l'essentiel rapidement, c'est-à-dire le poste que vous recherchez, votre profil, vos compétences, votre parcours, vos formations, vos langues maîtrisées et éventuellement vos centres d'intérêt.

Le CV est le passeport qui va vous ouvrir l'accès au recruteur par un contact téléphonique ou e-mail dans un premier temps et une rencontre en face à face dans un second temps.

Ces échanges doivent le convaincre définitivement que vous êtes le candidat qui répond au mieux aux besoins de l'entreprise.

✓ Rédigez votre CV.

....

Votre CV sera mieux référencé par les sites d'emploi si les mots-clés du contenu de l'offre ou du poste recherché ont été repris. De plus, ces mots-clés vous permettront d'optimiser vos profils sur les réseaux sociaux.

Les parties « Titre/Domaines de compétences/Parcours professionnel/Formations » doivent être aérées et permettre d'être distinguées clairement en éloignant votre CV de vos yeux.

Rappelez-vous qu'un professionnel des ressources humaines (par exemple, équipes RH, consultant en recrutement) s'intéressera principalement aux parties « Titre/Domaines de compétences/Formations » alors que l'opérationnel (votre futur manager) attachera particulièrement plus d'importance à votre « Parcours professionnel » et à vos anciens employeurs.

Si vous avez un très bon niveau en anglais par exemple, vous pouvez réaliser aussi votre CV dans cette langue. Attention, nous ne vous proposons pas un CV au format anglophone, seulement la traduction de votre CV français.

TÉMOIGNAGES DE PROFESSIONNELS

Comment sont traités les CV ?

- Quelle que soit la taille de l'entreprise, la majorité des entreprises, des cabinets de recrutement et même des sites d'emploi utilisent désormais des logiciels automatisés d'aide au recrutement baptisés ATS (applicant tracking system). Ces systèmes sont notamment chargés de filtrer les CV réceptionnés pour ensuite les classer au bon endroit dans les CVthèques.
- Les algorithmes sont aujourd'hui capables de repérer et recouper des informations assez poussées comme le score obtenu au TOEIC ou au TOEFL ou votre niveau en langue (bilingue, courant, maternel…).
- À l'heure de l'intelligence artificielle, les employeurs vont de plus en plus chercher à cibler les profils variés à haut potentiel, en recoupant par exemple les données de leurs salariés les plus performants (expérience professionnelle, centres d'intérêt, formations, secteurs d'activité, etc.) avec les candidatures reçues.

- Le titre, c'est-à-dire les fonctions recherchées, doit être clairement et obligatoirement indiqué (par exemple en majuscules et en gras), car seul votre CV est accessible dans la CVthèque ou transféré par un consultant en recrutement au DRH de l'entreprise cliente.
- Avec son professionnalisme et sa sensibilité, le recruteur va être attentif à l'orthographe et à la lisibilité aérée du CV sur lequel il repère rapidement le profil (titre + années expériences), les compétences, le parcours professionnel et la formation.
- Très peu de recruteurs impriment un CV en couleur. Il est donc fortement déconseillé d'utiliser des couleurs qui se présenteront en dégradé de gris sur une impression en noir et blanc, donc illisibles.

Comme vous le constaterez, il est demandé systématiquement dans les offres un CV accompagné d'une lettre (ou d'un texte) de motivation. C'est une tradition qui perdure alors que les recruteurs n'ont plus le temps de la lire et les robots ne la filtrent pas. Elle est donc de plus en plus délaissée.

Afin de n'avoir qu'une seule pièce jointe à ouvrir dans votre envoi, vous pouvez élaborer un courrier de motivation sous un format plus court (= un e-mail), qui présente essentiellement votre parcours, votre expérience et vos qualités/atouts personnels.

✓ **Rédigez votre e-mail de motivation.**

....

Concis et informatif, votre e-mail de motivation doit donner certaines indications sur vous (années d'expérience, diplômes, secteurs d'activité, deux ou trois réalisations) qui suscitent l'intérêt d'en savoir plus (employeurs, localisation, langues...).

Nous vous conseillons de conserver tous les éléments recherchés sur l'entreprise ciblée pour le temps de l'entretien. Vous aurez l'occasion d'échanger sur leurs produits/services, leur concurrence, l'évolution du secteur et ainsi leur montrer votre intérêt pour leur organisation et la motivation de votre candidature.

Cet e-mail type vous permettra de répondre à trois types de candidatures :

- une offre d'emploi ;
- une candidature spontanée ;
- une candidature suite à la recommandation d'un contact.

Vous pourrez aussi relancer les recruteurs (employeur, agence d'intérim ou cabinet de recrutement).

Nous vous proposons de transposer dans un format « lettre » votre e-mail quand la lettre de motivation est demandée sur l'annonce.

EXERCICE 2 : RÉACTIVER VOTRE RÉSEAU PERSONNEL ET PROFESSIONNEL

✓ Accordez du temps à la réactivation de votre réseau.

En dehors de vos candidatures et d'un profil actif sur les réseaux sociaux, il existe d'autres moyens pour :

- recontacter vos anciens collègues ;
- rencontrer des recruteurs ;
- partager des informations avec des professionnels de votre fonction ou secteur ;
- garder le contact avec les cabinets de recrutement.

Le réseau est une très bonne technique pour rencontrer des professionnels qui, de contact en contact, vous rapprochent de votre objectif.

Afin de rester dans une dynamique proactive, nous vous recommandons de :

- participer à des salons de recrutement sur lesquels vous pourrez entrer en contact avec des recruteurs et les équipes RH d'entreprises. Préparez votre visite en consultant les présentations des exposants, les offres d'emploi proposées, le programme des ateliers et conférences ;
- consulter les forums/blogs dédiés à un secteur d'activité ;
- vous inscrire à des petits-déjeuners ou apéros networking en lien avec votre filière métier organisés par des consultants experts ;
- participer aux portes ouvertes de recrutement organisées régulièrement par les entreprises ;
- être présent au sein de l'association d'anciens élèves (Alumni) de votre école (mis à jour de votre profil dans l'annuaire, petit-déjeuner, conférences, forums...) ;
- vous rappeler au bon souvenir des consultants en recrutement, les tenir au courant de l'avancement de vos recherches, leur envoyer votre candidature à une autre offre de leur cabinet et leur demander le contact dans les réseaux sociaux ;
- conserver un lien avec les équipes RH rencontrées, leur envoyer votre candidature à une autre offre de l'entreprise et leur demander le contact dans les réseaux sociaux.

✓ Planifiez vos rencontres professionnelles d'ici trois mois.

Déjeuners/cafés avec (amis, collègues, famille) :

....

....

Salons de recrutement :

....

....

Forums/Blogs/Réseaux d'échange :

....

....

Portes ouvertes de recrutement d'entreprises :

....

....

Alumni :

....

....

✓ **Récupérez tous les contacts d'équipes RH et consultants en recrutement.**

Insérez dans votre tableau de bord toutes les coordonnées des recruteurs que vous détenez déjà. Vous seriez peut-être étonné du nombre de contacts réels que vous avez.

Nom Prénom	Entreprise	Fonction	E-mail/Tél.	Connu comment

EXERCICE 3 : **RÉUSSIR VOS CANDIDATURES EN LIGNE**

L'approche directe donnera de meilleurs résultats à vos candidatures. L'objectif est que vous décrochiez un entretien et rencontriez le recruteur.

✓ **Adaptez vos envois selon la situation.**

Afin d'augmenter les chances que votre candidature soit vue et lue par le recruteur, vous avez plusieurs actions à réaliser selon trois situations.

- Offre en ligne sans indication de l'employeur final, postée par une agence d'intérim ou un cabinet de recrutement
  - Action 1 : Postulez en ligne sur le site où vous avez trouvé l'offre.
  - Action 2 : Vérifiez si cette même offre existe sur le site du consultant. Si oui, postulez de nouveau.
  - Action 3 : Si vous avez un contact dans ce cabinet de recrutement, envoyez-lui directement votre candidature en précisant la référence de l'offre et/ou lui indiquant que vous avez postulé en ligne aussi.
- Offre en ligne sur un site d'emplois avec indication de l'employeur final
  - Action 1 : Si vous avez trouvé un ou des contacts pour cette entreprise, envoyez-leur directement votre candidature en précisant la référence de l'offre en lui disant que vous avez postulé en ligne aussi.
  - Action 2 : Vérifiez si cette même offre existe sur le site de l'entreprise. Si oui, postulez de nouveau.
  - Action 3 : Postulez en ligne sur le site où vous avez trouvé l'offre.
- Candidature spontanée
  - Action 1 : Si vous avez trouvé un ou des contacts pour cette entreprise, envoyez-leur directement votre candidature en précisant bien la fonction que vous recherchez.
  - Action 2 : Sur le site de l'entreprise, il existe généralement la possibilité de déposer une candidature spontanée.
  - Action 3 : La réception d'une candidature par voie postale est rare, voire inexistante. Pour le dirigeant d'une PME-PMI, cette démarche peut le toucher.
  - Action 4 : Osez relancer : même si votre interlocuteur ne s'attend pas à un message de votre part, vous êtes tout à fait en droit de revenir vers lui pour savoir si votre candidature a bien été réceptionnée.

Nous verrons plus tard que ces actions seront à déployer en parallèle sur les réseaux sociaux.

✓ Essayez ces méthodes sur vos prochaines candidatures en ligne.

Nous vous proposons de renvoyer votre candidature à vos entreprises de proximité et de comparer vos résultats avec vos anciens envois.

Ne pas oublier que le secteur public est à la recherche d'aptitudes que l'on ne trouve pas ou peu au sein des entreprises publiques. Il demeure donc particulièrement ouvert à des recrutements externes aussi bien par voie contractuelle que par concours. Par exemple, certains cadres d'entreprise passent par exemple le Capes d'économie-gestion.

EXERCICE 4 : UTILISER UN OUTIL DE SUIVI DE VOTRE RECHERCHE D'EMPLOI

L'intérêt d'un document récapitulatif (unique) vous permettra de suivre :

- le nombre de CV envoyés quel que soit le canal ;
- vos envois de candidatures (quand, à qui, pour quelle offre ou quelle candidature spontanée) ;
- vos entretiens passés (quand, avec qui consultant extérieur, DRH, N + 1, N + 2) ;
- vos rendez-vous réseau (quand, avec qui, suite obtenue) ;
- le dépôt et la mise à jour à faire de votre CV sur les sites d'emploi et cabinets de recrutements (et vérifier la création des alertes adéquates).

Sous Word ou Excel, ce tableau de bord est synthétique et mis à jour régulièrement, il vous permet d'identifier rapidement par quel biais vous contacte un recruteur (offre, candidature spontanée, réseau personnel, réseaux sociaux, suite à une rencontre) et de vous préparer efficacement à l'échange.

✓ Créez votre tableau de bord pour suivre vos candidatures.

Ce tableau peut faire apparaître certains éléments a minima. Complétez-le en renseignant des points essentiels pour vous (par exemple, localisation...).

Le but de ce document est de vous aider à suivre vos démarches et à en faire le bilan chaque mois. Postuler, relancer, se préparer à l'entretien, ce nouvel outil est une véritable aide à l'organisation.

Date	Site ou entreprise	Poste	Fonction	Destinataire Nom/Fonction/E-mail	Recommandé par	Résultats
1		Keljob	CV déposé			
2			Offre			
3			CS[5]			
...						

5 Certificat d'aptitude au professorat de l'enseignement du second degré.

Toujours plus loin

Candidater *via* Internet possède de nombreux avantages : simplicité, rapidité, efficacité… Cependant des codes sont à respecter pour que votre candidature soit percutante et attractive.

Outils indispensables, les CVthèques glanent des millions de CV. Tout en étant complémentaires des réseaux sociaux professionnels, elles s'améliorent constamment pour permettre aux recruteurs de cibler le profil dont ils ont besoin, à condition que le candidat maîtrise toutes les subtilités pour augmenter sa visibilité.

Le succès d'une candidature spontanée tient également à la période d'envoi (par exemple, une nouvelle organisation en place, une activité en expansion, recherche de stagiaires…) et au jour de la semaine (privilégiez du mardi au vendredi).

Les recruteurs étendent actuellement leurs recherches de candidats sur d'autres plateformes, en particulier les réseaux sociaux, Viadeo et LinkedIn en tête, qui mettent à disposition des recruteurs des outils très similaires à ceux des CVthèques.

Développer votre visibilité sur les réseaux sociaux

Ce chapitre vous donne les conseils gratuits pour développer la visibilité de votre profil aussi bien comme salarié suite à votre reconversion (« nouvelle casquette ») ou comme nouvel entrepreneur.

Si vous êtes en recherche d'emploi ou de clients, vous devez développer la visibilité de votre profil au moins sur les deux principaux réseaux sociaux professionnels utilisés et reconnus en France : LinkedIn (plateforme américaine) et Viadeo (plateforme française).

Outils à la fois gratuits et payants, ces réseaux sociaux permettent de :

- cibler les bonnes personnes (recruteurs ou prescripteurs) ;
- diffuser sa recherche d'emploi ou son offre de services/produits ;
- accroître son « image » virtuelle professionnelle (e-reputation[6]) ;
- tisser des relations dans son secteur d'activité ;
- échanger des informations sur un secteur, sur une entreprise ou sur des tendances (marché, social, technologique, etc.) ;
- prendre connaissance des offres d'emploi (dès que le recruteur les publie) ou d'appels d'offres/recherches de fournisseurs par les entreprises ;
- y répondre directement.

Afin de réussir votre recherche d'emploi ou de clients, vous devez être présent et actif sur les réseaux sociaux de façon régulière et avec des objectifs réfléchis.

Les tests

Quel que soit votre profil, vous êtes peut-être déjà un utilisateur (ou simple lecteur) de certains réseaux sociaux, comme Facebook, Twitter, qui sont à l'origine des plateformes d'échanges privés et personnels. Elles évoluent depuis peu vers une utilisation professionnelle, notamment en lien avec l'emploi et le commerce.

En revanche, depuis presque 15 ans, les réseaux LinkedIn et Viadeo se sont positionnés comme des plateformes professionnelles, aussi bien pour des recruteurs, des candidats en poste ou sans emploi et des entrepreneurs en recherche de clients.

6 Appelée également identité numérique.

Selon les derniers chiffres communiqués en 2018, Viadeo et LinkedIn revendiquent chacun plus ou moins entre 10 et 15 millions d'utilisateurs en France. En revanche, au niveau mondial, l'activité est plus importante sur LinkedIn, qui compte 700 millions d'utilisateurs actifs contre 65 millions pour Viadeo.

QUE FAITES-VOUS SUR LES RÉSEAUX SOCIAUX ?

✓ Quelle est votre posture d'internaute ?

Renseignez ce tableau.

	OUI/NON
Êtes-vous à l'aise en général avec les réseaux sociaux (LinkedIn, Viadeo, Facebook, Twitter, Instagram…) ?	
Avez-vous rencontré une déconvenue sur ces réseaux sociaux professionnels et personnels (critiques, mauvaise réputation, photos inadéquates, propos incompris, etc.) ?	
Souhaitez-vous communiquer sur les deux réseaux sociaux professionnels LinkedIn et Viadeo ?	
Avez-vous déjà un profil sur LinkedIn et/ou Viadeo ?	
Avez-vous prévu de transmettre ces informations sur les réseaux sociaux ?	
Pensez-vous que votre présence sur ces réseaux sociaux améliorerait votre visibilité de candidat/d'entrepreneur ?	
Croyez-vous que votre présence et activité sur ces réseaux sociaux vous prendront beaucoup de temps ?	
Avez-vous des idées du contenu à communiquer ou partager ?	
Via les réseaux sociaux, avez-vous trouvé un emploi précédemment ?	
Si oui, comment ?	
Via les réseaux sociaux, avez-vous trouvé un fournisseur ou un client quand vous étiez dans vos fonctions précédentes ?	
Si oui, comment ?	
Envisagez-vous de solliciter les services d'un expert pour communiquer efficacement sur les réseaux sociaux ou de vous former à cette communication 2.0 ?	

✓ Connaissez-vous les options pour générer des vues sur votre profil ?

Complétez le tableau suivant.

SAVEZ-VOUS QUE…	OUI/NON
Il existe une différence de lien avec vos contacts (premier, deuxième et troisième niveaux, public) ?	
Vous pouvez être trouvé *via* les moteurs de recherche ?	
Vous pouvez informer (ou non) les contacts de votre réseau des modifications de votre profil ?	
Vous pouvez consulter anonymement des profils ?	
On parle de vous ? Si oui, comment ?	
Vous pouvez permettre à des non-contacts de suivre vos nouvelles ?	
Vous pouvez écrire une recommandation pour un collègue ?	
Il a la possibilité de valider ou non votre texte ?	
Vous pouvez recevoir une recommandation d'un collègue ou d'un client ?	
Vous pouvez recevoir des notifications de vos contacts pour leur changement de poste, anniversaire professionnel (et personnel), leur participation à un événement ou l'obtention d'un prix ?	
Votre profil peut être visité par des contacts de vos contacts premiers (sans qu'ils payent un abonnement au réseau social) ?	
Vous pouvez savoir qui a visité votre profil ?	

✓ Quelle est la présence de vos concurrents sur les réseaux sociaux ?

Renseignez la colonne de droite.

	VOTRE RÉPONSE
Avez-vous mis en place une alerte sur Google (Alerts) sur les secteurs d'activité ciblés ou votre métier ?	
Quels sont les sites de presse auxquels vous êtes abonné, liés à vos secteurs d'activité ou filière métier ?	
Quels sont les blogs auxquels vous êtes abonné, liés à vos secteurs d'activité ou filière métier ?	
Listez vos concurrents qui ont un lien de partage de leur site vers les réseaux sociaux.	
Ce lien renvoie-t-il au profil du dirigeant ou la page Entreprise ?	

Communiquent-ils régulièrement sur les réseaux sociaux ?	
Quel type d'informations transmettent-ils (contrat signé, prix reçu, participation à un événement, arrivée d'un collaborateur, etc.) ?	
Savez-vous créer un flux RSS directement par e-mail ou *via* vos profils LinkedIn et Viadeo ?	
Connaissez-vous des outils d'automatisation de flux d'informations (par exemple Hootsuite, Buffer, Google Alerts, TweetDeck, etc.) ?	
Avez-vous le réflexe d'aller visiter le site source et de vous y inscrire (Newsletter) ou de créer un flux RSS quand vous lisez de l'information pertinente transmise par un contact sur LinkedIn et Viadeo ?	

COMMENT SE FAIRE REPÉRER DANS LES RÉSEAUX SOCIAUX ?

✓ Quel réseauteur êtes-vous ?

Renseignez la colonne de droite.

	VOTRE RÉPONSE
Connaissez-vous personnellement 25 %, 50 % ou 100 % de votre réseau actuel ?	
Votre réseau est-il constitué d'amis, de membres de votre famille, d'anciens collègues de travail ou collègues d'études, de clients ?	
Acceptez-vous systématiquement les nouvelles demandes de contact (mode invitation) ?	
Vérifiez-vous le profil du demandeur (photo, fonction, expériences, localisation, contacts en commun) avant d'accepter sa demande ?	
Appréciez-vous un message personnalisé de demande de contact ?	
À quelle fréquence importez-vous vos contacts de votre adresse e-mail ?	
Avez-vous le réflexe de demander le contact après avoir rencontré la personne physiquement ?	
Après un contact virtuel, avez-vous organisé un rendez-vous réel (en face à face ou par téléphone) ?	

✓ Comment alimentez-vous votre réseau virtuel ?

Renseignez la colonne de droite.

	VOTRE RÉPONSE
Validez-vous des demandes issues des suggestions des réseaux sociaux (pour LinkedIn « Les connaissez-vous ? » ou pour Viadeo « Contacts potentiels ») ?	
Utilisez-vous les filtres de recherche pour capter de nouveaux contacts ?	
Demandez-vous le contact d'une personne qui a visité votre profil ?	
Rédigez-vous un message personnalisé pour effectuer votre demande de contact, en précisant vos intentions ?	
Savez-vous comment vous connecter (gratuitement) à un contact de niveau 2 ou 3 ?	
Prenez-vous l'initiative de discuter avec ces nouveaux contacts ?	

✓ Quelle est votre expérience de Facebook et Twitter ?

Donnez vos réponses dans les colonnes de droite.

	FACEBOOK	TWITTER
Vous avez deja un compte Facebook/Twitter		
Comment êtes-vous identifié : • prénom et nom ? • pseudonyme ?		
Connaissez-vous personnellement tous vos amis ou contacts ?		
Postez-vous des photos ou événements personnels, qui mettent aussi en avant votre famille ?		
Avez-vous fermé l'accès à votre profil au grand public ?		
Avez-vous été contacté professionnellement *via* ces réseaux ?		
Un contact professionnel a-t-il abouti à un entretien téléphonique ou en face à face ?		
Suivez-vous des pages ou groupes d'entreprises, de partis politiques, d'associations, de vos écoles, etc. ? Si oui, lesquels ?		
Avez-vous utilisé la plateforme professionnellement (contact avec un expert, vente ou achat de prestations, etc.) ?		

Avez-vous déjà utilisé la plateforme dans votre recherche d'emploi ?		
Avez-vous « nettoyé » votre compte avant de l'utiliser pour votre recherche d'emploi (retirer des photos, des propos) ?		
Avez-vous créé des listes d'amis/de contacts par affinité ou intérêt ?		
Suivez-vous les pages des sites d'emploi, de cabinets de recrutement ou d'agences d'intérim ?		
Validez-vous les suggestions de pages ou d'amis que ces réseaux vous proposent ?		
Vous n'avez pas de compte Facebook/Twitter		
Connaissez-vous une personne proche (famille, ami, collègue, etc.) qui possède un compte ?		
Connaissez-vous une personne proche (famille, ami, collègue, etc.) qui a trouvé un emploi (ou décroché des entretiens) ou des clients grâce à son compte ?		
Pensez-vous que Facebook est plutôt dédié à des jeunes pour rester en contact avec leurs amis ou suivre des influenceurs ?		
Pensez-vous que Twitter est dédié à l'actualité et à l'activité de personnalités ?		

VOS RÉPONSES, NOS CONSEILS

Choisir entre LinkedIn et Viadeo est avant tout une décision personnelle, basée sur le temps que vous avez à y consacrer, vos attentes, vos préférences et votre budget. Rien ne vous empêche d'essayer le premier mois gratuit sur LinkedIn pour vous faire une idée et déterminer quelle est la meilleure utilisation possible.

Cependant, comme vous le découvrirez, ces réseaux sociaux vous permettront d'être déjà très visible même gratuitement.

Mieux vaut être sur une seule plateforme avec un profil complet et être actif en termes de veille et dans les groupes de discussion, que d'être sur les deux en ayant un compte dormant qui contient des informations erronées ou vétustes.

Votre objectif est d'avoir un profil optimisé et efficace, de développer votre réseau, d'être proactif et patient.

POINTS CLÉS D'UN PROFIL

- Photo : Afficher une photo de votre visage souriant, en couleur ou noir et blanc, en tenue professionnelle sobre (chemise avec ou sans cravate pour les hommes, chemisier ou veste pour les femmes) et avec un décor neutre (pas de photos festives).

  → Objectif : Faire bonne impression

- URL[7] /Badge : À intégrer dans votre signature d'e-mail, blog ou CV en ligne.

  → Objectif : Susciter la curiosité de votre profil, cela augmentera son référencement

- Résumé : Préciser votre situation actuelle (candidat ou offreur de services). Il doit être clair. Un visiteur de votre profil doit cerner rapidement ce que vous savez faire.

  → Objectif : Valoriser votre parcours ou offre de service

- Mots-clés : Ajouter des mots-clés aux différentes sections de votre profil, par exemple dans le résumé, dans le titre, dans vos expériences professionnelles. Employer les bons termes métier de votre domaine d'activité.

  → Objectif : Être trouvé par les personnes qui recherchent des profils comme le vôtre

- URL : Pour partager l'URL de votre profil sous votre signature d'e-mail ou dans un blog (ou site personnel), il faut qu'elle soit optimisée. Si vous ne la personnalisez pas, vous aurez une URL générique avec une série de chiffres et de lettres. C'est illisible et non reconnaissable. Nous vous conseillons donc de créer votre propre URL, qui reflète votre identité, et d'y rajouter un mot-clé (par exemple www.linkedin.com/in/frederic-durant-webmaster).

  → Objectif : Améliorer le référencement de votre profil

- Savoir-être : Rester courtois. Ces plateformes sont des réseaux sociaux et professionnels. Au travers de vos écrits (profil, articles, expertises), on devine votre savoir-vivre.

  → Objectif : Se faire repérer au-delà de votre savoir-faire

7 Uniform resource locator (adresse web pour identifier une ressource Internet).

Booster vos performances

Pour tirer profit du potentiel de visibilité professionnelle qu'offrent LinkedIn et Viadeo, il est essentiel de bâtir son réseau, niveau par niveau. Vos contacts directs (premier niveau) sont les mieux placés pour vous ouvrir les portes des deuxième et troisième niveaux, pour vous introduire ou vous recommander à leur propre réseau et ainsi vous donner accès aux connaissances de leurs connaissances.

Avec l'acquisition de Pulse (application d'actualité), Slideshare (partage de diaporamas en ligne) et Lynda (formation et tutoriels en ligne), LinkedIn s'est positionné dans le partage d'informations et de connaissances pour les entreprises.

EXERCICE 1 : **BOOSTER VOTRE RÉSEAU**

✓ **Faites le bilan : comment faites-vous aujourd'hui pour élargir vos contacts sur les réseaux sociaux ?**

....

Le réseautage (ou networking) consiste à rechercher de nouveaux contacts afin de construire des relations à long terme. Ce concept repose sur une sollicitation réciproque et sur une éventuelle entraide entre deux ou plusieurs personnes. Multiplier les contacts professionnels est ainsi le moyen d'accéder à des opportunités professionnelles.

Le réseautage rend alors possible l'échange d'informations, facilite la communication, les négociations et les ventes, et contribue ainsi à renforcer vos affaires.

✓ **Interagissez avec vos contacts.**

Avoir un réseau professionnel large et qualifié est la meilleure manière de trouver un emploi ou un client. Votre profil, gagnant ainsi en visibilité, augmente vos chances d'être contacté par des employeurs ou prescripteurs. S'ils font partie de votre réseau, ce sera plus facile de répondre à leur offre. Connectez-vous avec le plus grand nombre possible de personnes dans ces réseaux.

Invitez les recruteurs ou décideurs que vous rencontrez à faire partie de votre réseau. Pour cela, prenez le temps de leur composer un message personnalisé en précisant la raison pour laquelle vous vous adressez à eux.

Invitez aussi les personnes qui travaillent – ou qui ont travaillé – dans les entreprises qui vous intéressent. Montrez votre intérêt pour l'entreprise et demandez-leur si elles seraient prêtes à vous fournir des informations sur l'entreprise, à partager leurs conseils et comprendre leurs besoins.

Chaque membre de votre réseau vous ouvre – en principe – les portes de son réseau.

Demandez à vos contacts directs de vous introduire auprès des personnes que vous souhaitez aborder. Ou, si vous ne souhaitez pas leur demander d'introduction, sachez que LinkedIn vous offre la possibilité de contacter directement des personnes extérieures à votre réseau par le biais des inMails.

Quelle est la différence entre une introduction et un inMail ?

Les introductions sont gratuites pour tous les utilisateurs. Il vous suffit de demander à une de vos relations de vous présenter.

En revanche, les inMails sont des messages privés (payants après un certain nombre de gratuits) qui vous permettent de contacter ou d'être contacté directement par n'importe quel membre de LinkedIn, tout en protégeant la confidentialité des informations du destinataire.

LinkedIn affirme qu'un inMail a 30 fois plus de chances d'attirer une réponse qu'un démarchage spontané (cold call).

Il existe encore une autre manière d'atteindre une personne en dehors de votre réseau : adhérer à un groupe dont elle fait partie. Vous pourrez alors lui envoyer une demande de contact en précisant que vous faites partie du même groupe d'intérêt.

✓ Importez votre carnet d'adresses.

Lorsque vous importez votre carnet d'adresses, LinkedIn et Viadeo téléchargent les coordonnées complètes de vos contacts sur leurs serveurs. Ils utilisent ces informations pour vous suggérer des relations susceptibles de vous intéresser et pour vous aider à parcourir, rechercher et organiser vos contacts sur ces réseaux.

✓ Mentionnez des contacts.

LinkedIn offre la possibilité d'ajouter des tags et de mentionner d'autres utilisateurs ou entreprises dans vos nouvelles LinkedIn - tout comme vous pouvez le faire sur Twitter ou Facebook. Pour mentionner un utilisateur ou une entreprise, il vous suffit d'utiliser le symbole @, immédiatement suivi de son nom. Cette personne ou entreprise sera ainsi informée que vous l'avez mentionnée et, dans votre nouvelle, son nom offrira un lien direct vers son profil ou sa page.

En partageant des contenus et en mentionnant leurs auteurs dans vos nouvelles LinkedIn, ces personnes seront notifiées, reconnaissantes, et bien plus susceptibles de vous rendre ce même service lorsque vous partagerez votre propre contenu dans le futur. Cela renforcera également votre rôle comme membre important de leur réseau professionnel.

✓ Utilisez la recherche booléenne sur LinkedIn.

Vous pouvez effectuer une recherche avancée dans le champ des mots-clés (à gauche sur la page d'accueil où se trouve la loupe « Recherche »).
Utilisez les signes ou mots suivants :

- guillemets pour une expression exacte : « directeur commercial » et directeur commercial ne donneront pas les mêmes résultats. Dans le premier cas, la recherche donnera une liste exclusive de directeurs commerciaux en poste alors que, dans le second cas, elle fournira une liste plus large et non pertinente (par exemple un directeur commercial d'une agence de communication ou un DRH qui a fait un stage commercial quand il était étudiant). Dans le premier cas, LinkedIn cherche les profils qui contiennent l'expression « directeur commercial ». Dans le second cas, LinkedIn recherche les profils qui contiennent directeur Et commercial, mais pas nécessairement associés ;
- NOT : permet d'exclure un terme. Exemple donné par LinkedIn : programmeur NOT manager ;
- OR : permet de rechercher les profils qui utilisent un terme ou un autre. Exemple : directeur OR manager ;
- AND : permet de rechercher des profils qui contiennent plusieurs termes. Exemple : ventes AND luxe. Notez qu'il faut toujours utiliser en lettres majuscules NOT, OR ou AND (et non pas NON, OU ou ET) ;
- recherche avec parenthèses : pour effectuer une recherche complexe, vous pouvez associer les termes en utilisant des parenthèses. Par exemple, pour rechercher le profil des personnes qui contient le terme « vice-président », mais auquel vous voulez exclure le terme « vice-président adjoint » ou « vice-président senior », tapez vice-président NOT (adjoint OR senior).

✓ Repérez les groupes de discussion et pages Entreprises.

Publiées sur la page d'accueil de votre compte LinkedIn et Viadeo, les nouvelles de votre fil d'actualités correspondent essentiellement à des informations issues des groupes de discussion et pages Entreprises que vous suivez, des articles rédigés et/ou partagés par des contacts (de votre premier niveau ou de deuxième niveau repartagés par un contact de premier niveau).

Sur LinkedIn, vous pouvez les classer « Par pertinence » ou « Chronologie » pour les filtrer selon vos préférences.

Les groupes sont des espaces de discussion, privés ou publics, autour d'un sujet ou d'une thématique. Ils sont constitués généralement d'experts dans les domaines concernés, mais aussi de toutes les personnes qui ont un attrait pour le sujet.

L'objectif de ces groupes étant l'échange et l'interactivité, nous vous conseillons de suivre (c'est-à-dire adhérer) les pages suivantes :

- groupe de discussion Emploi (généraliste ou spécialisé par métier) : les entreprises publient et mettent à disposition leurs offres en cours sur les groupes auxquels elles participent. En ciblant des membres actifs du réseau, elles ont davantage de chances de voir leurs offres relayées et donc de trouver le meilleur candidat. Ces groupes sont également créés ou animés par des cabinets de recrutement ou des agences d'intérim ;

- groupe de discussion Actualités/Expertise : il existe des groupes d'échanges sur des domaines métiers précis où le partage de veille est commun. Vous pourrez alors bénéficier d'informations essentielles sur votre secteur, les innovations ou tout simplement les évolutions dans les sociétés leaders ou représentatives du domaine. Ces groupes permettent également de repérer très vite les personnes influentes dans un domaine et même dans une entreprise. N'hésitez pas à les suivre, leurs informations sont souvent très pertinentes et très utiles pour la recherche d'un emploi ou de clients ;
- page Entreprises : beaucoup d'entreprises sont de plus en plus présentes et investies sur les réseaux sociaux pour leur visibilité et leur image de marque. Cela leur permet également de poster des offres d'emploi (pour capter des candidats motivés par leur secteur et/ou produits) ou des appels d'offres (pour trouver de nouveaux fournisseurs). En suivant les entreprises qui vous intéressent sur les réseaux sociaux, vous allez récupérer directement dans vos fils d'actualités les dernières informations sur le domaine d'activité de l'entreprise. En complément du site de l'entreprise ou de la presse spécialisée, beaucoup d'informations transitent désormais sur les différentes pages des réseaux sociaux. Vous pouvez également mettre des alertes Google sur les entreprises ou secteurs qui vous intéressent.

✓ Développez une participation utile.

Votre présence dans ces groupes permet à votre profil d'être :

- vu par de nombreuses personnes, même en dehors de vos contacts ;
- mieux référencé lors des recherches des recruteurs ou prescripteurs ;
- accessible au marché caché de l'emploi ou appels d'offres.

Vous pouvez envoyer un message à une personne sans être un contact de premier niveau, si vous faites partie d'un même groupe. De plus, les membres de chaque groupe peuvent consulter les profils des autres membres sans faire partie de leurs contacts.

Une fois que vous avez un contact établi avec une personne par rapport à une entreprise ou même directement par rapport à un poste à pourvoir, connectez-vous à cette personne ou passez par des messages privés pour créer le lien.

Efforcez-vous de vous impliquer dans les nouvelles intéressantes en cliquant sur « J'aime », en les commentant ou en les partageant. Grâce à ces actions très simples, votre réseau connaîtra mieux votre nom et sera plus susceptible de partager votre propre contenu dans le futur. De cette façon, vous montrerez aussi que vous êtes un contact de valeur.

Qu'il s'agisse d'une vidéo qui vous a plu ou d'un article qui traite de votre domaine d'expertise sur lequel vous avez un avis, n'hésitez pas à vous exprimer.

Mieux, produisez votre propre contenu sur un blog ou un site personnel et servez-vous de votre profil pour diffuser vos créations. Vous connecterez ainsi votre blog à votre profil, ce qui permettra d'en apprendre davantage sur vous.

Publiez des articles trois ou quatre fois par trimestre sur des thèmes pointus et faites ainsi connaître votre expertise.

C'est une excellente façon de générer du trafic, de vous rendre plus visible et, à terme, de vous positionner comme expert.

EXERCICE 2 : **ALIMENTER LES RÉSEAUX SOCIAUX**

✓ Répondez aux questions.

Sur quels réseaux êtes-vous présent ?

....

....

....

À quelle périodicité enrichissez-vous votre profil (contenu, partage, contacts, etc.) ?

....

....

....

Vos publications doivent toujours être en lien avec votre domaine d'activité (métier, secteurs, entreprises). Si elles sont accompagnées d'une photo ou vidéo, elles seront davantage partagées et plus souvent « likées » par vos contacts.

✓ Accédez aux informations de votre secteur d'activité ou filière métier.

Internet est très utile pour obtenir des informations sur les secteurs d'activité, sur les entreprises ou sur votre métier, pour comprendre les évolutions et nouveautés d'un secteur donné.

Afin de parfaire votre connaissance des points sur lesquels vous souhaitez communiquer à partir de votre profil, vous pouvez utiliser :

- des sites spécialisés par secteur (fédération, ordres, associations professionnelles) ;
- de nombreuses informations statistiques sur les sites institutionnels (CCI, ministères, etc.) ;

- des lettres d'actualité (newsletters) qui présentent de façon synthétique des rapports, publications, sites, dossiers en ligne ;
- des dossiers thématiques issus de cabinets d'experts ;
- les programmes d'événements ou de colloques de votre domaine ;
- des articles de fond qui donnent une analyse concrète sur un sujet donné ;
- les notifications de groupes de discussion des réseaux sociaux.

Vous les trouverez en tapant sur votre moteur de recherche les mots-clés en adéquation avec votre objectif de communication et de visibilité.

✓ Choisissez les outils pertinents de captation.

Lorsque vous aurez décidé de la liste de sites que vous souhaitez utiliser, vous pourrez apprendre à maîtriser l'un des outils suivants pour gagner du temps :

- www.fr.alerti.com : vous pouvez créer des alertes sur votre secteur d'activité, surveiller tous types de sources (blogs, actualités, forums, réseaux sociaux, sites de partages d'images, de vidéos) et collecter également l'information via une interface unique ;
- www.feedly.com : cet outil va vous permettre de suivre les flux RSS de tous vos sites d'informations préférés dans un seul et même endroit, très utile pour suivre les dernières actualités de votre secteur ;
- www.scoop.it : très simple et efficace pour faire de la curation de contenu, Scoop.it vous permet de partager les informations que vous trouvez en un clic, sur tous vos réseaux sociaux ;
- www.buzzsumo.com : vous pourrez trouver des influenceurs sur les réseaux sociaux ou les sites Internet contenant des articles particulièrement partagés sur une thématique précise.

Automatiser des publications sur les réseaux implique un peu d'investissement de temps pour se doter d'un outil sérieux, le paramétrer correctement et l'utiliser afin de vous positionner régulièrement comme expert dans votre domaine et vous rendre visible.

✓ Décidez des actions à réaliser.

Vous pouvez :

- sélectionner et rediffuser les contenus réalisés par d'autres (blogs, journaux, revues...) ;
- ajouter un texte contenant votre avis personnel, la description du contenu partagé (idées principales, les points à retenir, relancer le débat par des questions, etc.) ;
- contacter un membre d'un groupe même s'il n'appartient pas à vos contacts en réagissant à un article partagé ;

- vous inscrire au même groupe de discussion ou page Entreprises de profils similaires au vôtre ou d'experts reconnus ;
- et organiser la planification de votre communication.

✓ Définissez votre fréquence de publication.

Nous vous conseillons de miser sur la qualité plutôt que sur la quantité, c'est-à-dire décider sur quel réseau social vous allez écrire/partager de l'information selon l'actualité en général et du secteur suivi en particulier :

- LinkedIn : ...... fois/jour ou...... fois/semaine ou......... fois/mois
- Viadeo : ...... fois/jour ou...... fois/semaine ou......... fois/mois
- Facebook : ...... fois/jour ou...... fois/semaine ou......... fois/mois
- Twitter : ...... fois/jour ou...... fois/semaine ou......... fois/mois
- Autres ....

✓ Découvrez quelques outils de diffusion.

En version française, les principaux outils utiles et faciles à paramétrer pour programmer ses publications et les diffuser sur les réseaux sociaux sont :

- www.hootsuite.com : Hootsuite est l'une des références principales des outils de gestion des réseaux sociaux. Vous pourrez préparer vos publications très à l'avance et gérer les messages et commentaires des personnes qui discutent avec vous. Il existe une version gratuite pour débuter ;
- www.bufferapp.com : Buffer ne vous permet que de partager vos publications (et de les planifier) à un tarif très raisonnable. Notez que Buffer a également sorti un outil de création d'images (Pablo) et de relation client sur Twitter (Respond by Buffer) ;
- www.sociallymap.com : Sociallymap vous permet d'automatiser les publications sur vos réseaux sociaux ;
- www.tweetdeck.twitter.com : Tweetdeck, outil gratuit de gestion de vos profils sur Twitter, vous permet d'organiser votre veille, gérer vos tweets et toute autre activité sur vos profils (abonnés, mentions, retweet, messages privés, etc.) ;
- www.agorapulse.com/fr : outils de gestion de profils (publications, gestions des commentaires, etc.), AgoraPulse permet d'ajouter des comptes LinkedIn, Facebook, Twitter Instagram et Google+.

EXERCICE 3 : UTILISER FACEBOOK ET TWITTER

✓ Répondez aux questions.

En tant qu'entrepreneur, listez vos concurrents ou les acteurs principaux de votre marché présents sur ces deux réseaux sociaux.

....

....

....

Décrivez ce qu'ils communiquent (contenu, visuel) et à quelle périodicité.

....

....

....

Afin d'optimiser une visibilité pertinente sur Facebook et Twitter, nous vous conseillons de :

- créer un nom ou pseudo réaliste, facilement identifiable ;
- insérer une photo professionnelle ;
- rédiger une présentation de votre profil pour indiquer clairement votre objectif professionnel, en indiquant un contact (par exemple adresse e-mail) ;
- insérer le lien de votre profil sur d'autres réseaux sociaux (LinkedIn, Viadeo) ;
- consacrer une majeure de vos messages au secteur que vous visez ;
- vous abonner à plusieurs comptes influents : le nombre et la qualité des personnes suivies manifestent l'intérêt que vous portez à votre domaine professionnel ou d'expertise ;
- entretenir le dialogue : l'historique des échanges montre que vous êtes « reconnu » par les personnes que vous suivez... C'est un indicateur de « recommandation sociale et professionnelle » ;
- développer votre réseau ;
- cibler des mots-clés pour remonter lors des recherches et vous permettre de trouver de nouveaux contacts influents.

Certaines autres plateformes personnelles et professionnelles utilisent une méthode de visibilité différente, adaptée en termes de cibles : type de contenu, offre sur mesure, style, ton, fréquence de publication, contacts, etc.

Elles sont devenues le moyen de communication et d'information le plus instantané, rythmé en général par l'actualité et concernant les sujets d'intérêt particulier.

EXERCICE 4 : SOIGNER VOTRE E-RÉPUTATION

✓ Si vous tapez votre nom et prénom (et fonction), que lit-on sur les deux premières pages de Google ?

....

....

....

Quel que soit le réseau social sur lequel vous allez être actif, nous vous préconisons de n'indiquer que votre prénom, nom, localisation professionnelle, fonction, adresse e-mail, téléphone portable afin d'éviter toute usurpation d'identité (pas de date de naissance, numéro de Sécurité sociale, etc.).
Faites régulièrement une recherche sur votre propre nom (même accompagnée d'adjectifs désagréables). Analysez les résultats obtenus sur les deux premières pages (peu de gens consultent les pages suivantes).

✓ Surveillez votre réputation.

Vérifiez qu'aucune information négative ne circule à votre sujet. Si c'est le cas, contactez les sites Internet en question pour dénoncer la malveillance : vous devez expliquer pourquoi la publication de ce contenu nuit à votre réputation et votre vie privée. Le responsable du site dispose de deux mois pour vous répondre. En cas de non-réponse ou de réponse insatisfaisante, vous pouvez adresser une plainte à la CNIL (Commission nationale de l'informatique et des libertés).

Google a également mis en place un formulaire de droit à l'oubli. Vous pouvez demander ainsi de supprimer les résultats de recherche mentionnant votre nom ou vos données personnelles, sous certaines conditions.

Cette recherche doit porter aussi bien sur des textes que sur des images ou vidéos :

- ne pas hésiter à regarder les sections « Images », « Vidéo » ou « Actualités » de Google, et faites-le dans chaque réseau social ;
- créer une alerte dans Google ;
- créer une alerte dans Tweetbeep pour être informé d'un tweet publié sur vous ;
- utiliser Webmii ou Mention.net qui permet de faire une veille à la fois sur Google, Bing, Facebook et Twitter.

Sur LinkedIn, vous pouvez mesurer et suivre un indice de visibilité : le social selling index (SSI) mesure votre efficacité à imposer votre « marque professionnelle », à trouver les bonnes personnes, à communiquer avec les bonnes informations et à construire des relations. Il est mis à jour quotidiennement.

Il est intéressant de voir où vous en êtes aujourd'hui et de mettre en place tous les conseils fournis dans ce manuel pour voir les résultats obtenus : www.linkedin.com/sales/ssi

Il vous donne une image par rapport aux actions que vous faites sur LinkedIn. Cet indice d'activité est confidentiel, cependant vous pouvez le partager avec vos contacts.

✓ Préservez votre personal branding.

Le personal branding vous donne la possibilité de communiquer positivement sur votre parcours et vos compétences. Choisissez vos publications en fonction du site que vous utilisez.

Un profil sur les réseaux sociaux doit « vivre » professionnellement. Vous devez :

- assurer toujours une cohérence entre vos différents profils ;
- l'optimiser régulièrement : compléter par des mots-clés, remplir des parties non utilisées auparavant (bénévolat, prix, publications, etc.) ;
- le compléter sans fautes d'orthographe ;
- partager et interagir avec vos contacts de manière pertinente ;
- proposer du contenu dans les groupes de discussion et être prêt à interagir : Google référence en priorité des sites qui sont actualisés régulièrement et les sites qui ont les mots-clés (par exemple votre nom et votre prénom) ;
- diffuser sur les réseaux sociaux les articles dans lesquels vous êtes nommé.

Votre présence en ligne est forcément révélatrice de votre personnalité : comment vous vous exprimez, vous démontrez votre expertise, vous aidez les internautes, vous montrez des qualités de rigueur et de régularité, etc.

Toujours plus loin

En résumé, une visibilité optimale sur les réseaux sociaux passe par :

- veiller à la cohérence de votre profil et de votre CV/votre site (ou blog) ;
- sélectionner sa réponse à chaque demande de contacts : recherchez des contacts ciblés ;
- publier et/ou commenter des articles dans les groupes de discussion pour augmenter votre visibilité et capter les offres d'emploi du marché caché ou appels d'offres ;
- être présent régulièrement et entretenir ses contacts ;
- utiliser les réseaux pour rencontrer physiquement vos interlocuteurs ;
- être mieux référencé sur les moteurs de recherche (Google par exemple).

Cette démarche de communication a pour objectif de vous identifier comme une personne cherchant à se positionner en tant que professionnel, auprès de vos contacts cibles.

Lorsque vous communiquez sur les réseaux sociaux, il est, de plus, judicieux d'ajouter des tags au contenu publié. Un outil complémentaire (www.hashtagify.me/popular/fr) va vous permettre de trouver les meilleurs hashtags pour amplifier la portée de vos messages sur les réseaux sociaux.

En publiant régulièrement de nouveaux contenus incluant des mots-clés susceptibles de correspondre aux requêtes, vous toucherez des professionnels qui viendront valider votre expertise et mentionner votre nom dans leurs propos.

Nous rappelons également que cette identité numérique ne remplacera pas l'intuition du recruteur ou prescripteur pendant l'entretien au cours duquel il vous appartiendra d'apporter la preuve de vos savoir-faire et savoir-être.

Développer votre réseau vous permettra assurément de ne pas passer entre les mailles du filet des recruteurs. Ce sera aussi le meilleur moyen d'assurer le succès de votre entreprise si vous décidez de franchir le pas et de vous mettre à votre compte.

« Le futur appartient à ceux qui croient à la beauté de leurs rêves »

Eleanor Roosevelt

Se mettre à son compte

Pascal ARNAUD

PARTIE IV

Depuis un certain temps, l'idée de vous mettre à votre compte, de « monter votre boîte », vous trotte dans la tête. Vous avez décidé de le faire, c'est parfait ! Comment procéder ? Par où commencer ? La tâche vous semble vaste, mais ce n'est pas si compliqué que ça. Vous devez prendre les étapes les unes après les autres, simplement, et suivre ce chemin pour arriver à passer de l'envie à la réalité.

Chacun des chapitres sera présenté en trois parties : quelques tests d'abord pour dégrossir le sujet de l'étape considérée (« Test »), quelques exercices pour approfondir les notions essentielles de ce chapitre (« Booster vos performances ») et un bilan pour synthétiser l'avancée de votre projet (« Toujours plus loin »).

Connaître son environnement

Votre projet va prendre corps dans un environnement et sous votre responsabilité. Il n'est pas une pure idée, il va exister et se développer dans un contexte déterminé. Dans ce sens, vous allez maintenant explorer ses forces et ses faiblesses ainsi que les opportunités et menaces qu'il pourra rencontrer.

Les tests

Le point de vue que vous allez prendre ici est celui du projet que vous portez. Par exemple : *la création d'une librairie mobile dans les Hautes-Alpes.*

QUELS SONT LES POINTS FORTS D'ORIGINE INTERNE DE VOTRE PROJET ?

Ce qui importe ici, c'est bien l'origine interne des points forts que vous allez identifier. Par exemple, le fait d'avoir une formation de libraire est un point fort du projet d'implantation d'une librairie mobile.

✓ Listez les 7 principaux points forts d'origine interne de votre projet.

1. ....
2. ....
3. ....
4. ....
5. ....
6. ....
7. ....

QUELS SONT LES POINTS FAIBLES D'ORIGINE INTERNE DE VOTRE PROJET ?

Ce qui importe ici, c'est aussi l'origine interne des points faibles que vous allez identifier. Par exemple, le fait de ne pas avoir un permis poids lourd peut constituer une faiblesse du projet d'implantation d'une librairie mobile.

✓ Listez les 7 principaux points faibles d'origine interne de votre projet.

1. ....
2. ....
3. ....
4. ....
5. ....
6. ....
7. ....

QUELLES SONT LES OPPORTUNITÉS D'ORIGINE EXTERNE DE VOTRE PROJET ?

Maintenant, vous allez examiner les opportunités qui peuvent apparaître dans l'environnement de votre projet. Par exemple, l'éloignement des lecteurs des points de vente traditionnels de livres peut constituer une opportunité pour le projet d'implantation d'une librairie mobile.

✓ Listez les 7 principales opportunités d'origine externe de votre projet.

1. ....
2. ....
3. ....
4. ....
5. ....
6. ....
7. ....

QUELLES SONT LES MENACES D'ORIGINE EXTERNE PESANT SUR VOTRE PROJET ?

Enfin, vous allez examiner les menaces qui peuvent peser sur votre projet. Par exemple, les sites de vente de livres par Internet peuvent constituer une menace pour le projet d'implantation d'une librairie mobile.

✓ Listez les 7 principales menaces d'origine externe de votre projet.

1. ....

2. ....

3. ....

4. ....

5. ....

6. ....

7. ....

VOS RÉPONSES, NOS CONSEILS

Ces quatre groupes de faits constituent la base de l'analyse de votre projet. Vous allez, dans la section suivante, pouvoir approfondir cette analyse. La clé essentielle sera de trouver comment exploiter au mieux ce qui peut soutenir votre projet (forces et opportunités) tout en se protégeant au mieux de ce qui peut le freiner (faiblesses et menaces).

Booster vos performances

SOURCE PROFESSIONNELLE

L'analyse FFOM, parfois dite « analyse de cadrage », est un instrument largement utilisé qui repère les forces, les faiblesses, les opportunités et les menaces (FFOM) en rapport avec une situation, un scénario ou un projet. Alors que l'analyse des forces et des faiblesses seules tend à se concentrer sur les problèmes et l'expérience passée internes, celle des opportunités et des menaces est axée sur l'extérieur et l'avenir.

EXERCICE 1 : HIÉRARCHISER SES FORCES, FAIBLESSES, OPPORTUNITÉS ET MENACES

✓ Reprenez les 28 points que vous avez identifiés dans les tests précédents et classez-les par ordre d'importance décroissante (dans chaque catégorie).

	ANALYSE ORDONNÉE DE MON PROJET	
Origine interne	Forces	Faiblesses
	1.	1.
	2.	2.
	3.	3.
	4.	4.
	5.	5.
	6.	6.
	7.	7.
Origine externe	Opportunités	Menaces
	1.	1.
	2.	2.
	3.	3.
	4.	4.
	5.	5.
	6.	6.
	7.	7.

Cette façon d'ordonner ces quatre familles vous donne une vue plus précise des points clés sur lesquels vous devez absolument concentrer votre attention.

EXERCICE 2 : ENVISAGER DES SOLUTIONS AUX FAIBLESSES ET MENACES

Les faiblesses et menaces identifiées peuvent avoir des conséquences négatives sur le développement de votre projet. Il vous faut donc trouver des solutions pour en amoindrir les effets. Par exemple, s'il est nécessaire pour l'implantation d'une librairie mobile d'avoir un permis poids lourd et que vous ne l'avez pas, passez-le. Ou alors, si vous craignez que le commerce des livres par Internet soit une menace importante, développez des services annexes que seule votre librairie mobile peut offrir.

✓ **Envisagez les solutions possibles aux faiblesses d'origine interne que vous avez identifiées.**

FAIBLESSES IDENTIFIÉES	SOLUTIONS ENVISAGÉES (EN QUELQUES MOTS)	TYPES DE SOLUTION		
		FORMATION	COLLABORATION	FINANCEMENT
1.		☐	☐	☐
2.		☐	☐	☐
3.		☐	☐	☐
4.		☐	☐	☐
5.		☐	☐	☐
6.		☐	☐	☐
7.		☐	☐	☐

Sans être un plan d'action, cette approche en donne déjà une ébauche. Les types de solution sont à comprendre comme ceci :

- **formation** : il s'agit de mieux vous former sur tel ou tel point ;
- **collaboration** : il s'agit de la recherche de personnes pouvant pallier la faiblesse concernée (qu'elles soient salariées ou en free-lance) ;
- **financement** : il s'agit de trouver des financements complémentaires (bancaires ou associés).

✓ Envisagez maintenant les réponses possibles aux menaces d'origine externe que vous avez identifiées.

MENACES IDENTIFIÉES	SOLUTIONS ENVISAGÉES (EN QUELQUES MOTS)	TYPES DE SOLUTION		
		COMMUNICATION	SERVICES ANNEXES	SEGMENTATION DE L'OFFRE
1.		☐	☐	☐
2.		☐	☐	☐
3.		☐	☐	☐
4.		☐	☐	☐
5.		☐	☐	☐
6.		☐	☐	☐
7.		☐	☐	☐

Vous pouvez, par cet exercice, continuer l'ébauche de votre plan d'action. Les types de solution sont à comprendre comme ceci :

- **communication** : il s'agit de réponses reposant sur la communication que vous allez faire autour de votre projet (par exemple la proximité ou le soutien de l'économie locale pour la librairie itinérante) ;
- **services annexes** : ces réponses cherchent à amoindrir les effets de la menace concernée (par exemple, l'invitation d'auteurs ou la participation à des manifestations locales pour la librairie itinérante);
- **segmentation de l'offre** : vous pouvez aussi concentrer vos efforts sur une offre particulière où la menace concernée sera moins préoccupante (se concentrer sur les ouvrages liés aux Hautes-Alpes pour la librairie itinérante) ; nous reviendrons sur ce point dans le chapitre suivant.

EXERCICE 3 : S'APPUYER SUR SES FORCES ET PROFITER DES OPPORTUNITÉS

Dans le côté « positif » de l'approche FFOM, on retrouve les forces et les opportunités du projet. Le fait qu'elles existent est une chose, fonder son succès dessus en est une autre.

✓ **Déterminez ici comment vous allez tirer profit de vos forces d'origine interne.**

FORCES IDENTIFIÉES	PISTES DE VALORISATION (EN QUELQUES MOTS)	TYPES DE SOLUTION		
		SPÉCIALISATION	COMMUNICATION	SEGMENTATION DE L'OFFRE
1.		☐	☐	☐
2.		☐	☐	☐
3.		☐	☐	☐
4.		☐	☐	☐
5.		☐	☐	☐
6.		☐	☐	☐
7.		☐	☐	☐

Le point de vue important ici, pour votre projet, est la façon dont vous allez pouvoir valoriser vos forces auprès de vos clients. Toujours dans l'exemple de la librairie itinérante, si vous avez une grande connaissance du milieu alpin ou de la culture montagnarde, appuyez-vous dessus. Les types de solution sont à comprendre comme ceci :

- **spécialisation** : il s'agit de concentrer son offre sur un produit ou service particulier (par exemple la présentation d'un assortiment de livres intéressant essentiellement la culture alpine) ;
- **communication** : même définition que dans l'exercice 2 ;
- **segmentation de l'offre** : même définition que dans l'exercice 2.

✓ **Déterminez ici comment vous allez valoriser les opportunités identifiées.**

OPPORTUNITÉS IDENTIFIÉES	PISTES DE VALORISATION (EN QUELQUES MOTS)	TYPES DE SOLUTION		
		ADAPTATION DE L'OFFRE	SERVICES ANNEXES	ACTIVITÉ SECONDAIRE
1.		☐	☐	☐
2.		☐	☐	☐
3.		☐	☐	☐
4.		☐	☐	☐
5.		☐	☐	☐
6.		☐	☐	☐
7.		☐	☐	☐

Là, c'est l'adaptation de votre projet aux opportunités de son environnement qui est en jeu. Saisir une opportunité est, en général, une action positive pour le développement d'un projet. Par exemple, la librairie itinérante peut tenter de décrocher des marchés pour les bibliothèques locales, ou compléter son activité par un service de transport de petits colis. Les types de solution sont à comprendre comme ceci :

- **adaptation de l'offre** : il s'agit de modifier votre offre en fonction des opportunités que vous avez identifiées (il peut apparaître judicieux, dans le cas de la librairie itinérante, de proposer des articles de papeterie en plus des livres, ou de développer de façon importante le rayon « poches ») ;
- **services annexes** : même définition que dans l'exercice 2 ;
- **activité secondaire** : cette famille de réponses est proche de la diversification ; vous allez adjoindre à votre activité principale une activité annexe à même de soutenir la rentabilité globale du projet (vous pouvez, par exemple, assurer un service de point de retrait pour les petits colis).

Toujours plus loin

✓ Indiquez la priorité que vous allez accorder à chacun des points de l'analyse FFOM.

DIMENSIONS DE L'ANALYSE FFOM	PRIORITÉ DE CHAQUE POINT		
	À EXPLOITER OU CORRIGER IMMÉDIATEMENT	À EXPLOITER OU CORRIGER DANS UN SECOND TEMPS	POINTS DONT L'EXPLOITATION OU LA CORRECTION EST DIFFÉRÉE
Forces internes			
1.	☐	☐	☐
2.	☐	☐	☐
3.	☐	☐	☐
4.	☐	☐	☐
5.	☐	☐	☐
6.	☐	☐	☐
7.	☐	☐	☐
Faiblesses internes			
1.	☐	☐	☐
2.	☐	☐	☐
3.	☐	☐	☐
4.	☐	☐	☐
5.	☐	☐	☐
6.	☐	☐	☐
7.	☐	☐	☐
Opportunités externes			
1.	☐	☐	☐
2.	☐	☐	☐
3.	☐	☐	☐
4.	☐	☐	☐
5.	☐	☐	☐
6.	☐	☐	☐

DIMENSIONS DE L'ANALYSE FFOM	PRIORITÉ DE CHAQUE POINT		
	À EXPLOITER OU CORRIGER IMMÉDIATEMENT	À EXPLOITER OU CORRIGER DANS UN SECOND TEMPS	POINTS DONT L'EXPLOITATION OU LA CORRECTION EST DIFFÉRÉE
7.	☐	☐	☐
Menaces externes			
1.	☐	☐	☐
2.	☐	☐	☐
3.	☐	☐	☐
4.	☐	☐	☐
5.	☐	☐	☐
6.	☐	☐	☐
7.	☐	☐	☐

Le plan d'action issu de cette analyse est essentiel. Cependant, n'oubliez pas que vous avez fait cette analyse à un moment donné et qu'elle doit être en permanence actualisée. Vos forces et faiblesses internes vont être modifiées par votre expérience, l'environnement peut modifier les menaces et les opportunités. Pour mener à bien votre projet dans la durée, une vigilance importante est requise.

Connaître ses clients et son marché

SOURCE PROFESSIONNELLE

Un marché est constitué par l'ensemble des clients capables et désireux de procéder à un échange leur permettant de satisfaire un besoin ou un désir (site Marketing pour PME du ministère de l'Économie, de l'Industrie et du Numérique). Vous arrivez maintenant à la source d'énergie qui portera votre projet : les clients et le marché. Vous devez les connaître le mieux possible.

Les tests

Vous allez, au moyen de quelques tests, déterminer les contours de ces trois notions : besoins, clients et marché.

QUEL EST LE BESOIN DE VOS FUTURS CLIENTS AUQUEL VOTRE PROJET APPORTE UNE RÉPONSE ?

Le besoin des clients, c'est la clé de tout projet commercial ! Il peut s'agir de « pouvoir se nourrir rapidement avec des produits sains », ou bien de « se sentir important et désirable au volant de telle ou telle automobile », ou encore d'« appartenir à tel groupe social ». Les besoins de vos futurs clients sont divers et fluctuants, vous devez vous concentrer sur celui qui portera votre projet.

✓ Décrivez de façon précise le besoin de vos clients auquel vous allez répondre.

....

....

....

....

....

QUELLE EST L'IMPORTANCE DE CE BESOIN DANS LE PÉRIMÈTRE SOUHAITÉ DE VOTRE ACTION ?

Ce besoin étant identifié, il s'agit maintenant d'en estimer l'importance. Pour ce faire, vous allez utiliser toutes les sources statistiques utiles.

✓ Listez les principales sources d'information utilisables pour quantifier le besoin typique d'un de vos clients (il s'agit de rechercher la consommation moyenne qu'un de vos clients fera de vos produits ou services pour satisfaire son besoin).

Par exemple : étude de l'Insee sur la consommation des ménages.

....

....

....

....

....

....

Définissez votre zone d'action prioritaire.

☐ Marché local, précisez :

....

☐ Marché départemental, précisez :

....

☐ Marché régional, précisez :

....

☐ Marché national
☐ Marché européen ou mondial

✓ Listez les principales sources d'information utilisables pour quantifier le nombre potentiel de vos clients (études démographiques ou socio-économiques).

Par exemple : chiffres-clés du Syndicat national de la Confiserie.

....

....

....

....

....

VOS RÉPONSES, NOS CONSEILS

Ces deux tests vous ont permis d'avoir une vision plus précise des besoins de vos clients futurs et de l'importance de ces besoins. Vous pouvez maintenant dire, par exemple, qu'il y a une demande d'entretien d'espaces verts assez importante dans votre zone d'action pour pouvoir créer votre activité. Mais cette connaissance purement statistique n'est pas suffisante. Vous devez capter une part de cette demande. Pour y arriver, vous allez faire maintenant connaissance avec vos clients. Pas encore avec les vrais clients, mais avec des clients types, ceux que vous cherchez à convaincre.

Booster vos performances

Vous avez identifié un marché possible sur une zone déterminée, c'est parfait. Vous allez maintenant approfondir cette connaissance.

EXERCICE 1 : LE DÉSIR FONDAMENTAL DE SON CLIENT

Connaître le besoin de son client, c'est déjà commencer à y répondre ! Il faut cependant comprendre quel sera le désir qui poussera vos clients à satisfaire leurs besoins en acquérant les biens ou en utilisant les services que vous proposez.

✓ **En partant de la définition précise du besoin que vous avez donnée plus haut, déterminez à quel besoin générique il se raccroche.**

BESOIN GÉNÉRIQUE	DÉFINITION DE CE BESOIN GÉNÉRIQUE	BESOIN IDENTIFIÉ DE MES CLIENTS
Besoin de s'accomplir	Le besoin d'accomplissement correspond au besoin de se réaliser, d'exploiter et de mettre en valeur son potentiel personnel dans tous les domaines de la vie.	☐
Besoins d'estime	Les besoins d'estime correspondent aux besoins de considération, de réputation et de reconnaissance de ce qu'on est par les autres ou par un groupe d'appartenance.	☐

Besoins d'appartenance	Ce sont les besoins d'appartenance à un groupe qu'il soit social, relationnel ou statutaire. Le premier groupe d'appartenance d'une personne est la famille.	☐
Besoins de sécurité	Les besoins de sécurité proviennent de l'aspiration de chacun d'entre nous à être protégé physiquement et moralement.	☐
Besoins physiologiques	Les besoins physiologiques sont des besoins directement liés à la survie de l'individu. Ce sont typiquement des besoins concrets (manger, boire, se vêtir, se reproduire, dormir...).	☐

SOURCE PROFESSIONNELLE

La pyramide des besoins est une représentation de la hiérarchie des besoins, une théorie de la motivation élaborée à partir des observations réalisées dans les années 1940 par le psychologue Abraham Maslow[1].

EXERCICE 2 : LE TYPE DE CLIENT À CONVAINCRE PAR SON OFFRE

✓ Classez les cinq catégories de consommateurs par ordre de priorité dans votre future action commerciale (1 = catégorie prioritaire pour vous – 5 = catégorie que vous recherchez le moins).

CATÉGORIE DE CONSOMMATEURS	COMPORTEMENT DES CONSOMMATEURS CONCERNÉS	VOTRE ORDRE DE PRIORITÉ
Le récessionniste	Il est jeune, inactif, ou tout simplement contraint par son pouvoir d'achat. Pour lui, le critère prix est central dans son comportement de consommation.	
Le minimaliste	Il recherche avant tout la simplicité dans ses achats et cherche à faire des économies sans rogner sur la qualité des produits.	
Le négociateur	Son credo : comparer les prix en amont et trouver le moyen d'obtenir plus que l'offre « normale » en négociant les prix ou en obtenant un avantage supplémentaire.	

1 Abraham Maslow, *Devenir le meilleur de soi-même. Besoins fondamentaux, motivation et personnalité*, traduit de l'américain par Laurence Nicolaïeff, Paris, Éditions d'organisation, 2013.

Le touche-à-tout	Consommateur averti et aguerri à tous types de discours marketing, le touche-à-tout est difficile à cerner et à convaincre. Pour s'adresser à lui, mieux vaut jouer la carte de la transparence et de la personnalisation de l'offre.	
Le vigile	Véritable expert, le vigile compare systématiquement les prix sur Internet avant d'acheter, attend les soldes ou s'inscrit aux ventes privées. Pour lui, l'acte d'achat est conditionné par la notion de « bonne affaire ».	

SOURCE PROFESSIONNELLE

Cette approche est développée par Philippe Jourdan, Valérie Jourdan et Jean-Claude Pacitto dans *Le Marketing de la grenouille*[2]. Il existe d'autres études de comportement des consommateurs, si celle-ci ne correspond pas à votre projet, vous pourrez probablement en trouver une plus adaptée.

En fonction du comportement principal des clients que vous souhaitez toucher (votre segment de marché), vous allez pouvoir mettre en œuvre un certain nombre de réponses (la liste proposée ici n'est qu'indicative et peut être complétée à loisir).

✓ Pour convaincre le récessionniste

- L'aider à gérer son budget sans se priver.
- Réduire la taille de vos conditionnements.
- Investir dans les campagnes publicitaires.
- Utiliser abondamment les promotions et les remises immédiates.
- Vous engager dans une guerre des prix avec vos concurrents pour afficher le prix le plus bas.

✓ Pour convaincre le minimaliste

- Avoir une approche marketing du type « moins, c'est plus ».
- Rechercher le plus de simplicité possible dans les produits et conditionnements.
- Avoir une communication différente de celle de vos concurrents sur les prix bas.
- Adopter des prix ronds.
- Réduire les coûts de logistique.

✓ Pour convaincre le négociateur

- Former son personnel à la négociation.
- Lancer un comparateur de prix en ligne.

2 Philippe Jourdan, Valérie Jourdan, Jean-Claude Pacitto, *Le marketing de la grenouille*, éditions Kawa, 2015.

- Mettre en valeur l'offre globale.
- Privilégier et faciliter les négociations directes.
- Apporter des éléments de comparaison.

✓ Pour convaincre le touche-à-tout

- Faciliter la comparaison et jouer la transparence.
- Flatter l'ego de votre client par une démarche de cocréation.
- Entretenir une présence constante sans se montrer intrusif.
- Analyser les tickets de caisse pour collecter des informations.
- Réduire les intermédiaires grâce à Internet.

✓ Pour convaincre le vigile

- Avoir un discours dissuadant de reporter ses achats.
- Proposer une tarification en temps réel.
- Intégrer un magasin à la fois virtuel et physique (du type drive).
- Proposer à vos clients de vivre une expérience en testant les produits en situation.
- Sélectionner des produits uniques et les commercialiser sur de courtes périodes.

EXERCICE 3 : LES PRINCIPAUX CONCURRENTS

Sur la zone de chalandise que vous avez déterminée plus haut, il y a probablement des acteurs économiques qui apportent déjà une réponse aux besoins de vos futurs clients ; vous devez donc les connaître.

✓ Établissez la liste de vos 5 principaux concurrents, sur votre zone de chalandise, de leur importance relative et de leur image de marque.

NOM DU CONCURRENT	PART DE MARCHÉ RELATIVE				IMAGE FONDÉE SUR…	
	Très importante	Importante	Réduite	Outsider	… la qualité	… le prix
1.	☐	☐	☐	☐	☐	☐
2.	☐	☐	☐	☐	☐	☐
3.	☐	☐	☐	☐	☐	☐
4.	☐	☐	☐	☐	☐	☐
5.	☐	☐	☐	☐	☐	☐

EXERCICE 4 : SE DIFFÉRENCIER DE SES CONCURRENTS

✓ Pour vous faire une place dans ce groupe, vous allez devoir choisir votre « adversaire » principal (on ne peut pas se battre contre tous à la fois) et votre stratégie.

VOTRE « ADVERSAIRE » PRINCIPAL SERA :	
Pour le contrer, vous allez (2 choix maximum) :	
Offrir un meilleur service ou plus d'options	☐
Proposer des prix meilleur marché	☐
Être plus réactif	☐
Vous adresser en priorité à une partie du marché délaissée par votre « adversaire »	☐
Concentrer votre communication sur l'image différente de vos produits ou services	☐
Autre positionnement :	☐

Toujours plus loin

Vous pouvez maintenant faire le bilan de ce chapitre sous la forme de la création d'un *persona*. Il s'agit d'une personne fictive qui représente votre groupe cible prioritaire. Lors de la construction de ce *persona*, cette personne fictive se voit assigner une série d'attributs qui enrichissent son profil pour mieux exprimer les caractéristiques du groupe cible.

✓ Détaillez au mieux les caractéristiques de votre *persona* en complétant ces quatre tableaux :

QUI ? LA CARTE D'IDENTITÉ DE VOTRE *PERSONA*	
Les questions de cette partie	Commentaires
Son prénom :	
Le *persona* est : ☐ Un homme ☐ Une femme	
Il a comme profession :	

Il se situe dans cette tranche d'âge :	
Il habite :	Centre-ville, banlieue, campagne, etc.
Ses centres d'intérêt sont :	Théâtre, foot, jardinage, lecture, etc.
Sa journée type ressemble à ça :	Travaille 15 h par jour, sort tous les soirs, etc.
Sa situation maritale/familiale :	Marié avec 3 enfants ? Célibataire ?

QUOI ?	
LES MOTIVATIONS DE VOTRE *PERSONA*	
Les questions de cette partie	Commentaires
Les besoins du *persona* :	Il s'agit ici de comprendre pourquoi votre *persona* cherche une solution (il s'agit de ses besoins).
Les objectifs du *persona* :	Il s'agit ici de comprendre comment votre *persona* a décidé de satisfaire ses besoins (les objectifs qu'il s'est fixés).

POURQUOI ?	
FAITES PARLER VOTRE *PERSONA*	
Les questions de cette partie	Commentaires
Que penserait votre *persona* de votre produit ou service ?	Outre le fait de retranscrire l'avis du client type envers votre produit ou service, la forme de cet avis permet également de faire passer un style, un ton, qui devra représenter l'état d'esprit du *persona*.
Qu'est-ce qui retiendrait votre *persona* d'utiliser votre produit ?	Oublier cette étape, c'est risquer de passer à côté d'un élément clé de votre stratégie : connaître les objections de vos clients vous permet de vous améliorer.

COMMENT ?	
FAITES PARLER VOTRE *PERSONA*	
La question de cette partie	Commentaires
Définissez le chemin vers l'objectif en quelques étapes clés :	À ce stade, vous savez à qui vous parlez, ses besoins et ses objectifs. Cette étape va vous permettre de faire le lien avec l'atteinte de votre objectif (vente, demande de contact, etc.).

Vous pouvez reprendre ces quatre tableaux pour décrire un autre *persona*, représentant un second client type.

Construire son produit ou son service

Dans ce chapitre, vous allez devoir détailler la façon dont votre entreprise dégagera de la valeur. Si vous apportez une réponse commerciale aux besoins de vos clients, c'est bien pour créer une certaine valeur et vous permettre d'en tirer un revenu. C'est cette dimension que vous allez explorer ici.

Les tests

Vous allez tout d'abord déterminer clairement quel type d'activité aura votre entreprise.

QUELLE EST LA GRANDE FAMILLE D'ACTIVITÉ DE MON PROJET ?

✓ Choisissez, dans le tableau suivant, le cas dans lequel se place votre projet[3] (une seule réponse possible).

GRANDE FAMILLE D'ACTIVITÉ	CARACTÉRISTIQUES	ACTIVITÉ PRINCIPALE DE MON PROJET
Artisanale	• Activité de production, de transformation ou de prestation de service relevant de l'artisanat[4], grâce à un savoir-faire particulier.	☐
Commerciale	• Achats de biens pour leur revente en l'état (commerce en gros ou de détail).	☐
Industrielle	• Vente de prestations de services commerciales (location de matériel, transport, agence immobilière, hôtellerie, restauration, entreprise de spectacles, activité de sécurité privée, location, etc.) • Activité de production ou de transformation grâce à l'utilisation d'outils industriels, extraction, industries minières, manutention, magasinage et stockage.	☐

3 Les activités agricoles ne sont pas mentionnées parce que leur économie est spécifique et qu'elle ne peut pas être abordée dans cet ouvrage.

4 Pour connaître les activités relevant de l'artisanat, vous pouvez consulter le site des *Chambres des métiers et de l'artisanat* (www.artisanat.fr).

Libérale	• Activités libérales réglementées ou non réglementées[5] : prestations intellectuelles, techniques ou de soins requérant des qualifications professionnelles et le respect d'une déontologie professionnelle.	☐

Vous avez ainsi déterminé la grande famille à laquelle votre activité va appartenir. Nous verrons plus loin les incidences de ce rattachement.

MON ACTIVITÉ EST-ELLE RÉGLEMENTÉE PAR DES DISPOSITIONS PARTICULIÈRES ?

Au moment de la rédaction de cet ouvrage, la liste des activités et professions réglementées présentées sur le site de l'*Agence France entrepreneur* comportait plus de 150 désignations… C'est un indice certain de la complexité de la réglementation relative aux activités professionnelles. Vous devez vous reporter à cette liste[6] pour compléter ce test.

✓ **En partant de cette liste, complétez le tableau suivant.**

Mon activité est-elle mentionnée dans cette liste ?	☐ Oui ☐ Non
Si mon activité est mentionnée, reprendre ci-dessous les éléments essentiels :	
Nature de l'activité	☐ Agricole ☐ Artisanale ☐ Commerciale ☐ Libérale ☐ Civile
Nécessité d'un stage de préparation à l'installation	☐ Oui ☐ Non
Qualifications professionnelles requises	
Conditions d'honorabilité	
Garantie financière	
Conditions relatives aux locaux	
Assurance obligatoire	
Autres obligations	

5 Il existe une liste des activités libérales réglementées ou non sur le site de l'Agence France entrepreneur (www.afecreation.fr).

6 Pour atteindre cette liste, allez sur le site www.afecreation.fr, puis allez dans le menu « Créateur d'entreprise », vous y trouverez un onglet « Activités réglementées ».

SOURCE PROFESSIONNELLE

Le CFE (Centre de formalités des entreprises) est votre interlocuteur privilégié pour toutes vos questions concernant les activités réglementées et qualifications obligatoires.

QUEL EST LE PROCESSUS DE PRODUCTION DE MON PROJET ?

Quelle que soit l'activité que vous avez choisie, vous devez calculer le coût de revient de vos produits et services vendus. Pour pouvoir le faire, il faut en savoir un peu plus sur l'économie de votre future activité.

✓ Notez la part que vous souhaitez donner à chaque type de processus de production dans votre projet. Bien sûr, tous les processus ne sont pas applicables à votre projet. N'indiquez que ceux qui vous paraissent pertinents. La somme des pourcentages doit être de 100 %.

PROCESSUS DE PRODUCTION	EXEMPLES	PART PRÉPONDÉRANTE	PART ACCESSOIRE
Je vais acheter des matières premières que je vais transformer pour obtenir des produits à vendre.	• *Fabrication d'arrosoirs*	%	%
Je vais acheter des matières premières que je vais transformer en vue de leur consommation rapide (éventuellement sur place).	• *Restaurant* • *Salon de thé*	%	%
Je vais créer une installation dont je vais vendre l'utilisation.	• *Hôtel* • *Parc d'attractions*	%	%
Je vais acheter des marchandises que je vais revendre sans aucune transformation.	• *Magasin de chaussures ou de vêtements*	%	%
Je vais acheter des matériels que je vais louer à des utilisateurs.	• *Loueur de vélos*	%	%
Je vais vendre mon temps de travail manuel ou intellectuel.	• *Entretien d'espaces verts* • *Cours de piano*	%	%

✓ Décrivez les étapes principales du processus de production de votre produit ou service :

Cette description doit être précise et succincte, comme une recette de cuisine. Elle vous aidera à structurer votre projet.

Par exemple, pour une conserverie de légumes, on peut avoir les étapes suivantes :

- Approvisionnement en légumes
- Stockage des légumes frais
- Tri et préparation des légumes pour la mise en pots
- Mise en pots et stérilisation
- Marquage et emballage des pots
- Stockage des produits finis
- Livraison au client

....

....

....

✓ Listez les installations et équipements nécessaires pour la production de votre produit ou service.

Cette liste doit aussi être précise et succincte. Attention, il ne s'agit pas des frais de fonctionnement (loyer, assurance, etc.), mais uniquement des dépenses que vous allez faire pour votre installation et vos équipements. Les biens correspondants seront utilisés pendant un temps assez long (souvent plus d'un an).

Par exemple, pour un loueur de vélos :

- Achat d'un certain nombre de vélos de différents types (hommes, femmes, enfants, à assistance électrique, tout-terrain, etc.)
- Aménagement du local de stockage de ces vélos
- Aménagement d'un exercice de préparation et de réparation des vélos
- Aménagement du magasin de réception des clients
- Installation informatique (matériel et logiciels)

....

....

....

QUEL EST LE PRIX DE VENTE POSSIBLE DE MES PRODUITS OU SERVICES ?

Dans l'étape précédente, vous avez identifié le marché sur lequel vous allez opérer et vos principaux concurrents. Comme ce marché existe, vos futurs clients peuvent avoir une habitude de prix. C'est celle-ci que vous allez cerner maintenant.

✓ Déterminez si vos prix doivent être fixés avec ou sans la TVA.

MON CAS	TYPES DE CLIENTS	PRIX FIXÉS AVANT LA TVA (OU HT)	PRIX FIXÉS AVEC LA TVA (OU TTC)
☐	Vos clients sont des particuliers (qui ne récupèrent pas la TVA)		✓
☐	Vos clients sont des associations ou des services publics (qui ne récupèrent pas non plus la TVA)		✓
☐	Vos clients sont des entreprises (qui récupèrent la TVA)	✓	
☐	Vos clients sont des artisans ou des commerçants (qui récupèrent aussi la TVA)	✓	

✓ Préparez un relevé des prix de vos concurrents en vous basant sur des données issues de votre zone d'activité telle que vous l'avez déterminée dans le chapitre précédent.

PRODUIT OU SERVICE CONCERNÉ	PRIX RELEVÉS (PAR OBSERVATION DIRECTE OU SUR INTERNET) :				
	Concurrent 1	Concurrent 2	Concurrent 3	Concurrent 4	Concurrent 5
	€	€	€	€	€
	€	€	€	€	€
	€	€	€	€	€
	€	€	€	€	€
	€	€	€	€	€

Bien sûr, vous indiquerez dans ce relevé les prix HT ou TTC en fonction de ce que vous avez déterminé dans le tableau précédent.

VOS RÉPONSES, NOS CONSEILS

Vous avez fixé les informations principales concernant les produits ou services que vous allez proposer à vos clients. En partant de ces informations, vous allez pouvoir construire le coût de revient de vos produits ou services, déterminer votre politique de vente et rechercher le niveau minimal d'activité à atteindre. Ce dernier point est essentiel : ce niveau d'activité minimal correspond au niveau à partir duquel vous allez commencer à gagner de l'argent, ce n'est pas rien !

Booster vos performances

Vous allez maintenant entrer dans le cœur de votre projet en approfondissant ses dimensions économiques.

EXERCICE 1 : CONSTRUIRE SON COÛT DE REVIENT

Dans le test 3 que vous venez de faire, vous avez listé la façon dont vous allez réaliser votre produit ou votre service. Vous allez maintenant en approcher le coût de revient.

SOURCE PROFESSIONNELLE

Le coût de revient est un terme économique qui équivaut à l'ensemble des coûts supportés par une entreprise par unité de bien ou de service produite.

✓ **Déterminez quelle sera votre « unité de production ».**

PROCESSUS DE PRODUCTION	EXEMPLES	MON UNITÉ DE PRODUCTION
Je vais acheter des matières premières que je vais transformer pour obtenir des produits à vendre.	*1 arrosoir*	
Je vais acheter des matières premières que je vais transformer en vue de leur consommation rapide (éventuellement sur place).	*1 plat servi dans mon restaurant*	
Je vais créer une installation dont je vais vendre l'utilisation.	*1 nuitée d'hôtel*	

Je vais acheter des marchandises que je vais revendre sans aucune transformation.	*1 paire de chaussures*	
Je vais acheter des matériels que je vais louer à des utilisateurs.	*1 jour de location*	
Je vais vendre mon temps de travail manuel ou intellectuel.	*1 heure de jardinage*	

C'est autour de cette unité de production que vous allez construire votre raisonnement.

✓ Évaluez le coût des éléments entrant directement dans votre unité de production en les listant dans ce tableau.

DÉSIGNATION DES COÛTS	COÛT UNITAIRE (A)	NOMBRE D'UNITÉS INTÉGRÉES (B)	COÛT INTÉGRÉ (A X B)
Matières premières ou marchandises : • • •	 € € €		 € € €
Consommables : • • •	 € € €		 € € €
Énergie : • • •	 € € €		 € € €
Temps de travail : • • •	 € € €		 € € €
Total des coûts directs intégrés dans l'unité de production :			€

Vous obtenez ici le coût unitaire direct de votre unité de production.

SOURCE PROFESSIONNELLE

Une *charge directe* est une charge qu'il est possible d'affecter immédiatement au coût d'un produit, d'une marchandise ou d'un service, sans avoir à effectuer de calculs intermédiaires.

Pour bien comprendre comment fonctionne ce tableau, voici un exemple pour du jardinage à domicile[7] (une heure de tonte, hors déplacements) :

DÉSIGNATION DES COÛTS	COÛT UNITAIRE (A)	NOMBRE D'UNITÉS INTÉGRÉES (B)	COÛT INTÉGRÉ (A X B)
Matières premières ou marchandises : Aucune			0,00 €
Consommables : Carburant pour la tondeuse	1,45 €/l	0,8 l/h	1,16 €
Énergie : Consommation indiquée dans les consommables			0,00 €
Temps de travail : Salaire horaire + cotisations sociales	15,00 €	1 h	15,00 €
Total des coûts directs intégrés dans l'unité de production :			16,16 €

✓ Évaluez le coût des équipements et installations dont une part entre dans celui de votre unité de production en les listant dans ce tableau.

DÉSIGNATION DES INSTALLATIONS ET DES ÉQUIPEMENTS NÉCESSAIRES	COÛT UNITAIRE (A)	NOMBRE D'UNITÉS DE PRODUCTION POSSIBLES (B)	COÛT INTÉGRÉ (A/B)
Installations nécessaires :	€ € €		€ € €
Équipements nécessaires :	€ € €		€ € €
Part des coûts des équipements et installations intégrée dans l'unité de production :			€

7 Les chiffres donnés dans cet exemple n'ont rien à voir avec la réalité, ils ne sont là que pour illustrer le propos.

Comme pour le tableau précédent, voici la suite de l'exemple du jardinage à domicile (une heure de tonte, hors déplacements) :

DÉSIGNATION DES INSTALLATIONS ET DES ÉQUIPEMENTS NÉCESSAIRES	COÛT UNITAIRE (A)	NOMBRE D'UNITÉS DE PRODUCTION POSSIBLES (B)	COÛT INTÉGRÉ (A/B)
Installations nécessaires : Rien à noter ici, tout est en charges directes dans ce cas			0,00 €
Équipements nécessaires : Tondeuse professionnelle Protection individuelle (casque, gants, chaussures, etc.)	1000 € 150 €	500 heures 100 heures	2,00 € 1,50 €
Part des coûts des équipements et installations intégrée dans l'unité de production :			**3,50 €**

✓ Parlez le même langage que vos clients ! Déterminez ici comment vos clients envisagent l'unité d'achat[8].

MON CAS	TYPES D'UNITÉS D'ACHAT	EXEMPLES
☐	Vente à la pièce (produits identifiables individuellement).	*Le livre que vous avez en main.*
☐	Vente en fonction d'une quantité de produits (produits non identifiables individuellement ou proposés en vrac).	*Litre de carburant, kilo de légumes, stère de bois de chauffage, etc.*
☐	Vente en fonction d'une utilisation par le client (liée la plupart du temps à une durée).	*Une nuit d'hôtel, une place de spectacle, un jour de location de voiture, etc.*
☐	Vente en fonction d'une quantité mesurable par le client (le client est alors en confiance puisqu'il peut plus facilement comparer les prix).	*Entretien d'espaces verts en fonction de la surface à entretenir.*

Il y aura éventuellement à faire une équivalence entre vos unités de production et les unités d'achat de vos clients.

Voici comment faire dans l'exemple du jardinage à domicile :

8 L'*unité d'achat* de vos clients est la même chose que votre *unité de vente* (pour le carburant de votre voiture, par exemple, il s'agit du litre : en tant que client vous achetez des litres à une station-service qui, en tant que fournisseur, vous vend des litres).

- Votre unité de production : l'heure de travail.
- L'unité d'achat de vos clients, autrement dit votre unité de vente : le mètre carré de pelouse à tondre (c'est ce que votre client peut contrôler facilement).
- Mesure d'équivalence : le temps moyen que vous considérez comme raisonnable pour tondre un mètre carré de pelouse avec le matériel choisi.

En partant de cette mesure d'équivalence, vous allez pouvoir proposer à vos clients un tarif compréhensible pour eux (par exemple 0,35 €/m² pour des surfaces comprises entre 250 et 500 m²).

EXERCICE 2 : **DÉTERMINER SA POLITIQUE DE PRIX DE VENTE**

En vous appuyant sur l'étude de la concurrence que vous avez faite, vous pouvez d'ores et déjà fixer une gamme de prix pour vos produits et services. Cependant, comment allez-vous vous positionner par rapport à votre concurrence ?

✓ **Choisissez votre positionnement par rapport à la concurrence.**

MON CAS	TYPES DE POLITIQUES DE PRIX	CONSÉQUENCES PRINCIPALES
☐	Vous pouvez choisir de pratiquer des prix plus élevés.	Si vous faites ce choix, vous vous positionnez sur un segment plus haut que vos concurrents et devez apporter de véritables éléments de différenciation.
☐	Vous pouvez vendre au même prix que vos concurrents.	Dans ce cas de figure, l'élément majeur qui aiguillera votre client dans son choix est la qualité de service que vous offrez (à produit ou service égal et tarif identique, le client choisira la structure offrant le plus de garanties et celle qui lui inspirera le plus confiance).
☐	Vous pouvez choisir d'être le moins cher.	Tout le monde pourra constater cette politique de prix et la concurrence peut choisir de s'aligner immédiatement (l'effet retombe). Vos concurrents peuvent entrer dans votre jeu et baisser leurs tarifs sous le vôtre, jusqu'où pourrez-vous suivre ?

SOURCE PROFESSIONNELLE

Pour la France, la *vente à perte* est réglementée par les articles L. 420-5 et L. 442-2 du Code de commerce. Elle est interdite sauf dans sept exceptions (voir le Code de commerce pour plus de précisions).

✓ Déterminez votre première gamme de prix.

Complétez ce tableau pour préciser votre première gamme de prix :

BIENS OU SERVICES TYPES PROPOSÉS AU MARCHÉ	PRIX DE LA CONCURRENCE	VOTRE GAMME DE PRIX		
		PRIX BAS	PRIX MOYEN	PRIX HAUT
	€	€	€	€
	€	€	€	€
	€	€	€	€
	€	€	€	€
	€	€	€	€

EXERCICE 3 : **DÉTERMINER SON NIVEAU MINIMAL D'ACTIVITÉ**

Vous avez maintenant presque tous les éléments pour déterminer le niveau minimal d'activité à atteindre pour gagner de l'argent. C'est ce que l'on appelle le ***seuil de rentabilité***.

✓ Déterminez votre marge par bien ou service vendu.

En complétant ce tableau, vous allez pouvoir déterminer ce que vous gagnez chaque fois que vous vendez un de vos biens ou que vous réalisez un de vos services.

BIEN OU SERVICE CONCERNÉ :	
Données commerciales	
Prix de vente (pour une unité de vente)	€
Nombre d'unités de vente (U_V) par unité de production (U_P)	… U_V pour une U_P
Calcul de la marge par unité de production	
+ Prix de vente (pour une unité de production)	€
- Coûts directs intégrés dans l'unité de production	€
- Part du coût des équipements intégrés dans l'unité de production	€
= Marge réalisée par unité de production	€

Bien sûr, vous devrez faire ce tableau pour chacun de vos produits principaux.

En reprenant l'exemple du jardinage à domicile, on pourrait avoir un tableau de ce type :

BIEN OU SERVICE CONCERNÉ :	
Données commerciales	
Prix de vente (pour une unité de vente : 1 m² de pelouse)	0,20 €
Nombre d'unités de vente (U_V) par unité de production (U_P)	400 U_V pour une U_P
Calcul de la marge par unité de production	
+ Prix de vente (pour une unité de production : 1 heure de travail)	+ 80,00 €
- Coûts directs intégrés dans l'unité de production	- 16,16 €
- Part du coût des équipements intégrés dans l'unité de production	- 3,50 €
= Marge réalisée par unité de production	**= 60,34 €**

✓ Déterminez vos frais de structure

Pour faire fonctionner votre activité, vous avez besoin d'une structure particulière. Celle-ci peut être très simple (bureau, téléphone, véhicule) ou plus complexe (bâtiment spécialisé, installations industrielles). Quoi qu'il en soit, cette structure a un coût que vous n'avez pas encore pris en compte. Ce coût peut se synthétiser dans un tableau de ce type :

ÉVALUATION DES FRAIS DE STRUCTURE		
Postes de coûts	Détail des calculs	Montant annuel à prendre en compte
Coûts d'administration : • Locaux administratifs • Assurances • Communication (Internet, téléphone, etc.) • Temps de travail administratif • Etc.		€
Coûts commerciaux : • Publicité et communication commerciale • Déplacements de prospection • Temps de travail correspondant • Etc.		€
Coûts des investissements[7] (hors production) : • Investissements liés à l'administration (informatique en particulier) • Investissements liés à la commercialisation (véhicules en particulier)		€
Total des frais de structure		€

✓ Calculez votre seuil de rentabilité.[9]

Vous pouvez calculer maintenant le seuil de rentabilité simplement :

POSTES DU CALCUL	CALCULS	MONTANTS
Total des frais de structure	(a)	€
Marge réalisée par unité de production	(b)	€
Nombre d'unités de production à vendre	(c = a/b)	U_p
Nombre d'unités de vente par unité de production	(d)	… U_v pour une U_p
Prix de vente d'une unité de vente	(e)	€
Montant des ventes à réaliser	(f = c x d x e)	€

Ce tableau vous donne deux renseignements importants :

- le seuil de rentabilité en unités de production (c) ;
- le seuil de rentabilité en chiffre d'affaires (f).

SOURCE PROFESSIONNELLE

Le ***seuil de rentabilité*** correspond au niveau d'activité minimum à partir duquel l'activité d'une entreprise devient rentable.

Toujours plus loin

Le schéma économique global de votre projet commence à prendre forme ! Vous pouvez maintenant en faire une synthèse.

✓ Synthétisez ici les principales données de ce schéma économique global.

Quelle est votre unité de production principale ?	Exercice 1	
Quelle est l'unité d'achat de votre client ?		
Quelle est votre politique de prix par rapport à la concurrence ?	Exercice 2	

9 Vous n'indiquerez ici que la part annuelle de ces coûts. Par exemple, si vous achetez un ordinateur de 1 500 euros que vous allez utiliser trois ans, n'indiquez que 500 euros par an.

Quel est votre niveau minimal d'activité en unités de production ?	Exercice 3	
Quel est votre niveau minimal d'activité en chiffre d'affaires ?		

✓ Vérifiez la cohérence de ce schéma économique global.

Est-ce que la structure que vous avez définie dans l'exercice 3 va vous permettre de dépasser le niveau minimal d'activité à réaliser ?	
☐ Oui	Très bien, vous pouvez passer au chapitre suivant.
☐ Non	Reprenez ce chapitre jusqu'à ce que vous puissiez répondre positivement.

Constituer son équipe

Les trois premiers chapitres vous ont permis de définir votre projet et ce que vous en attendez. Vous savez maintenant ce que vous voulez faire, où vous voulez le faire et quel développement vous souhaitez donner à votre action. Vous devez maintenant regrouper les personnes susceptibles de réaliser ce projet avec vous : votre première équipe.

Les tests

Les réponses que vous allez apporter à ces tests prolongent les points déjà mis en évidence.

QUEL EST LE TYPE DE MANAGEMENT LE PLUS EFFICACE POUR VOUS ET VOTRE PROJET ?

✓ Pour chacune des affirmations suivantes, dites si elles vous paraissent plutôt adaptées ou pas à vous et à votre projet.

CETTE AFFIRMATION, PAR RAPPORT À MON PROJET ET MOI, EST…		ADAPTÉE	INADAPTÉE
1	Le dirigeant donne de la légitimité aux objectifs qu'il fixe.	☐	☐
2	Vos collaborateurs sont avant tout des rouages de l'organisation de votre entreprise.	☐	☐
3	La responsabilité est partagée.	☐	☐
4	Vous n'avez pas à expliquer vos directives à vos collaborateurs.	☐	☐
5	La communication idéale va de vous à vos collaborateurs.	☐	☐
6	Pour diriger une entreprise, il faut donner des instructions aux collaborateurs.	☐	☐
7	Le dirigeant parle beaucoup avec ses collaborateurs et argumente ses décisions.	☐	☐
8	Les décisions et les plans s'élaborent en commun.	☐	☐

CETTE AFFIRMATION, PAR RAPPORT À MON PROJET ET MOI, EST…		ADAPTÉE	INADAPTÉE
9	Le dirigeant doit fédérer et encourager ses collaborateurs.	☐	☐
10	Une de vos tâches principales est de surveiller et de contrôler vos collaborateurs.	☐	☐
11	Pour bien fonctionner, l'entreprise privilégie les personnes expérimentées.	☐	☐
12	Les résultats positifs sont valorisés par le dirigeant.	☐	☐
13	Dans le travail quotidien, il n'y aura pas nécessairement d'encouragement.	☐	☐
14	La collaboration au sein de l'équipe prime sur la fixation des objectifs.	☐	☐
15	Le dirigeant cherche à équilibrer les intérêts généraux et particuliers.	☐	☐
16	Le soutien se fait à la demande du collaborateur.	☐	☐
17	Le dirigeant tient compte des idées et suggestions émanant de ses collaborateurs.	☐	☐
18	Le suivi et le contrôle sont ponctuels et selon un calendrier préétabli.	☐	☐
19	Vos collaborateurs ne doivent pas prendre trop d'initiatives.	☐	☐
20	Le dirigeant doit apporter une assistance lorsqu'un de ses collaborateurs est en difficulté.	☐	☐
21	Le dirigeant écoute, analyse et conseille.	☐	☐
22	Le dirigeant indique les missions et les résultats à obtenir et laisse ses collaborateurs mettre en œuvre leurs propres plans d'actions et méthodes de travail.	☐	☐
23	Le dirigeant est très peu présent dans le travail quotidien, il laisse faire, exprimant ainsi la confiance accordée.	☐	☐
24	Le dirigeant échange beaucoup avec ses collaborateurs, suscite la réflexion, les propositions et les questions.	☐	☐
25	Le dirigeant suscite les idées et les suggestions.	☐	☐
26	Pour que les objectifs soient bien compris et que les directives soient bien appliquées, le dirigeant doit donner de nombreuses explications.	☐	☐
27	Le dirigeant veille à ce que chacun ait bien compris ce qui est attendu.	☐	☐
28	Le dirigeant cherche à développer la participation active de chacun.	☐	☐
29	L'organisation mise en place essaie de rompre le lien de subordination inhérent au contrat de travail.	☐	☐

	CETTE AFFIRMATION, PAR RAPPORT À MON PROJET ET MOI, EST…	ADAPTÉE	INADAPTÉE
30	Le dirigeant donne à ses collaborateurs des informations qui peuvent être utiles.	☐	☐
31	Ce qui prime, c'est ce que font vos collaborateurs.	☐	☐
32	L'équipe est impliquée dans la prise de décision.	☐	☐
33	Des procédures précises et respectées garantissent l'efficacité de l'entreprise.	☐	☐
34	Pour le bon fonctionnement de l'entreprise, le dirigeant cherche à influencer ses collaborateurs plus qu'à imposer ses décisions.	☐	☐
35	Le dirigeant accepte les suggestions et propositions.	☐	☐
36	Le dirigeant est attentif aux indicateurs de motivation et de démotivation.	☐	☐
37	Le dirigeant accepte l'initiative.	☐	☐
38	Le dirigeant informe clairement ses collaborateurs sur ce qui est négociable et ce qui ne l'est pas.	☐	☐
39	Les collaborateurs doivent se conformer à la planification de la production que vous avez choisie.	☐	☐
40	La planification de l'action des collaborateurs est essentielle.	☐	☐

✓ Reportez vos réponses dans les cases non grisées du tableau suivant (1 pour adaptée et 0 pour inadaptée).

QUESTION	STYLE 1	STYLE 2	STYLE 3	STYLE 4
1				
2				
3				
4				
5				
6				
7				
8				
9				
10				
11				

QUESTION	STYLE 1	STYLE 2	STYLE 3	STYLE 4
12				
13				
14				
15				
16				
17				
18				
19				
20				
21				
22				
23				
24				
25				
26				
27				
28				
29				
30				
31				
32				
33				
34				
35				
36				
37				
38				
39				
40				
Total de chaque colonne				

✓ Voyez ci-dessous le style de management qui vous semble le plus adapté à votre projet (celui pour lequel vous avez le plus haut score).

STYLE 1 : LE MANAGEMENT DIRECTIF

Parfois nommé management autoritaire, il est basé sur une structure et des consignes strictes, limite l'autonomie et vise à l'efficacité brute des collaborateurs qui n'ont aucun regard sur les décisions centralisées sur la personne du manager. Celui-ci exige de la précision sur la méthode et sur les résultats. Ce style de management repose sur de nombreuses procédures, mais aussi sur la sanction et la récompense. La confiance du manager en ses collaborateurs est limitée.

- **Avantages majeurs** : obtention de résultats rapides, efficacité.
- **Inconvénient majeur** : motivation moindre des collaborateurs.

STYLE 2 : LE MANAGEMENT PERSUASIF

Parfois nommé management paternaliste, il reste autoritaire mais moins que le management directif. Il est aussi plus tourné vers les collaborateurs qui disposent d'un peu d'autonomie et auxquels le manager demande parfois un avis même s'il garde le pouvoir décisionnel complet. Le management persuasif repose sur la participation des collaborateurs en lesquels le manager place davantage de confiance.

- **Avantages majeurs** : sentiment d'appartenance à un groupe, équipe soudée.
- **Inconvénient majeur** : système peu ouvert sur l'extérieur.

STYLE 3 : LE MANAGEMENT PARTICIPATIF

Management d'ouverture, il repose sur la construction d'une relation de confiance entre le manager et ses collaborateurs. Ceux-ci sont fortement impliqués dans la prise de décisions, disposent d'une grande latitude dans leur méthode de travail et peuvent laisser s'exprimer leur créativité et leurs idées. Le manager s'intègre à l'équipe, la responsabilise et l'encadre plus qu'il ne la dirige.

- **Avantages majeurs** : motivation et participation des collaborateurs.
- **Inconvénient majeur** : nécessite un réel engagement, une grande capacité d'autonomie et une forte dose de créativité de chaque collaborateur.

STYLE 4 : LE MANAGEMENT DÉLÉGATIF

Parfois nommé management consultatif, il repose sur la confiance envers les collaborateurs qui sont fréquemment consultés pour la prise de décision et sur l'esprit d'équipe. Il fait la part belle à l'implication de chacun des membres de l'équipe et à leur responsabilisation. Les résultats attendus et les méthodes sont définis par l'ensemble du système et la communication, tant verticale qu'horizontale, passe plutôt bien.

- **Avantages majeurs** : responsabilisation et implication des collaborateurs, bonne ambiance de travail.
- **Inconvénient majeur** : manque de structure qui peut dériver sur un management copain.

Poser le problème des relations hiérarchiques c'est déterminer le mode ou le style managérial qui s'instaure entre un dirigeant et ses collaborateurs. En soi, il n'y a pas de bon ou de mauvais style d'animation d'équipe contrairement à ce que le langage commun pourrait laisser croire. Il existe un style de management qu'il convient d'adapter en fonction des situations ou en fonction des individus auxquels il s'adresse.

QUELLES SONT LES COMPÉTENCES À MOBILISER POUR VOTRE PROJET ?

✓ **Classez les différentes activités nécessitées par votre projet, appelées missions ici, en fonction de leur impact sur la réussite attendue.**

PAR RAPPORT À LA RÉUSSITE ATTENDUE DE MON PROJET, CETTE MISSION EST...				
	VITALE	IMPORTANTE	ACCESSOIRE	INUTILE
Concernant la logistique interne de votre projet				
Manutention des matières nécessaires à la production ou des marchandises	☐	☐	☐	☐
Entreposage des matières nécessaires à la production ou des marchandises	☐	☐	☐	☐
Contrôle des stocks de matières nécessaires à la production ou de marchandises	☐	☐	☐	☐
Programmation des transports des matières nécessaires à la production ou des marchandises	☐	☐	☐	☐
Renvois aux fournisseurs des matières nécessaires à la production ou des marchandises défectueuses	☐	☐	☐	☐
Concernant la production				
Fonctionnement des machines nécessaires à la production des biens ou des services vendus	☐	☐	☐	☐
Emballage des produits finis	☐	☐	☐	☐
Assemblage des produits finis	☐	☐	☐	☐
Entretien des équipements nécessaires à la production des biens ou des services vendus	☐	☐	☐	☐
Vérification de la conformité des biens ou des services vendus	☐	☐	☐	☐

PAR RAPPORT À LA RÉUSSITE ATTENDUE DE MON PROJET, CETTE MISSION EST…				
	VITALE	IMPORTANTE	ACCESSOIRE	INUTILE
Concernant la logistique externe				
Entreposage des produits finis	☐	☐	☐	☐
Manutention des produits finis	☐	☐	☐	☐
Fonctionnement des véhicules de livraison	☐	☐	☐	☐
Traitement des commandes	☐	☐	☐	☐
Fixation des calendriers de production et de livraison des biens ou des services vendus	☐	☐	☐	☐
Concernant la commercialisation et la vente				
Publicité	☐	☐	☐	☐
Choix promotionnels	☐	☐	☐	☐
Force de vente	☐	☐	☐	☐
Sélection des circuits de distribution	☐	☐	☐	☐
Relations avec les distributeurs	☐	☐	☐	☐
Fixation des prix	☐	☐	☐	☐
Concernant les services				
Installation	☐	☐	☐	☐
Réparation et services après-vente	☐	☐	☐	☐
Formation à l'utilisation	☐	☐	☐	☐
Fourniture de pièces de rechange	☐	☐	☐	☐
Adaptation du produit aux besoins spécifiques des clients	☐	☐	☐	☐

Il est bien évident que toutes ces activités génériques n'intéressent pas votre projet. Si votre activité est de donner des cours de piano, alors l'activité « emballage des produits finis » est inutile tandis que l'activité «adaptation du produit aux besoins spécifiques des clients » est vitale.

SOURCE PROFESSIONNELLE

- La logistique interne : missions associées à la réception, au stockage et à l'affectation des moyens de production (matières, marchandises, énergie, etc.) nécessaires au produit.
- La production : missions associées à la transformation des moyens de production en produits finis.

- **La logistique externe** : missions associées à la collecte, au stockage et à la distribution physique des produits aux clients.
- **La commercialisation et la vente** : missions associées à la fourniture des moyens par lesquels les clients peuvent acheter le produit et sont incités à le faire.
- **Les services** : missions associées à la fourniture des produits ou marchandises visant à accroître ou à maintenir leurs valeurs.

VOS RÉPONSES, NOS CONSEILS

Quelle avancée que celle que vous avez effectuée dans ces tests ! Vous connaissez maintenant le type de management qui vous conviendra le mieux, autrement dit celui dans lequel vous serez le plus efficace, et vous avez discerné les missions les plus importantes pour la réussite de votre projet. Il est donc temps de constituer votre équipe en gardant à l'esprit la cohérence nécessaire entre les missions à accomplir, qui relèvent des savoirs et savoir-faire, et des savoir être des personnes avec qui vous allez travailler. De cette cohérence naîtra naturellement la structure de votre entreprise.

Booster vos performances

En matière de constitution d'équipe, le mieux est l'ennemi du bien. Il vous faut donc déterminer maintenant comment vous allez constituer votre équipe. Les deux exercices suivants vous y aideront.

EXERCICE 1 : DU STYLE DE MANAGEMENT À L'AUTONOMIE DES COLLABORATEURS

Pour constituer votre équipe, il vous faut trouver les personnes dont l'autonomie sera compatible avec le style de management que vous avez déterminé dans le premier test. Parler de l'autonomie des collaborateurs c'est faire référence à deux notions distinctes, mais complémentaires, à savoir :

- la compétence : ce n'est pas un attribut que l'on possède, mais elle s'acquiert par la formation et par l'expérience (on parle aussi de savoir et de savoir-faire) ;
- la motivation : elle se manifeste par l'implication dans son travail et la disponibilité vers les autres (autrement dit de vouloir faire).

L'autonomie est donc la résultante de la compétence (connaître, savoir-faire) et de la motivation (vouloir faire), face à un objectif ou à une mission donnée.

On peut synthétiser les différents niveaux d'autonomie en quatre groupes. Cette classification n'est pas une échelle de valeurs, il ne s'agit que d'une mise en ordre :

- très faible niveau d'autonomie : la compétence de la personne est faible ou très faible. Il en est de même pour sa motivation ;
- faible niveau d'autonomie : la compétence est faible, mais sa motivation est importante (la personne veut bien, mais elle ne sait pas encore faire) ;
- niveau d'autonomie moyen : la personne est compétente, mais sa motivation est faible ou conditionnelle;
- fort niveau d'autonomie : le collaborateur possède une expertise réelle et il est motivé.

Chacun de ces quatre niveaux d'autonomie sera en phase avec chacun des quatre styles de management que vous avez déterminés plus haut :

MON CAS	STYLE DE MANAGEMENT ADAPTÉ À MON PROJET	NIVEAU D'AUTONOMIE DES COLLABORATEURS
☐	Le management directif	Très faible niveau d'autonomie
☐	Le management persuasif	Faible niveau d'autonomie
☐	Le management participatif	Niveau d'autonomie moyen
☐	Le management délégatif	Fort niveau d'autonomie

Vous avez ici un premier élément sur le type de personnes que vous allez recruter pour compléter votre équipe.

EXERCICE 2 : COMPOSER LE CŒUR DE SON ÉQUIPE

Dans le deuxième test ci-dessus, vous avez déterminé les compétences nécessaires à la réussite de votre projet. Vous allez ici traiter les compétences vitales et importantes :

- l'exercice des compétences vitales sera assuré plutôt par des collaborateurs salariés ;
- l'exercice des compétences importantes pourra être assuré par des sous-traitants.

✓ **Rédigez des descriptions de fonction pour les missions classées comme vitales sur le modèle ci-dessous.**

Vous devez rédiger autant de descriptions de fonctions qu'il y a de fonctions identifiées dans votre projet[10]. Pour ce faire, vous regrouperez éventuellement les missions vitales que vous avez déterminées au sein d'une même fonction (par exemple, vous pouvez regrouper « Sélectionner les circuits de distribution » et « Relation avec les distributeurs »).

RUBRIQUES	VOS RÉPONSES	EXEMPLES
La fonction dans votre projet		
Nom de la fonction		*Directeur commercial*
Hiérarchie amont		*Directeur général*
Hiérarchie aval		*Commerciaux de terrain*
Les missions de la fonction		
Mission vitale à mon projet[11]		*Formation à l'utilisation*
Activités correspondantes à cette mission		• *Préparer les sessions de formation* • *Assurer les sessions de formation*
Les compétences requises par la fonction		
Savoir		*Connaître les normes électriques basse tension*
Savoir-faire		*Savoir diagnostiquer des pannes variées sur une installation domestique*
Savoir être		*Savoir encadrer une équipe de chantier*
Diplômes et qualifications		*Habilitation électrique B2T*
Les responsabilités de la fonction		
Responsabilité n° 1		*Assurer le bon fonctionnement de la salle de sport*
Prérogatives correspondantes		• *Assurer l'ouverture et la fermeture quotidienne* • *Accueillir les visiteurs et pratiquants*
Responsabilité n° 2		
Prérogatives correspondantes		
Etc.		

10 Ne confondez pas la *fonction* et le *poste*, tous les commerciaux de terrain ont la même fonction (par exemple *commercial de terrain*), mais chaque commercial a son propre poste (par exemple *commercial Île-de-France*).

11 Reprendre ici les missions vitales déterminées lors de deuxième test.

RUBRIQUES	VOS RÉPONSES	EXEMPLES
Les critères de performance de la fonction		
Critère n° 1		*Productivité conforme aux demandes*
Niveau attendu		*Respecter les délais d'intervention prévus au contrat*
Critère n° 2		
Niveau attendu		
Etc.		

SOURCE PROFESSIONNELLE

La *description de fonction* prend les objectifs permanents, les tâches principales, les compétences et les moyens mis en œuvre et les relations tant hiérarchiques qu'opérationnelles liés à la fonction d'un membre du personnel ou d'une catégorie de membres du personnel d'une entreprise. Aujourd'hui, la description de fonction apparaît comme une pierre d'angle indispensable pour toute politique de ressources humaines. Mais il faut que l'outil mis en place soit souple, adaptable et qu'il corresponde à l'esprit de l'organisation de l'entreprise.

✓ Déterminez quels peuvent être les fournisseurs privilégiés pour les missions classées comme importantes.

MISSIONS IMPORTANTES IDENTIFIÉES	FOURNISSEUR PRIVILÉGIÉ	FOURNISSEUR DE SECOURS ÉVENTUEL

Il est essentiel, pour la réussite de votre projet, que les missions vitales et importantes soient assurées sans rupture. Cette liste doit être suffisamment précise et indiquer chaque fois que nécessaire un fournisseur alternatif.

Toujours plus loin

✓ Construisez l'organigramme de votre équipe salariée.

Pour faire le point sur votre équipe, au moins sur la partie de vos collaborateurs salariés, vous pouvez construire l'organigramme que vous projetez. Pour ce faire, une représentation graphique est la plus adaptée.

SOURCE PROFESSIONNELLE

Quelques définitions d'un **organigramme** :

- **ensemble des fonctions et des relations** déterminant formellement les missions que chaque unité d'une organisation doit accomplir, et les modes de collaboration entre ces unités (Michel Ghertmann, *Strategor*, Paris, InterEdition, 1988) ;
- **agencement des différentes composantes d'une organisation** et qui se définit comme l'ensemble des dispositifs et des mécanismes par lesquels une entreprise répartit, contrôle et coordonne ses activités [...]. Configuration plus ou moins stabilisée des différents éléments qui constituent une entreprise (Michel Barabel, Olivier Meier, *Manageor*, Paris, Dunod, 2004).

✓ Prévoyez le coût annuel de votre équipe (en salaires bruts).

Pour la partie salariée de votre équipe, celle que vous avez représentée sur l'organigramme, prévoyez le coût annuel prévisible (vous pouvez utiliser un tableau du type de celui-ci).

NOM DES POSTES	....	....	ETC.
Temps de travail	☐ Temps plein ☐ Temps partiel	☐ Temps plein ☐ Temps partiel	
Horaire mensuel correspondant	h/m.	h/m.	
Salaire brut fixe mensuel correspondant	€ bruts	€ bruts	
Primes récurrentes	☐ Sur objectifs individuels ☐ Sur objectifs collectifs	☐ Sur objectifs individuels ☐ Sur objectifs collectifs	
	Coût correspondant : €/an	Coût correspondant : €/an	

NOM DES POSTES	....	....	ETC.
Éléments non salariaux de la rémunération	☐ Téléphone mobile ☐ Ordinateur portable ☐ Véhicule ☐ Autre :	☐ Téléphone mobile ☐ Ordinateur portable ☐ Véhicule ☐ Autre :	
	Coût correspondant : €/an	Coût correspondant : €/an	
Type de contrat envisagé	☐ CDI ☐ CDD ☐ Autre :	☐ CDI ☐ CDD ☐ Autre :	

Ce tableau devra bien sûr être totalisé.

✓ **Prévoyez les cotisations et taxes assises sur les salaires que vous allez devoir régler.**

- Quelles taxes devrez-vous régler ?
  - Taxe sur les salaires : ☐ Oui ☐ Non
  - Taxe d'apprentissage : ☐ Oui ☐ Non
  - Taxe sur la formation continue : ☐ Oui ☐ Non
- À quel régime de cotisations sociales seront soumis les salaires que vous verserez ?
  - Régime général : ☐ Oui ☐ Non
  - Régime spécial : ☐ Oui (lequel : ....) ☐ Non
- Pour construire votre budget, quels taux globaux allez-vous utiliser[12] ?
  - Pour la partie salariale de ces cotisations : .... %.
  - Pour la partie patronale : .... %.

12 Consultez les sites des organismes intéressés pour connaître ces taux (Sécurité sociale, caisses de retraite complémentaire, mutuelle santé, etc.).

Connaître la fiscalité de son entreprise

Durant ce chapitre, vous allez approcher les points principaux de la fiscalité attachée à votre projet. Il ne s'agit que des points principaux, charge à vous d'approfondir par ailleurs les points particuliers induits par votre projet.

> **SOURCE PROFESSIONNELLE**
>
> La fiscalité est un domaine très vaste en France. Ce domaine recèle de multiples subtilités et chausse-trapes que seul un spécialiste peut connaître. N'hésitez donc pas à en consulter un (expert-comptable, avocat fiscaliste, notaire) pour affiner votre travail dans ce chapitre.

Les tests

POUVEZ-VOUS UTILISER LE RÉGIME DU MICRO-ENTREPRENEUR[13] ?

Le régime du micro-entrepreneur peut être intéressant, mais il n'est pas adapté à toutes les situations.

✓ **Déterminez ici si votre future activité peut se placer sous le régime du micro-entrepreneur (plusieurs réponses possibles).**

MON CAS	TYPES D'ACTIVITÉ	EXEMPLES	FAMILLES D'ACTIVITÉS
☐	Vous achetez de la matière première, vous fabriquez et vous vendez.	Vous achetez du tissu, vous fabriquez des vêtements et vous les vendez sur Internet.	Vente
☐	Vous achetez et vous revendez en l'état.	Vous achetez du matériel informatique à des spécialistes pour le revendre à des particuliers.	
☐	Vous achetez, vous transformez et vous revendez.	Vous achetez des meubles abîmés, vous les remettez en état et vous les revendez.	

13 Ce régime est l'évolution de celui de l'auto-entrepreneur.

<table>
<tr><th>MON CAS</th><th>TYPES D'ACTIVITÉ</th><th>EXEMPLES</th><th>FAMILLES D'ACTIVITÉS</th></tr>
<tr><td>☐</td><td>Vous envisagez de facturer des prestations qui ne se matérialisent pas par la livraison d'un bien.
Le plus souvent, vous allez fournir une solution spécifique à chaque client. Vous allez faire pour le compte de votre client.</td><td>Vous avez une activité de dépannage informatique à domicile, vous supprimez les virus du disque dur pour votre client.</td><td rowspan="2">Prestation de service</td></tr>
<tr><td>☐</td><td>Vous envisagez de pratiquer le dépôt-vente : vous n'achetez pas pour revendre, mais vous prenez uniquement une commission sur l'opération.</td><td>Vous créez un site de vente de biens d'occasion sur Internet fonctionnant sur le principe du dépôt-vente.</td></tr>
<tr><td>☐</td><td>Vous envisagez de vendre votre production intellectuelle, de conception, conseil, ou formation.
À l'inverse de la prestation de service, en profession libérale vous ne faites pas à la place du client, mais vous lui indiquez et/ou lui apprenez comment faire.</td><td>Vous faites du conseil en informatique ou vous donnez des cours d'informatique.</td><td>Profession libérale</td></tr>
</table>

Vous pouvez avoir plusieurs activités au sein d'une même entreprise[14], mais vous ne pouvez avoir qu'une seule micro-entreprise ! Par exemple, vous proposez en même temps :

- de la vente de matériel informatique (activité de vente) ;
- du dépannage informatique (activité de prestation de services) ;
- des cours d'informatique et du conseil informatique (activité libérale).

14 Dans ce cas, il faut respecter des règles spécifiques aux activités mixtes.

✓ Déterminez ici si le choix du régime de micro-entrepreneur est déconseillé pour votre future activité.

Même si l'activité que vous envisagez entre dans les cas possibles d'application du régime du micro-entrepreneur, ce régime n'est pas judicieux dans tous les cas.

MON CAS	ACTIVITÉS POUR LESQUELLES LE RÉGIME DE MICRO-ENTREPRENEUR EST DÉCONSEILLÉ	RAISONS PRINCIPALES
☐	Vous envisagez une activité commerciale en boutique.	• La TVA n'est pas récupérable, or vous allez faire des achats pour aménager votre boutique. • Vos charges sont calculées sur votre chiffre d'affaires, or les achats et dépenses ne sont pas déductibles. Vous devrez alors payer votre impôt et vos cotisations sur le total du chiffre d'affaires qui comporte votre bénéfice, mais aussi vos coûts (loyer, électricité, eau, etc.).
☐	Vous envisagez une activité qui nécessite un ou des salariés.	• Vos charges sont calculées sur votre chiffre d'affaires, or les achats et dépenses ne sont pas déductibles. Vous devrez alors payer votre impôt et vos cotisations sur le total du chiffre d'affaires qui comporte votre bénéfice, mais aussi vos coûts (salaires, cotisations sociales des salariés, etc.). • Vu la faiblesse du chiffre d'affaires possible[15], difficile de payer un salarié !
☐	Vous envisagez une activité qui nécessite des investissements.	• La TVA n'est pas récupérable. • Vous ne pouvez pas amortir vos investissements.
☐	Vous envisagez une activité qui nécessite des relations intracommunautaires.	• Le micro-entrepreneur doit acquitter la TVA sur les marchandises importées en provenance de pays tiers, mais il n'a pas la possibilité de la déduire, comme c'est déjà le cas pour les opérations qu'il effectue sur le territoire français.

15 Voir plus loin dans la partie « Améliorer ses performances ».

✓ **Déterminez ici si le choix du régime de micro-entrepreneur est interdit pour votre future activité.**

Enfin, certaines activités sont exclues du régime du micro-entrepreneur, vérifiez que votre projet n'entre pas dans ces activités.

MON CAS	ACTIVITÉS POUR LESQUELLES LE RÉGIME DE MICRO-ENTREPRENEUR EST INTERDIT
☐	Les activités agricoles rattachées au régime social de la MSA, y compris si elles sont déclarées auprès de la chambre de commerce et d'industrie ou de la chambre de métiers et de l'artisanat (exemple : paysagiste, entretien de jardins, etc.).
☐	Les activités relevant de la TVA immobilière : marchands de biens, lotisseurs, agents immobiliers, etc.
☐	La location de matériels et de biens de consommation durable (par exemple : la location de véhicule d'enseignement de la conduite à double commande), d'immeubles non meublés ou professionnels, etc.
☐	Les activités artistiques rémunérées par des droits d'auteur qui dépendent de la Maison des artistes ou de l'Agessa. Toutefois, une personne exerçant une activité artistique rémunérée, non pas en droits d'auteur, mais en honoraires, peut exercer son activité sous le régime du micro-entrepreneur.

QUELLE SERA LA FISCALITÉ DE VOTRE ENTREPRISE ?

Votre projet d'entreprise contribuera au budget de la nation par différents impôts et taxes. Vous allez approcher ici les points principaux de cette fiscalité.

✓ **Déterminez comment seront imposés vos bénéfices.**

L'imposition des bénéfices est le premier niveau d'imposition des activités économiques. Vous allez déterminer ici de quel régime d'imposition votre projet relève[16].

MON CAS	STATUT JURIDIQUE CHOISI POUR VOTRE PROJET	RÉGIME D'IMPOSITION DES BÉNÉFICES APPLICABLE
☐	Entreprise individuelle	Impôt sur le revenu : • BIC (bénéfices industriels et commerciaux) pour les activités commerciales • BNC (bénéfices non commerciaux) pour les activités non commerciales
☐	Sociétés de personnes et assimilées, principalement : • Sociétés civiles • Sociétés en nom collectif (SNC) • Sociétés à responsabilité limitée (SARL dans certains cas)	

16 Il y a un lien fort entre l'imposition des bénéfices et le statut juridique choisi. Ce test doit donc être complété en cohérence avec vos choix en matière de statut juridique.

MON CAS	STATUT JURIDIQUE CHOISI POUR VOTRE PROJET	RÉGIME D'IMPOSITION DES BÉNÉFICES APPLICABLE
☐	Sociétés de capitaux et assimilées, principalement : • Sociétés à responsabilité limitée (SARL dans certains cas) • Sociétés par actions simplifiées (SAS) • Sociétés anonymes (SA)	Impôts sur les bénéfices

✓ Déterminez comment sera imposée votre rétribution.

Vous projetez votre activité aussi dans l'objectif d'en retirer un revenu à titre personnel (qu'il prenne la forme d'un salaire ou pas). Ce revenu supportera aussi sa fiscalité.

MON CAS	STATUT JURIDIQUE CHOISI POUR VOTRE PROJET	RÉGIME D'IMPOSITION DES DIRIGEANTS APPLICABLE
☐	Entreprise individuelle	Impôt sur le revenu : • BIC (bénéfices industriels et commerciaux) pour les activités commerciales • BNC (bénéfices non commerciaux) pour les activités non commerciales
☐	Sociétés de personnes et assimilées, principalement : • Sociétés civiles • Sociétés en nom collectif (SNC) • Sociétés à responsabilité limitée (SARL dans certains cas)	
☐	Sociétés de capitaux et assimilées, principalement : • Sociétés à responsabilité limitée (SARL dans certains cas) • Sociétés par actions simplifiées (SAS) • Sociétés anonymes (SA)	Impôt sur le revenu : • TS (traitements et salaires)

✓ Déterminez le ou les taux de TVA applicables à votre projet.

La TVA est une taxe qui s'applique à l'ensemble des transactions économiques. Cependant plusieurs taux existent et il n'est pas possible, dans le cadre de cet ouvrage, de présenter de façon complète tous ces cas. Vous allez devoir faire des recherches par ailleurs pour déterminer le taux qui sera applicable à votre projet.

MON CAS	APRÈS RECHERCHES, JE CONSTATE QUE MON PROJET, AU REGARD DE LA TVA :	SOURCES CONSULTÉES
☐	Est une activité exonérée par nature	....
☐	Relève du taux super réduit de 2,1 %	....
☐	Relève du taux réduit de 5,5 %	....
☐	Relève du taux intermédiaire de 10 %	....
☐	Relève du taux normal de 20 %	....

VOS RÉPONSES, NOS CONSEILS

Trois points sont maintenant clairs pour vous concernant la fiscalité de votre future activité :

- vous savez si le régime de la micro-entreprise est ou non applicable. Dans l'affirmative, vous savez aussi s'il est souhaitable ou pas ;
- vous savez aussi comment votre activité, si elle n'est pas exercée dans le cadre de la micro-entreprise, sera imposée (TVA et bénéfices) ;
- vous savez enfin comment sera imposée, dans les différents cas possibles, la rémunération que vous tirerez de votre activité.

Vous allez maintenant approfondir ces quelques points.

Booster vos performances

EXERCICE 1 : LIMITES ET OBLIGATIONS DU RÉGIME DE MICRO-ENTREPRENEUR

Le régime de micro-entrepreneur n'est possible que pour les activités restant en deçà d'un certain chiffre d'affaires.

✓ **Déterminez ici si ce régime est applicable à votre projet.**

MON CAS	FAMILLES D'ACTIVITÉS	MON CAS	IMPORTANCE DE L'ACTIVITÉ[17]
☐	Prestations de services ou professions libérales	☐	Chiffre d'affaires annuel < 33 100 € : micro-entreprise applicable
		☐	Chiffre d'affaires annuel > 33 100 € : micro-entreprise non applicable
☐	Ventes	☐	Chiffre d'affaires annuel < 82 800 € : micro-entreprise applicable
		☐	Chiffre d'affaires annuel > 82 800 € : micro-entreprise non applicable

17 Ces seuils sont ceux applicables à l'heure où cet ouvrage est rédigé. Cependant, le projet de loi de finances pour 2018 prévoit de porter ces seuils en 2018 à 70 000 € pour les prestations de services et professions libérales et à 170 000 € pour les ventes. Il faudra attendre le vote définitif du budget pour connaître les seuils applicables en 2018.

✓ Obligations du micro-entrepreneur.

Les obligations du micro-entrepreneur sont, en matière comptable, très limitées. Le micro-entrepreneur doit tenir à jour un livre des recettes encaissées, ordonné de façon chronologique, contenant les mentions suivantes :

- montant et origine des recettes ;
- mode de règlement (chèque, espèces ou autres) ;
- références des pièces justificatives (numérotation des factures, notes, etc.).

En outre, le registre des achats est obligatoire lorsque l'activité consiste principalement à vendre des marchandises, fournitures et denrées à consommer sur place ou à emporter, ou à fournir des prestations d'hébergement. Il doit récapituler chaque année le détail des achats engagés pour l'activité de micro-entrepreneur et préciser le mode de règlement et les références des pièces justificatives (factures, notes, etc.).

Du moment que les écritures ne sont pas modifiables une fois enregistrées, le micro-entrepreneur peut :

- soit acheter des livres comptables papier (livre de recettes et registre des achats) dans le commerce;
- soit utiliser un logiciel comptable spécifique.

EXERCICE 2 : TAUX D'IMPÔT SUR LES BÉNÉFICES APPLICABLES AU PROJET

Le taux d'impôt sur les bénéfices qui sera applicable à votre projet dépend à la fois du montant de votre chiffre d'affaires et de celui de votre bénéfice.

✓ Déterminez dans quel cas sera votre projet (pour un chiffre d'affaires inférieur à 7,63 M€).

MON CAS	IMPORTANCE DU BÉNÉFICE	EXERCICE FISCAL OUVERT À COMPTER DU 01/01/2018	EXERCICE FISCAL OUVERT À COMPTER DU 01/01/2019	EXERCICE FISCAL OUVERT À COMPTER DU 01/01/2020
☐	Jusqu'à 38 120 €	15 %	15 %	15 %
☐	Entre 38 120 et 500 000 €	28 %	28 %	28 %
☐	Plus de 500 000 €	33 1/3 %	28 %	28 %

✓ Obligations des entreprises soumises à l'impôt sur les bénéfices.

SOURCE PROFESSIONNELLE

Le commerçant, qu'il soit personne physique ou morale, doit tenir une comptabilité. En effet, toute entreprise immatriculée au registre du commerce et des sociétés (RCS), soumise à un régime réel d'imposition, doit tenir une comptabilité normale ou simplifiée, en respectant les règles du plan comptable, sous peine d'une taxation d'office du fisc sur un bénéfice évalué par lui.

Tenue d'une comptabilité :

- le commerçant est tenu d'établir une comptabilité régulière (en application de dispositions légales), sincère (de bonne foi) et fidèle à la réalité de l'entreprise ;
- les entreprises peuvent tenir elles-mêmes leur comptabilité. En revanche, lorsqu'elles décident de la confier à un professionnel, elles doivent obligatoirement s'adresser à un expert-comptable inscrit au tableau de l'ordre.

Le commerçant, ou son expert-comptable, doit :

- enregistrer, de façon chronologique, les mouvements (achats, ventes, etc.) du patrimoine de l'entreprise;
- établir une facturation dans certains cas ;
- procéder à un inventaire, obligatoire au moins une fois par an, qui permet de contrôler physiquement l'existence et la valeur des éléments actifs et passifs du patrimoine de l'entreprise, à la date de clôture de l'exercice ;
- établir les comptes annuels à la fin de chaque exercice au vu des enregistrements comptables et de l'inventaire (bilan, compte de résultat et annexe) ;
- détenir un compte bancaire, soit dans un établissement de crédit, soit dans un bureau de chèques postaux ;
- conserver, au moins 10 ans après la clôture de l'exercice, toutes les pièces comptables (livre journal, grand-livre, bon de commande, de livraison ou de réception, facture client et fournisseur...) ;
- s'il est constitué sous forme de société, procéder chaque année au dépôt des comptes annuels auprès du greffe du tribunal de commerce.

SOURCE PROFESSIONNELLE

Les commerçants qui remplissent deux des critères suivants peuvent simplifier la présentation comptable : bilan et compte de résultat simplifiés. De plus, les micro-entreprises n'ont pas l'obligation d'établir d'annexe.

CONDITIONS POUR LA PRÉSENTATION COMPTABLE SIMPLIFIÉE		
	Micro-entreprise	Petite entreprise
Total du bilan inférieur à	350 000 €	4 000 000 €
Chiffre d'affaires inférieur à	700 000 €	8 000 000 €
Nombre moyen de salariés permanents	10	50
Simplification	Bilan et compte de résultat simplifiés + dispense de l'annexe	Bilan et compte de résultat simplifiés

Toujours plus loin

À l'issue de ce chapitre, vous connaissez quelques points complémentaires concernant votre projet.

✓ Votre projet peut-il relever du régime de micro-entrepreneur ?

- ☐ Oui
- ☐ Non

✓ Les résultats de votre projet seront imposés :

- ☐ À l'impôt sur le revenu
- ☐ À l'impôt sur les sociétés

✓ Votre rémunération sera imposée :

- ☐ Comme des traitements et salaires
- ☐ Comme des bénéfices industriels et commerciaux
- ☐ Comme des bénéfices non commerciaux

✓ Compte tenu de la taille de votre projet, si vous n'entrez pas dans le cadre du régime du micro-entrepreneur ou si vous ne le choisissez pas, vous aurez les obligations comptables :

- ☐ Des micro-entreprises
- ☐ Des petites entreprises
- ☐ Des grandes entreprises

✓ Le taux de TVA applicable à votre projet sera le suivant :

Taux applicable : .... %

Sources légales consultées :

....

....

....

Utiliser la gestion au service de son projet

La gestion est primordiale pour la réussite de votre projet. Vous devez mettre en place un système d'informations vous permettant de suivre votre activité au plus près.

Les tests

En matière de gestion d'entreprise, deux points essentiels sont à suivre :

- **la rentabilité** : capacité de l'entreprise à générer des bénéfices ;
- **la solvabilité** : capacité de l'entreprise à payer ses dettes.

QUELS SONT VOS INDICATEURS CLÉS CONCERNANT VOTRE RENTABILITÉ ?

Précédemment, vous avez déterminé quelle activité type vous allez exercer. Chacune de ces 6 activités types présente des indicateurs de gestion particuliers à suivre.

✓ Recherchez, en fonction de la nature de votre activité, les indicateurs de gestion à suivre.

MON CAS	TYPE D'ACTIVITÉ	3 INDICATEURS DE GESTION À SUIVRE
☐	Type 1 : Je vais acheter des matières premières que je vais transformer pour obtenir des produits à vendre.	• Quantité de matière utilisée par unité de production. • Coût de revient de mon unité de production. • Marge réalisée lors de la vente de mon unité de production.
☐	Type 2 : Je vais acheter des matières premières que je vais transformer en vue de leur consommation rapide (éventuellement sur place).	• Pertes en quantité de matière et/ou en coût de matière. • Coût de revient de mon unité de production. • Marge réalisée lors de la vente de mon unité de production.

MON CAS	TYPE D'ACTIVITÉ	3 INDICATEURS DE GESTION À SUIVRE
☐	Type 3 : Je vais créer une installation dont je vais vendre l'utilisation.	• Taux d'occupation de mon installation. • Coûts d'entretien de mon installation. • Coûts de fonctionnement de mon installation.
☐	Type 4 : Je vais acheter des marchandises que je vais revendre sans aucune transformation.	• Taux de marge moyen sur une période choisie. • Rotation des stocks proposés à la vente. • Importance des invendus.
☐	Type 5 : Je vais acheter des matériels que je vais louer à des utilisateurs.	• Taux d'utilisation de mes matériels. • Coûts d'entretien de mes matériels. • Taux de casse des matériels loués.
☐	Type 6 : Je vais vendre mon temps de travail manuel ou intellectuel.	• Taux de vente de mes heures de travail. • Taux d'acceptation des devis proposés. • Coût des heures de travail.

QUELS SONT VOS INDICATEURS CLÉS CONCERNANT LE FINANCEMENT DE VOTRE CYCLE D'EXPLOITATION ?

Vous devez connaître les éléments du financement de votre cycle d'exploitation de façon précise.

✓ Recherchez, en fonction de votre activité, les indicateurs concernant votre cycle d'exploitation les plus pertinents.

INDICATEUR DE SOLVABILITÉ	L'IMPORTANCE DE CET INDICATEUR POUR MON ACTIVITÉ EST…		
	FORTE	MOYENNE	FAIBLE
Le ***crédit*** que vous accordez à vos ***clients*** : il correspond au délai de paiement que vous leur proposez.	☐	☐	☐
Le ***crédit*** que vous obtenez de vos ***fournisseurs*** : il exprime le délai moyen de paiement accordé par vos fournisseurs.	☐	☐	☐
Le ***délai de stockage*** : il indique le nombre de jours de chiffre d'affaires que représentent les stocks (marchandises, produits finis et travaux en cours).	☐	☐	☐
La ***saisonnalité*** de l'activité	☐	☐	☐

SOURCE PROFESSIONNELLE

Quelques définitions des éléments de gestion utilisés :

- **Saisonnalité de l'activité :** le caractère saisonnier de l'activité implique un décalage dans le processus de production entre les achats, la production et les ventes ; il s'ensuit des déséquilibres temporaires potentiels de la trésorerie.
- **Actifs à court terme :** liquidités et autres éléments d'actif de l'entreprise qui peuvent être rapidement convertis en liquidités (les stocks, les créances à court terme, les placements de trésorerie, les chèques et les effets à encaisser, les comptes courants bancaires et la caisse).
- **Passifs à court terme :** ensemble des dettes devant être réglées à moins d'un an (dettes envers les fournisseurs, l'État, les organismes sociaux, le personnel, les établissements financiers, etc.).
- **Disponibilités :** actifs les plus liquides d'une entreprise (compte de caisse et soldes disponibles sur comptes bancaires).

VOS RÉPONSES, NOS CONSEILS

Ces deux tests vous permettent d'avoir les premiers indicateurs à intégrer dans votre tableau de bord. N'oubliez pas que toute entreprise :

- n'a qu'un seul objectif qui est de gagner de l'argent (c'est la condition essentielle pour permettre un développement de votre entreprise) ;
- n'a qu'une seule contrainte qui est de payer ses dettes (c'est la condition essentielle à la survie de votre entreprise).

Il est maintenant temps d'entrer dans quelques calculs pour déterminer vos normes de gestion et l'importance des fonds nécessités par l'activité que vous envisagez. Ces normes de gestion seront en lien avec la nécessité de créer des bénéfices et avec celle d'honorer ses dettes.

Booster vos performances

EXERCICE 1 : AFFINER SES INDICATEURS DE RENTABILITÉ

Vous allez maintenant affiner vos indicateurs de gestion, fixer vos normes en quelque sorte, en fonction de votre activité.

✓ **Déterminez vos normes de gestion personnelles en fonction de votre activité type.**

TYPES D'ACTIVITÉ	INDICATEURS DE GESTION	MODE DE CALCUL	MA NORME DE GESTION
Type 1	Quantité de matière utilisée (QM) par unité de production (U_p).	QM/U_p	
	Coût de revient (CR) de mon unité de production.	Vous avez déterminé ce coût de revient p. 288 et suiv.	
	Marge réalisée lors de la vente de mon unité de production (il s'agit de la différence en taux entre le prix de vente - PV - et le coût de revient - CR).	(PV - CR)/PV	
Type 2	Pertes en quantité de matière et/ou en coût de matière (on peut mesurer cet indicateur en comparant la matière perdue - M_p - à la matière achetée - M_A).	M_p/M_A	
	Coût de revient (CR) de mon unité de production.	Vous avez déterminé ce coût de revient p. 288 et suiv.	
	Marge réalisée lors de la vente de mon unité de production (il s'agit de la différence en taux entre le prix de vente - PV - et le coût de revient - CR).	(PV - CR)/PV	

TYPES D'ACTIVITÉ	INDICATEURS DE GESTION	MODE DE CALCUL	MA NORME DE GESTION
Type 3	Taux d'occupation de mon installation (on peut mesurer ce taux en comparant la durée d'utilisation - D_U - à la durée totale possible - D_T).	D_U/D_T	
	Coûts d'entretien de mon installation.	Vous avez déterminé ce coût pour calculer le coût de revient p. 288 et suiv.	
	Coûts de fonctionnement de mon installation.		
Type 4	Taux de marge moyen sur une période choisie (il s'agit de la différence en taux entre le chiffre d'affaires réalisé sur la période - CA - et le coût des marchandises vendues durant la même période - C_{MV}).	$(CA - C_{MV})/CA$	
	Rotation des stocks proposés à la vente (il s'agit du rapport entre le coût des marchandises vendues de la période - C_{MV} - et du stock moyen de cette même période - S_M).	C_{MV}/S_M	
	Importance des invendus (il s'agit du rapport entre le coût des marchandises invendues - C_{MI} - et le coût des marchandises achetées - C_{MA}).	C_{MI}/C_{MA}	
Type 5	Taux d'utilisation de mes matériels (on peut mesurer ce taux en comparant la durée d'utilisation - D_U - à la durée totale possible - D_T).	D_U/D_T	
	Coûts d'entretien de mes matériels.	Vous avez déterminé ce coût pour calculer le coût de revient p. 288 et suiv.	
	Taux de casse des matériels loués (on peut mesurer ce taux en comparant le nombre de matériels endommagés à la fin de la location - M_E - au nombre de matériels loués - M_L).	M_E/M_L	

TYPES D'ACTIVITÉ	INDICATEURS DE GESTION	MODE DE CALCUL	MA NORME DE GESTION
Type 6	Taux de vente des heures de travail (on mesure ce taux en comparant le nombre d'heures vendues - N_{HV} - au nombre d'heures travaillées - N_{HT}).	N_{HV}/N_{HT}	
	Taux d'acceptation des devis proposés (on mesure ce taux en comparant le nombre de devis acceptés - N_{DA} - au nombre de devis proposés - N_{DP}).	N_{DA}/N_{DP}	
	Coût des heures de travail.	Vous avez déterminé ce coût p. 288 et suiv.	

EXERCICE 2 : **AFFINER SA CONNAISSANCE DU FINANCEMENT DU CYCLE D'EXPLOITATION**

Vous allez maintenant affiner les indicateurs de votre cycle d'exploitation et déterminer vos normes de gestion en la matière.

✓ **Déterminez le besoin en fonds de roulement de votre activité.**

ÉLÉMENTS GÉNÉRAUX			
Composantes	Formules de calcul	Votre résultat	Observations
Chiffre d'affaires hors taxes retenu	CA_R	€	Ce CA est forcément supérieur à celui calculé pour le seuil de rentabilité p. 295.
Taux de marge brute retenu	T_{MB}	%	Cf. p. 333.
Coût des ventes hors taxes	$C_V = CA_R/(1 + T_{MB})$	€	
Taux de TVA applicable à votre projet	T_{TVA}	%	Ce taux a été déterminé p. 315 et suiv.

PREMIER ÉLÉMENT DU BFR : LA VALEUR MOYENNE DU STOCK			
Composantes	Formules de calcul	Votre résultat	Observations
Durée moyenne de stockage	D_{ST}	...... jours	
Valeur moyenne du stock	$ST_M = (C_V \times D_{ST})/360$	€	Valeur en permanence investie dans le stock.
Valeur du stock moyen exprimée en jours de chiffre d'affaires hors taxes	$ST_{CA} = (ST_M \times 360)/CA_R$	...... jours de CAHT	Cette donnée sera utilisée dans le chapitre suivant.

DEUXIÈME ÉLÉMENT DU BFR : LA VALEUR MOYENNE DES CRÉANCES			
Composantes	Formules de calcul	Votre résultat	Observations
Durée moyenne de paiement accordée aux clients	D_{CL}	...... jours	
Montant moyen des créances des clients	$CL_M = (CA_R \times T_{TVA} \times D_{CL})/360$	€	Valeur en permanence investie dans les créances sur les clients.
Valeur des créances client moyennes exprimée en jours de chiffre d'affaires hors taxes	$CL_{CA} = (CL_M \times 360)/CA_R$	...... jours de CAHT	Cette donnée sera utilisée dans le chapitre suivant.

TROISIÈME ÉLÉMENT DU BFR : LA VALEUR MOYENNE DES DETTES ENVERS LES FOURNISSEURS			
Composantes	Formules de calcul	Votre résultat	Observations
Durée moyenne de paiement accordée par les fournisseurs	D_{FO}	...... jours	
Montant moyen des dettes envers les fournisseurs	$FO_M = (C_V \times T_{TVA} \times D_{FO})/360$	€	Valeur en permanence financée par les fournisseurs.
Valeur des dettes fournisseur moyennes exprimée en jours de chiffre d'affaires hors taxes	$FO_{CA} = (FO_M \times 360)/CA_R$	...... jours de CAHT	Cette donnée sera utilisée dans le chapitre suivant.

SYNTHÈSE : MONTANT DU BFR POUR LE CA CHOISI			
Besoins financiers		Ressources financières	
Valeur moyenne du stock (valeur de ST_M)	€	Montant moyen des dettes envers les fournisseurs (valeur de FO_M)	€
Montant moyen des créances des clients (valeur de CL_M)	€		
Total des besoins (B)	€	Total des ressources (R)	
Besoin en fonds de roulement net (BFR) : *si B > R, alors B - R*	€	Ressource de fonds de roulement nette (RFR) : *si R > B, alors R - B*	€

Dans la plupart des activités, on trouve un besoin en fonds de roulement. Les activités dégageant une ressource de fonds de roulement sont assez rares[18].

SOURCE PROFESSIONNELLE

- **Le besoin en fonds de roulement (BFR)** est la somme nécessaire que l'entreprise doit posséder pour payer ses charges courantes en attendant de recevoir le paiement dû par ses clients.
- **Le coût des ventes** regroupe toutes les dépenses directement associées à l'achat ou à la production du bien ou du service commercialisé, comme l'achat de marchandises pour un commerçant qui achète en gros et revend au détail.

✓ Déterminez les effets de la saisonnalité de votre activité.[19]

ÉLÉMENT DU BFR	MOIS À LA FIN DUQUEL L'ÉLÉMENT CONCERNÉ EST LE PLUS…		AMPLITUDE DE LA SAISONNALITÉ[2]
	… HAUT (H)	… BAS (B)	
Niveau des stocks			
Montant des créances sur les clients			
Montant des dettes envers les fournisseurs			

18 L'activité typique dégageant une ressource de fonds de roulement est la grande distribution : le délai de stockage est court, les clients règlent comptant en sortant du magasin, les fournisseurs en revanche sont réglés avec des délais de paiement importants.

19 Cette amplitude est le rapport entre le mois le plus fort et le plus faible. Par exemple, si votre stock est trois fois plus gros avant les fêtes de fin d'année qu'après, notez « 3 ».

Vous pouvez utiliser ces dernières informations pour affiner le calcul de votre besoin en fonds de roulement si votre activité est soumise à une saisonnalité forte.

Toujours plus loin

À ce stade, vous avez fixé les principaux indicateurs de gestion de votre projet.

✓ **Récapitulez ces indicateurs dans ces tableaux.**

Type d'activité :	☐ Type 1 ☐ Type 2 ☐ Type 3 ☐ Type 4 ☐ Type 5 ☐ Type 6	Chiffre d'affaires hors taxes retenu :	€

	NOM DES INDICATEURS	VALEURS
Vos 3 indicateurs de rentabilité		
Vos indicateurs du cycle d'exploitation	BFR en euros relatif au chiffre d'affaires retenu (noté CAR plus haut)	€
	La saisonnalité de votre activité est-elle forte ?	☐ Oui ☐ Non

✓ **Notez ici comment se constitue votre besoin en fonds de roulement en fonction de votre chiffre d'affaires.**

POSTES DU CALCUL	CALCULS	VALEURS
+ Valeur des stocks moyens exprimée en jours de chiffre d'affaires hors taxe	ST_{CA}	…… jours de CAHT
+ Valeur des créances client moyennes exprimée en jours de chiffre d'affaires hors taxe	CL_{CA}	…… jours de CAHT
= Total des besoins	BE_{CA}	…… jours de CAHT
+ Valeur des créances client moyennes exprimée en jours de chiffre d'affaires hors taxe	FO_{CA}	jours de CAHT
– Total des ressources	RE_{CA}	…… jours de CAHT
Besoin en fonds de roulement exprimé en jours de chiffre d'affaires hors taxe	$RE_{CA} - BE_{CA} = BFR_{CA}$	…… jours de CAHT

Le besoin en fonds de roulement calculé de cette façon (en fonction des délais de paiement et de stockage moyens) est appelé « besoin en fonds de roulement normatif ». Il met en relation le niveau du chiffre d'affaires avec le besoin de financement lié à ce niveau de chiffre d'affaires. Dans ce sens, c'est un outil essentiel aux prévisions financières. Il vous permettra d'anticiper vos besoins futurs en fonction du niveau d'activité que vous souhaitez atteindre.

Connaître l'économie de son projet

Ce chapitre va être consacré à l'économie de votre projet. Vous allez préparer vos prévisions d'activité et de résultat pour les trois premières années. Pourquoi trois ans ? Parce que c'est la durée habituelle des documents prévisionnels que vous allez être amené à montrer à vos financeurs (banquiers et autres). Parce que c'est aussi une durée suffisamment courte pour que les prévisions soient relativement simples à faire.

Les tests

Vous allez d'abord faire le point sur le niveau d'activité que vous souhaitez réaliser pour les trois premières années de votre projet.

QUELLES SONT VOS PRÉVISIONS DE VENTE ?

✓ En partant de la liste des biens ou services que vous souhaitez proposer à vos clients[20], déterminez ici vos prévisions de vente (à faire pour chacune des trois années de votre prévisionnel).

PRÉVISIONS DE CHIFFRE D'AFFAIRES POUR L'ANNÉE			☐ 1 ☐ 2 ☐ 3
Biens ou services types proposés au marché	Nombre d'U_V prévu (a)	Prix de vente choisi par U_V (b)	CA prévu (a x b)
1.	U_V	€	€
2.	U_V	€	€
3.	U_V	€	€
4.	U_V	€	€
5.	U_V	€	€
Total du chiffre d'affaires prévu pour l'année			€

20. Vous les avez listés p. 292.

Précédemment, vous avez déterminé plusieurs prix possibles. Ne notez ici, pour chaque bien ou service, que le prix que vous avez choisi en définitive.

Si vous souhaitez ouvrir un magasin de chaussures, ce tableau pourrait être complété comme ceci :

BIENS OU SERVICES TYPES PROPOSÉS AU MARCHÉ	NOMBRE D'UV PRÉVU (A)	PRIX DE VENTE CHOISI PAR U_V (B)	CA PRÉVU (A X B)
1. Paires de chaussures vendues au prix fort	4 000 U_V	50 € (prix moyen)	200 000 €
2. Paires de chaussures vendues en soldes	2 000 U_V	30 € (prix moyen)	60 000 €

Ici, une UV correspond à une paire de chaussures vendue.

QUELLES SONT VOS PRÉVISIONS DE PRODUCTION ?

✓ **Convertissez les unités de vente en unités de production (à faire pour chacune des trois années de votre prévisionnel).**

PRÉVISIONS DE PRODUCTION POUR L'ANNÉE			☐ 1 ☐ 2 ☐ 3
Biens ou services types proposés au marché	Nombre d'U_V prévu (a)	Nombre d'U_P par U_V (b)	Nombre d'U_P à réaliser (a x b)
1.	U_V	… U_V pour une U_P	U_P
2.	U_V	… U_V pour une U_P	U_P
3.	U_V	… U_V pour une U_P	U_P
4.	U_V	… U_V pour une U_P	U_P
5.	U_V	… U_V pour une U_P	U_P

Ce tableau n'est à utiliser que pour les activités de production bien sûr. Dans le cas du magasin de chaussures par exemple, une unité de vente est égale à une unité de production : il s'agit d'une paire vendue.

QUELLES SONT VOS PRÉVISIONS DE MARGE BRUTE ?

Précédemment, vous avez déterminé la marge que vous attendez pour chacun de vos produits ou services génériques. Vous pouvez alors déterminer la marge globale que vous souhaitez atteindre pour chacune des trois premières années.

✓ Calculez la marge globale que vous souhaitez réaliser (à faire pour chacune des trois années de votre prévisionnel).

PRÉVISIONS DE CHIFFRE D'AFFAIRES POUR L'ANNÉE			☐ 1 ☐ 2 ☐ 3
Biens ou services types proposés au marché	Nombre d'U_p prévu (a)	Marge réalisée par U_p (b)	Marge totale attendue (a x b)
1.	U_p	€	€
2.	U_p	€	€
3.	U_p	€	€
4.	U_p	€	€
5.	U_p	€	€
Marge brute totale attendue			€

VOS RÉPONSES, NOS CONSEILS

Ces trois tests vous ont permis d'avoir une connaissance plus fine :

- de ce que vos clients vont vous acheter (les unités de ventes - UV) ;
- de ce que vous allez produire pour nourrir ces ventes (les unités de productions - UP) ;
- de la marge brute globale que vous souhaitez retirer de votre activité.

Vous allez pouvoir préciser vos objectifs de résultat avec ces données. Le point principal ici sera de construire vos comptes de résultat prévisionnels (avant l'incidence des financements et investissements que nous verrons ensuite).

Booster vos performances

En partant de ces premiers résultats, vous allez maintenant pousser plus loin vos prévisions. Il va s'agit de vérifier si le niveau d'activité que vous projetez sera suffisant, compte tenu de votre structure, pour dégager des bénéfices.

EXERCICE 1 : VÉRIFIER SON SEUIL DE RENTABILITÉ

Pour que votre activité génère des bénéfices, elle doit dépasser son seuil de rentabilité. Autrement dit, son chiffre d'affaires doit permettre de générer une marge brute supérieure aux frais fixes.

✓ Prévoyez l'évolution de vos frais de structure.

Précédemment, vous avez déterminé les frais de structure de votre projet. Ces frais peuvent changer dans le temps (augmentation des prix, embauches, etc.). Vous allez donc devoir calculer un seuil de rentabilité pour chaque année à l'aide de ce tableau :

CALCUL DU SEUIL DE RENTABILITÉ PRÉVISIONNEL POUR L'ANNÉE			☐ 1 ☐ 2 ☐ 3
Postes du calcul	Calculs		Valeurs
Chiffre d'affaires	CA		€
Marge brute totale attendue correspondante	MB		€
Taux de marge brute attendu	T_{MB} = MB/CA		%
Postes du calcul	Montant de l'année précédente[21]	Coefficient	Montant retenu pour l'année
Coûts d'administration prévus	€		€
Coûts commerciaux prévus	€		€
Coûts des investissements prévus (hors ceux intégrés dans les coûts de production)	€		€
Total des frais de structure prévus pour l'année	F_{ST}		€
Seuil de rentabilité de l'année	SR = F_{ST} / T_{MB}		€

Ceci fait, vous avez deux solutions :

21 Sauf la première année, bien sûr.

- SR < CA : c'est la solution idéale, votre activité sera bénéficiaire ;
- SR > CA : dans ce cas, vous allez générer des pertes, si ce n'est pas prévu[22], reprenez votre dossier pour arriver dans la situation bénéficiaire.

EXERCICE 2 : CONSTRUIRE SES COMPTES DE RÉSULTAT PRÉVISIONNEL (RÉSULTATS D'EXPLOITATION)

Vous allez construire ici la première partie de vos comptes de résultat prévisionnels, celle traitant de votre activité économique.

✓ **En partant des données fixées ci-dessus, construisez vos comptes de résultat prévisionnels à l'aide de ce tableau.**

<table>
<tr><th colspan="3">COMPTE DE RÉSULTAT D'EXPLOITATION PRÉVISIONNEL POUR L'ANNÉE</th><th>☐ 1
☐ 2
☐ 3</th></tr>
<tr><th colspan="2">Postes du compte de résultat</th><th>Sources ou contrôles</th><th>Valeurs</th></tr>
<tr><td colspan="2">Chiffre d'affaires attendu (pour mémoire)</td><td>Test 1.</td><td>€</td></tr>
<tr><td colspan="2">+ Marge brute totale attendue correspondante</td><td>Test 3.</td><td>€</td></tr>
<tr><td rowspan="3">Frais de structure</td><td>- Coûts d'administration prévus</td><td rowspan="3">Reprendre les montants notés dans le test précédent.</td><td>€</td></tr>
<tr><td>- Coûts commerciaux prévus</td><td>€</td></tr>
<tr><td>- Coûts des investissements prévus (hors ceux intégrés dans les coûts de production)</td><td>€</td></tr>
<tr><td colspan="3">= Résultat d'exploitation prévu pour l'année (avant impôts et amortissements)</td><td>€</td></tr>
</table>

Ce compte de résultat prévisionnel n'est qu'une première approche, il sera affiné dans le chapitre suivant.

22 Sur les débuts d'un projet, quelques pertes peuvent exister le temps d'atteindre le rythme de croisière, mais elles ne doivent pas durer trop longtemps.

Toujours plus loin

Ce chapitre vous a conduit à entrer dans le cœur économique de votre projet ; c'est son moteur. S'il ne fonctionne pas bien, c'est l'ensemble de votre projet qui est en danger. Bien sûr, il ne s'agit que de prévisions, mais elles décrivent aussi votre perception du futur que vous vous construisez.

✓ **Faites la synthèse de vos prévisions dans ce tableau.**

	ANNÉE 1	ANNÉE 2	ANNÉE 3
Prévision de production par biens ou services			
1.	U_p	U_p	U_p
2.	U_p	U_p	U_p
3.	U_p	U_p	U_p
4.	U_p	U_p	U_p
5.	U_p	U_p	U_p
Prévisions de chiffres d'affaires	€	€	€
Prévisions de marges brutes	€	€	€
Le seuil de rentabilité de l'année est-il dépassé ?	☐ Oui ☐ Non	☐ Oui ☐ Non	☐ Oui ☐ Non
Prévisions de résultats	€	€	€
Prévisions de besoins en fonds de roulement[23] (déterminées en fonction des données du chapitre précédent)	€	€	€
Ces prévisions sont-elles réalistes et atteignables ?	☐ Oui ☐ Non	☐ Oui ☐ Non	☐ Oui ☐ Non

La dernière question de ce tableau est essentielle ! Si vous êtes amené à y donner une réponse négative, reprenez l'ensemble de ce chapitre jusqu'à ce que la réponse concernée devienne positive.

23 Pour obtenir ces valeurs : (CA de l'année x BFRCA) / 360

Financer son projet

Financer son projet, c'est lui donner l'oxygène nécessaire pour qu'il s'épanouisse. Vous allez explorer les pistes possibles dans ce chapitre.

Les tests

QUELS INVESTISSEMENTS AVEZ-VOUS À FAIRE POUR DÉVELOPPER L'ÉCONOMIE PRÉVUE AU CHAPITRE PRÉCÉDENT ?

✓ Listez les investissements nécessaires pour pouvoir atteindre l'activité prévue.

DESCRIPTION DES INVESTISSEMENTS	PRIX D'ACQUISITION HT	MOIS D'ACHAT	DURÉE D'UTILISATION ENVISAGÉE
Immobilisations incorporelles			
	€		… années
	€		… années
	€		… années
Immobilisations corporelles			
	€		… années
	€		… années
	€		… années
Immobilisations financières			
	€		… années
	€		… années
	€		… années
Total des investissements prévus	€		

SOURCE PROFESSIONNELLE

- **Les immobilisations incorporelles** correspondent aux actifs de l'entreprise qui n'ont pas de substance physique et qui ne sont pas monétaires. Par exemple, on retrouve dans cette catégorie les fonds de commerce, les logiciels, les brevets, etc.
- **Les immobilisations corporelles** correspondent à des actifs physiques que l'entreprise entend utiliser au-delà de la clôture de l'exercice comptable en cours. Les immobilisations corporelles sont composées de plusieurs catégories : les terrains, les constructions, l'agencement et les installations générales, l'outillage, le matériel, les véhicules, le mobilier et les équipements informatiques.
- **Les immobilisations financières** correspondent aux actifs monétaires de l'entreprise. On retrouve notamment en immobilisations financières : les titres de participation et les éventuelles créances rattachées, les titres immobilisés, les prêts accordés par l'entreprise, les dépôts et les cautionnements.

COMMENT ALLEZ-VOUS FINANCER CES INVESTISSEMENTS ?

✓ Indiquez les principales caractéristiques des sources de financement que vous allez mettre en place dans un tableau de ce type.

DESCRIPTION DES INVESTISSEMENTS	PRIX D'ACQUISITION HT	TYPE DE FINANCEMENT	SI EMPRUNT	
			TAUX PRÉVU	DATE DE VERSEMENT
Immobilisations incorporelles				
	€	☐ Emprunt ☐ Crédit-bail[24] ☐ Fonds propres[25]	%	…/…/…
	€	☐ Emprunt ☐ Crédit-bail ☐ Fonds propres	%	…/…/…

24 Dans le cadre d'un crédit-bail, une société financière (le crédit-bailleur) met un bien d'équipement à la disposition d'une entreprise pour une période déterminée, contre paiement d'une redevance périodique. Au terme du contrat, l'entreprise bénéficiaire a généralement le choix entre plusieurs options : soit restituer le bien, soit l'acquérir pour un montant défini lors de la conclusion du contrat.

25 Les fonds propres comprennent ici le capital apporté par les associés, mais aussi les apports en compte courant.

DESCRIPTION DES INVESTISSEMENTS	PRIX D'ACQUISITION HT	TYPE DE FINANCEMENT	SI EMPRUNT	
			TAUX PRÉVU	DATE DE VERSEMENT
Immobilisations corporelles				
	€	☐ Emprunt ☐ Crédit-bail ☐ Fonds propres	%	.../.../...
	€	☐ Emprunt ☐ Crédit-bail ☐ Fonds propres	%	.../.../...
Immobilisations financières				
	€	☐ Emprunt ☐ Crédit-bail ☐ Fonds propres	%	.../.../...
	€	☐ Emprunt ☐ Crédit-bail ☐ Fonds propres	%	.../.../...

SOURCE PROFESSIONNELLE

Pour que le financement d'une immobilisation soit correct d'un point de vue financier, il faut que la durée du financement soit cohérente avec la durée d'utilisation du bien financé. Par exemple, un véhicule de tourisme pourra être financé avec un emprunt ou un crédit-bail sur trois ou quatre ans.

QUELLES SONT LES INCIDENCES DE CES CHOIX SUR VOS RÉSULTATS ?

✓ Calcul des amortissements pour les biens acquis.

Cette partie ne concerne que les biens acquis par votre entreprise. L'amortissement consiste à répartir la valeur de ces biens sur la durée d'utilisation envisagée.

DESCRIPTION DES INVESTISSEMENTS ACQUIS	PRIX D'ACQUISITION HT (PHT)	DURÉE D'UTILISATION ENVISAGÉE (D)	AMORTISSEMENT ANNUEL AMO = PHT / D
Immobilisations incorporelles			
	€	années	€
	€	années	€
	€	années	€
Immobilisations corporelles			
	€	années	€
	€	années	€
	€	années	€
Totaux	€		€

✓ Calcul des frais financiers liés aux emprunts.

Pour compléter ce tableau, le mieux est d'avoir sous les yeux les offres de prêts reçues. Vous pouvez aussi estimer ces frais par des calculs financiers dont le détail excède le cadre de cet ouvrage.

ORGANISME FINANCIER	MONTANT DU PRÊT	DURÉE	DATE DE VERSEMENT	MENSUALITÉS	INTÉRÊTS À VERSER DURANT L'ANNÉE…		
					1	2	3
	€	ans	… /… /…	€	€	€	€
	€	ans	… /… /…	€	€	€	€
	€	ans	… /… /…	€	€	€	€
Totaux	€			€	€	€	€

VOS RÉPONSES, NOS CONSEILS

Votre « liste de courses » est prête : les investissements à faire pour créer votre outil économique (magasin, bureau, exercice, usine, etc.). Vous avez même déjà une idée précise des financements que vous allez rechercher pour investir et des incidences de ces financements sur les résultats et la trésorerie.

Vous avez donc tout ce qu'il faut pour affiner vos comptes de résultat prévisionnels et construire vos prévisions financières. C'est une partie essentielle, alors, allons-y !

Booster vos performances

Vous allez maintenant affiner vos prévisions de résultat et l'évolution de votre trésorerie pour les trois premières années.

EXERCICE 1 : CONSTRUIRE SES COMPTES D'EXPLOITATION PRÉVISIONNELS DES TROIS PREMIÈRES ANNÉES

Dans l'exercice 2 du chapitre précédent, vous avez fait une approche des prévisions de vos résultats pour les trois premières années. Vous allez l'approfondir ici pour en tirer des prévisions de trésorerie.

✓ **Développez vos comptes de résultat prévisionnels à l'aide de ce tableau.**

COMPTE DE RÉSULTAT D'EXPLOITATION PRÉVISIONNEL POUR L'ANNÉE			☐ 1 ☐ 2 ☐ 3
Postes du compte de résultat		Calculs	Valeurs
Chiffre d'affaires attendu (pour mémoire)		CA	€
Achat de matières premières et de marchandises		AC_{MP}	€
- Augmentation des stocks de matières premières et de marchandises		$ST\nearrow$	€
+ Diminution des stocks de matières premières et de marchandises		$ST\searrow$	€
= Achats consommés		$AC_{CO} = AC_{MP} - ST\nearrow + ST\searrow$	€
+ Marge brute totale attendue correspondante		$MB = CA - AC_{CO}$	€
Frais de structure	- Frais généraux achetés à l'extérieur	AC_{FG}	€
	- Loyers de crédit-bail	L_{CB}	€
	- Impôts et taxes	IMP	€
	Salaires prévus	SAL	€
	- Cotisations sociales prévues	C_{SO}	€
	- Amortissement des immobilisations	AMO	€
= Résultat d'exploitation prévu pour l'année		$R_{EX} = MB - AC_{FG} - L_{CB} - IMP - SAL - C_{SO} - AMO$	€
- Charges financières sur emprunts		C_{FIN}	€
= Résultat courant avant impôt sur les bénéfices		$R_{CAI} = R_{EX} - C_{FIN}$	€

SOURCE PROFESSIONNELLE

- **Le résultat d'exploitation** correspond à la différence entre les produits et les charges liées à l'exploitation des seuls facteurs de production. Le résultat d'exploitation est un bon indicateur de la performance économique d'une entreprise sur sa seule activité de production.
- **Le résultat courant avant impôt** permet de mesurer la rentabilité de l'exploitation compte tenu des choix qui ont été pris en matière de financement.

EXERCICE 2 : CONSTRUIRE SES PRÉVISIONS FINANCIÈRES DES TROIS PREMIÈRES ANNÉES

Dans cet exercice, les calculs présentés correspondent à une activité sans saisonnalité marquée. Si votre activité a une saisonnalité relativement marquée, il faudra adapter certains des calculs utilisés dans ces tableaux.

✓ Listez les délais de règlement dans le tableau suivant.

Les délais de règlement constituent le paramètre clé de construction des prévisions de trésorerie. Recensez donc les délais de paiement des divers produits et charges de l'entreprise. Dans le tableau ci-après, un délai de 30 jours est assimilé à un mois.

TIERS CONCERNÉS	DÉLAIS DE PAIEMENT APPLICABLES
Clients (pour les paiements comptant)	Aucun décalage.
Clients (pour les paiements avec un délai)	Délai de ...... jours.
Fournisseurs des achats entrant dans la production	Délai de ...... jours.
Fournisseurs des achats de frais généraux	Délai de ...... jours.
Salaires	Réglés le ...... du mois.
Cotisations sociales	☐ Réglées le mois suivant. ☐ Réglées le premier mois du trimestre suivant.

TIERS CONCERNÉS	DÉLAIS DE PAIEMENT APPLICABLES
TVA	☐ Réglée le mois suivant (régime du réel normal[26]). ☐ Réglée le premier mois du trimestre suivant (régime du réel normal[27]). ☐ Réglée sur une base annuelle en mai (régime du réel simplifié[28]).

SOURCE PROFESSIONNELLE

Dans les contrats entre professionnels, le paiement fait l'objet d'une négociation entre les partenaires commerciaux. Le délai de paiement doit obligatoirement figurer sur la facture et dans les CGV. Plusieurs délais de paiement sont possibles :

- **paiement comptant :** le client a l'obligation de payer le bien ou la prestation le jour de la livraison ou de la réalisation ;
- **paiement à réception :** avec un délai d'au moins une semaine, incluant le temps d'acheminement de la facture ;
- **paiement avec délai par défaut :** avec un délai maximal fixé au 30e jour suivant la réception des marchandises ou l'exécution de la prestation (en l'absence de mention de délai dans le contrat) ;
- **paiement avec délai négocié :** des clauses particulières figurant aux conditions de vente ou convenues entre les parties peuvent amener le délai jusqu'à 60 jours après l'émission de la facture ou, à condition d'être mentionné dans le contrat, à la fin du mois après 45 jours.

26 Le régime du réel normal concerne les entreprises redevables de la TVA dont le CAHT est supérieur à :

– 238 000 € pour les prestations de services ;

– 789 000 € pour les activités d'achat-revente, de vente à consommer sur place et de fourniture de logement.

27 Toujours dans le régime du réel normal, si la TVA payée chaque année est inférieure à 4 000 €, il est possible d'opter pour une déclaration et un versement trimestriels.

28 Le régime du réel simplifié concerne les entreprises réalisant un CAHT annuel compris entre :

– 33 200 € et 238 000 € pour les prestations de service et les professions libérales relevant des BNC et des BIC ;

– 82 800 € et 789 000 € pour les activités de commerce et d'hébergement (hôtels, chambres d'hôtes, gîtes ruraux, meublés de tourisme).

✓ En partant des prévisions de l'exercice 1 et de celles du test 2, déterminez les encaissements attendus pour les trois premières années.

ENCAISSEMENTS ATTENDUS DURANT L'ANNÉE		☐ 1 ☐ 2 ☐ 3
	Calculs	Valeurs
Première partie : encaissements liés à l'activité		
Chiffre d'affaires attendu	CA	€
Taux de TVA sur les ventes	TVA_V	%
Délai de paiement des clients (voir plus haut)	D_C	jours
Part des clients payant comptant	C_{CT}	%
Créances clients à la fin de l'année précédente (0 pour l'année 1 - prendre CR(N) de l'année précédente pour les autres années)	$CR_{(N-1)}$	€
CA toutes taxes comprises	$CA_{TTC} = CA \times (1 + TVA_V)$	€
Part payée au comptant	$EN_{CT} = CA_{TTC} \times C_{CT}$	€
Part payée avec un délai	$EN_{DE} = CA_{TTC} - EN_{CT}$	€
Part restant à encaisser à la fin de l'année	$CR_{(N)} = EN_{DE} \times D_C / 360$	€
Encaissements de l'année liés au chiffre d'affaires (a)	$EN_{CA} = CR_{(N-1)} + CA_{TTC} - CR_{(N)}$	€
Seconde partie : encaissements liés aux opérations de financement		
Versement du capital (ou des augmentations de capital)		€
Encaissement des emprunts négociés avec les organismes financiers		€
Versement en compte courant d'associés		€
Prix de vente des immobilisations cédées		€
Encaissements de l'année liés aux opérations de financement (b)		€
Total des encaissements de l'année (a + b)		€

✓ En partant des prévisions de l'exercice 1 et de celles du test 1, déterminez les décaissements attendus pour les trois premières années.

DÉCAISSEMENTS ATTENDUS DURANT L'ANNÉE		☐ 1 ☐ 2 ☐ 3
	Calculs	Valeurs
Première partie : décaissements liés aux fournisseurs de matières premières et marchandises		
Achats de matières premières et de marchandises prévus	AC_{MP}	€
Taux de TVA sur ces achats	TVA_{MP}	%
Délai de paiement des fournisseurs concernés (voir plus haut)	DF_{MP}	jours
Dettes fournisseurs à la fin de l'année précédente (0 pour l'année 1 - prendre DMP(N) de l'année précédente pour les autres années)	$D_{MP(N-1)}$	€
Achats toutes taxes comprises	$AC_{MP(TTC)} = AC_{MP} \times (1 + TVA_{MP})$	€
Part restant à encaisser à la fin de l'année	$D_{MP(N)} = AC_{MP(TTC)} \times DF_{MP} / 360$	€
Décaissements liés aux fournisseurs d'achats entrant dans la production (a)	$DE_{MP} = D_{MP(N-1)} + ACP_{MP(TTC)} - D_{MP(N)}$	€
Deuxième partie : décaissements liés aux fournisseurs de frais généraux		
Achats de frais généraux prévus	AC_{FG}	€
Taux de TVA sur ces achats de frais généraux	TVA_{FG}	%
Délai de paiement des fournisseurs concernés (voir plus haut)	DF_{FG}	jours
Dettes fournisseurs à la fin de l'année précédente (0 pour l'année 1 - prendre $D_{FG(N)}$ de l'année précédente pour les autres années)	$D_{FG(N-1)}$	€
Achats toutes taxes comprises	$AC_{FG(TTC)} = AC_{FG} \times (1 + TVA_{FG})$	€
Part restant à payer à la fin de l'année	$D_{FG(N)} = AC_{FG(TTC)} \times DF_{FG} /360$	€
Décaissements liés aux fournisseurs de frais généraux (b)	$DE_{FG} = D_{FG(N-1)} + ACP_{FG(TTC)} - D_{FG(N)}$	€
Troisième partie : décaissements liés aux salaires		
Masse salariale brute prévue	MS_B	€
Taux de cotisations sociales salariales moyen	TC_{SAL}	%
Paiement le mois même ?	☐ Oui ☐ Non	

DÉCAISSEMENTS ATTENDUS DURANT L'ANNÉE		☐ 1 ☐ 2 ☐ 3
	Calculs	Valeurs
Salaires nets à payer à la fin de l'année précédente (0 pour l'année 1 - prendre $D_{SAL(N)}$ de l'année précédente pour les autres années)	$D_{SAL(N-1)}$	€
Masse salariale nette de l'année	$MS_{NET} = MS_B \times (1 + TC_{SAL})$	€
Part restant à payer à la fin de l'année (si les salaires ne sont pas payés le mois même)	$D_{SAL(N)} = MS_B / 12$	€
Décaissements liés aux salaires (c)	$DE_{SAL} = D_{SAL(N-1)} + MS_{NET} - D_{SAL\ (N)}$	€
Quatrième partie : décaissements liés aux cotisations sociales		
Taux de cotisations sociales patronales moyen	TC_{PAT}	%
Paiement des cotisations	☐ Au mois ☐ Au trimestre	
Cotisations sociales à payer à la fin de l'année précédente (0 pour l'année 1 - prendre $D_{CS(N)}$ de l'année précédente pour les autres années)	$D_{CS(N-1)}$	€
Cotisations sociales à payer de l'année	$C_{SOC} = MS_B \times (TC_{PAT} + TC_{SAL})$	€
Part restant à payer à la fin de l'année	Si paiement mensuel : $D_{CS(N)} = MS_B / 12$	€
	Si paiement trimestriel : $D_{CS(N)} = MS_B / 4$	€
Décaissements liés aux cotisations sociales (d)	$DE_{SAL} = D_{SAL(N-1)} + MS_{NET} - D_{SAL(N)}$	€
Cinquième partie : décaissements liés aux opérations de financement		
Remboursement du capital		€
Versement de dividendes		€
Part du capital des emprunts remboursée		€
Retraits du compte courant d'associés		€
Achats d'immobilisations		€
Décaissements de l'année liés aux opérations de financement (e)		€
Total des décaissements de l'année (a + b + c + d + e)		€

✓ En partant des tableaux précédents, déterminez les mouvements de trésorerie attendus concernant la TVA (hors investissements).

MOUVEMENTS LIÉS À LA TVA DURANT L'ANNÉE		☐ 1 ☐ 2 ☐ 3
	Calculs	Valeurs
Chiffre d'affaires attendu (pour mémoire)	CA	€
Taux de TVA sur les ventes	TVA_V	%
Délai de paiement de la TVA	☐ Au mois ☐ Au trimestre	
TVA collectée sur le CA durant la période	$TVA_{COL} = CA \times TVA_V$	€
TVA déductible sur les achats (matières premières, marchandises et frais généraux)	$TVA_{DED} =$ $AC_{MP} \times TVA_{MP}$ $+ AC_{FG} \times TVA_{FG}$	€
Mouvements de trésorerie liés à la TVA	$TVA_{NET} = TVA_{COL} - TVA_{DED}$	€
Créances ou dette de TVA à la fin de l'année précédente (0 pour l'année 1 - prendre TVA_N de l'année précédente pour les autres années)	$TVA_{(N-1)}$	€
Part restant à payer ou à encaisser à la fin de l'année	Si paiement mensuel : $TVA_{(N)} = TVA_{NET} / 12$	€
	Si paiement trimestriel : $TVA_{(N)} = TVA_{NET} / 4$	€
Décaissements (ou encaissements) liés à la TVA	$DE_{TVA} = TVA_{(N-1)} + TVA_{NET}$ $- TVA_{(N)}$	€

Toujours plus loin

Ce chapitre clôture la partie chiffrée de votre projet.

Mettez en rapport les besoins financiers et les ressources financières.

	ANNÉE 1	ANNÉE 2	ANNÉE 3
Investissements prévus (test 1)	€	€	€
Besoin en fonds de roulement prévu (chapitre précédent)	€	€	€
Total des besoins	€	€	€
Capitaux apportés par les associés (test 2)	€	€	€
Capitaux empruntés (test 3)	€	€	€
Total des ressources	€	€	€

Il est évident ici que les ressources doivent être supérieures aux besoins : la différence constituera votre trésorerie. Le cas le plus favorable est celui où cette trésorerie est positive. Si ce n'est pas le cas, soit vous obtenez de votre banquier une autorisation de découvert, soit vous devez reprendre votre dossier.

✓ **Reprenez les résultats de l'exercice 2 pour vérifier l'équilibre de votre trésorerie pour les trois premières années.**

	ANNÉE 1	ANNÉE 2	ANNÉE 3
Total des encaissements prévus (a)	€	€	€
Total des décaissements prévus (b)	€	€	€
Total des décaissements (ou encaissement) de TVA prévus (c)	€	€	€
Total des flux de trésorerie de l'année (a - b ± c)	€	€	€
Flux de trésorerie cumulés	€	€	€

L'approche de ce tableau est différente de celle du précédent, mais complémentaire. Ici, le total des flux de trésorerie doit être positif. Si ce n'est pas le cas, il vous faudra modifier votre dossier.

Lancer sa nouvelle activité

Vous voilà arrivé à la dernière étape, celle du lancement de votre activité. Dans celle-ci, vous allez déterminer les derniers points importants, telle la forme juridique que prendra votre activité. Vous allez lister les formalités à accomplir pour pouvoir vous lancer en toute sécurité juridique.

SOURCE PROFESSIONNELLE

N'hésitez pas à consulter un spécialiste si votre projet est un peu en dehors des sentiers battus ou s'il présente quelques caractéristiques particulières. Le cadre limité de cet ouvrage ne permet pas d'être exhaustif.

Les tests

Le lancement de votre projet nécessite le choix d'une structure juridique. C'est l'objet des tests présentés ici.

ALLEZ-VOUS TRAVAILLER EN INDÉPENDANT OU EN SOCIÉTÉ ?

✓ Déterminez quelles formes juridiques sont possibles en fonction du type d'activité de votre projet.

MON CAS	TYPE D'ACTIVITÉ	ENTREPRISE INDIVIDUELLE	MICRO-ENTREPRISE[29]	SOCIÉTÉ COMMERCIALE
☐	Agricole[30]	✓		✓
☐	Artisanale	✓	✓	✓
☐	Commerciale	3	✓	3

29 Reportez-vous aussi à la p. 311, pour voir la liste des activités interdites aux micro-entrepreneurs.
30 Concernant les activités agricoles, il existe des formes de groupement ou de sociétés plus adaptées que les formes générales présentées dans cet ouvrage. Rapprochez-vous des Chambres d'agriculture pour plus de renseignements.

MON CAS	TYPE D'ACTIVITÉ	ENTREPRISE INDIVIDUELLE	MICRO-ENTREPRISE	SOCIÉTÉ COMMERCIALE
☐	Industrielle	✓		✓
☐	Libérale[31]	✓	✓[32]	✓[33]

QUEL SERA LE RÉGIME SOCIAL DU DIRIGEANT ?

✓ Déterminez le régime social auquel vos rémunérations seront soumises en tant que dirigeant.

MON CAS	TYPE DE RÉGIME SOCIAL	PRÉCISIONS
Rs. 1 ☐	Travailleur indépendant	Le régime social des travailleurs indépendants est géré actuellement par le RSI[34]. Dans ce régime, il existe des cotisations minimales sur certaines garanties.
Rs. 2 ☐	Assimilé salarié	Dans ce régime, les dirigeants bénéficient de la même protection sociale que les salariés, à l'exception de l'assurance chômage.

QUELLES RESPONSABILITÉS AURONT LES ASSOCIÉS ?

✓ Déterminez les responsabilités que vos associés et vous-même êtes prêts à assumer.

MON CAS	TYPE DE RESPONSABILITÉ DES ASSOCIÉS	PRÉCISIONS
Re. 1 ☐	Responsabilité indéfinie	La « responsabilité indéfinie » des associés peut engager ceux-ci à répondre des dettes sociales (celles de la société) en lieu et place de la société jusqu'à extinction de celles-ci. Autrement dit, si la société rencontre des difficultés graves, les créanciers peuvent se retourner contre les associés, sous certaines conditions, pour que ceux-ci honorent les dettes sociales.

31 Il existe aussi des formes de sociétés spécifiques destinées aux activités libérales régies par un ordre professionnel. Adressez-vous à celui vous concernant pour plus de renseignements.
32 Sauf les activités relevant d'autres caisses que la Cipav ou le RSI.
33 Sauf pour les professions juridiques, judiciaires et de santé.
34 À l'heure de la rédaction de cet ouvrage, ce régime est appelé à être fusionné avec le régime général, sans autres précisions. Pour plus d'informations, reportez-vous au site : www.rsi.fr

Re. 2 ☐	Responsabilité limitée aux apports	La « responsabilité limitée » correspond aux situations dans lesquelles la responsabilité des associés est limitée par le montant de leurs apports à la société. Autrement dit, dans ce régime, l'associé ne peut perdre au maximum que le montant qu'il a investi ou les biens qu'il a apportés à la société.

QUEL SYSTÈME DE GOUVERNANCE SOUHAITEZ-VOUS METTRE EN PLACE ?

✓ Déterminez qui détiendra le pouvoir opérationnel.

MON CAS	TYPE DE POUVOIR OPÉRATIONNEL	PRÉCISIONS
Po. 1 ☐	Pouvoir opérationnel détenu en général par une seule personne	Cette personne est à même d'engager la société sans limites dans le cadre de son objet social.
Po. 2 ☐	Pouvoir opérationnel détenu par une ou plusieurs personnes et exercé sous le contrôle d'un organe de surveillance	Dans ce cas, les personnes détenant le pouvoir opérationnel agissent bien sûr dans le cadre de l'objet social, mais leurs pouvoirs peuvent être limités par la mise en place de limites d'action.

✓ Déterminez la durée du mandat du détenteur du pouvoir opérationnel.

MON CAS	DURÉE DU MANDAT	PRÉCISIONS
Du. 1 ☐	Le détenteur du pouvoir opérationnel peut être nommé pour une durée indéterminée	Le détenteur du pouvoir opérationnel, nommé sans limitation de durée, est présent essentiellement dans les formes de sociétés impliquant une très forte responsabilité des associés.
Du. 2 ☐	Le détenteur du pouvoir opérationnel est nommé pour une durée déterminée	Le détenteur du pouvoir opérationnel est nommé ici pour un certain nombre d'années, variables suivant les choix de sociétés. Il en est de même pour les membres des éventuels organes de surveillance.

✓ Déterminez comment seront nommés les détenteurs du pouvoir opérationnel.

MON CAS	NOMINATION DES DIRIGEANTS	PRÉCISIONS
No. 1 ☐	Le pouvoir au sein de l'assemblée des associés est réparti en fonction de la valeur de leurs apports	Ce mode de répartition du pouvoir est celui existant dans le monde capitaliste. C'est sans conteste le mode le plus répandu aujourd'hui.
No. 2 ☐	Le pouvoir au sein de l'assemblée des associés est réparti selon le principe : 1 personne = 1 voix	Ce mode de répartition du pouvoir est celui utilisé dans l'économie sociale et solidaire (toutes les formes coopératives) ainsi que dans le monde associatif.

VOS RÉPONSES, NOS CONSEILS

Vous savez maintenant que le choix de la forme juridique dépend de plusieurs facteurs. Il ne s'agit pas pour vous de choisir telle forme parce qu'un ami vous a dit que c'était bien, ou parce que tout le monde fait comme ça… Non, la forme juridique de votre entreprise doit :

- être en harmonie avec votre situation personnelle et ses évolutions possibles ;
- vous permettre de mesurer la responsabilité réelle prise par vos associés éventuels et par vous-même (y compris si votre entreprise rencontre des difficultés) ;
- fonctionner selon le type de gouvernance qui vous convient le plus.

Nous allons voir maintenant, en fonction de ces critères, les choix qui s'offrent à vous et comment, dans la pratique, créer l'entreprise ou la société que vous aurez choisie.

Booster vos performances

Vous avez maintenant tous les éléments pour choisir la forme juridique de votre nouvelle activité. Il ne vous reste plus qu'à la créer. Allons-y.

EXERCICE 1 : DÉTERMINER LA FORME JURIDIQUE LA PLUS ADAPTÉE

En fonction des choix faits dans les tests 2, 3 et 4, vous allez pouvoir déterminer les formes juridiques possibles parmi les formes habituellement utilisées.

✓ Indiquez ici quel sera votre choix de forme juridique.

VOS RÉPONSES AUX TESTS 2, 3 ET 4	FORMES DE SOCIÉTÉ POSSIBLES EN FONCTION DE VOS CHOIX			
	SNC	SARL/EURL	SAS/SASU	SA
Rs. 1	3	✓ (gérants majoritaires[35])		
Rs. 2		✓ (gérants minoritaires)	3	3
Re. 1	3			
Re. 2		3	3	3
Po. 1	3	3	3	
Po. 2			3	3
Du. 1	3	3	3	
Du. 2			3	3
No. 1	3	3	3	3
No. 2		3	3	3
Mon choix	☐	☐	☐	☐

35 Sont considérés comme gérants majoritaires les gérants qui possèdent, en pleine propriété ou en usufruit, seuls ou avec les éventuels autres cogérants, la moitié plus une des parts sociales. L'administration tient compte également des parts possédées par le conjoint ou le partenaire pacsé et les enfants mineurs ou détenues par des sociétés interposées.

SOURCE PROFESSIONNELLE

Formes de sociétés :

- **SNC :** société en nom collectif, cette forme de société est très proche de l'entreprise individuelle, sauf qu'il y a plusieurs associés.
- **SARL :** société à responsabilité limitée, c'est une forme de société très utilisée, mais dont l'attrait diminue actuellement (24 % des créations de sociétés en 2016 selon l'Insee).
- **EURL :** entreprise unipersonnelle à responsabilité limitée, c'est la version à un seul associé de la SARL dont l'attrait diminue aussi (16 % des créations de sociétés en 2016 selon l'Insee).
- **SAS :** société par actions simplifiées, c'est la forme de société la plus récente et qui rencontre un réel succès chez les créateurs d'entreprises (23 % des créations de sociétés en 2016 selon l'Insee).
- **SASU :** société par actions simplifiée unipersonnelle, version unipersonnelle de la précédente rencontrant aussi un succès très important (33 % des créations de sociétés en 2016 selon l'Insee).
- **SA :** société anonyme, plutôt réservée aux projets importants.

EXERCICE 2 : LE CENTRE DE FORMALITÉS CONCERNÉ PAR SON ACTIVITÉ

Les formalités de création d'entreprise ont été considérablement simplifiées grâce à la mise en place des Centres de formalités des entreprises (CFE), « guichets uniques » auprès desquels sont déposées les demandes d'immatriculation, de modification ou de cessation d'activité des entreprises, et par l'ouverture de services en ligne.

✓ Déterminez ici à quel CFE vous adresser.

MON CAS	TYPE D'ACTIVITÉ	SE DÉPLACER PHYSIQUEMENT AU CFE	POUR PROCÉDER AUX FORMALITÉS EN LIGNE
☐	Commerçant et société commerciale (SARL, SA, SAS, EURL, SNC, etc.) n'exerçant pas une activité artisanale (sauf si elle emploie plus de 10 salariés).	Chambres de commerce et d'industrie	www.cfenet.cci.fr www.guichet-entreprises.fr
☐	Personne physique et société de moins de 11 salariés s'immatriculant au Répertoire des métiers (entreprises artisanales).	Chambre de métiers et de l'artisanat	www.cfe-metiers.com www.guichet-entreprises.fr

☐	Profession libérale (réglementée ou non) exerçant en entreprise individuelle ; artiste-auteur.	Urssaf	www.cfe.urssaf.fr www.guichet-entreprises.fr
☐	Personne physique et morale exerçant, à titre principal, des activités agricoles.	Chambres d'agriculture	www.guichet-entreprises.fr

EXERCICE 3 : LISTE DES FORMALITÉS DE CONSTITUTION

Cet exercice est consacré aux formalités que vous allez devoir accomplir en fonction de votre projet. Dans tous les cas, rapprochez-vous du CFE compétent pour affiner ce travail.

✓ **Si vous envisagez d'avoir une activité artisanale, vérifiez que vous présentez les caractéristiques ou qualifications suivantes.**

CARACTÉRISTIQUES OU QUALIFICATIONS	DANS QUELS CAS CETTE FORMALITÉ EST-ELLE NÉCESSAIRE ?	VÉRIFIÉ
Qualité d'artisan	Seuls peuvent se prévaloir de la qualité d'artisan les personnes physiques ou les dirigeants sociaux des sociétés artisanales qui justifient : • soit d'un CAP, d'un BEP ou d'un titre équivalent dans le métier qu'ils exercent ; • soit d'une expérience professionnelle dans ce métier de 3 ans au moins sur le territoire d'un État membre de l'Union européenne ou partie à l'Espace économique européen.	☐
Conditions d'honorabilité	Pour pouvoir exercer une activité artisanale et être immatriculé au répertoire des métiers, il ne faut pas être sous l'emprise : • d'une interdiction de diriger, gérer, administrer ou contrôler, directement ou indirectement, une entreprise commerciale ou artisanale, une exploitation agricole ou une personne morale ; • d'une peine complémentaire d'interdiction d'exercer une activité professionnelle prévue au 11° de l'article 131-6 du Code pénal.	☐
Stage de préparation à l'installation	Les personnes souhaitant exercer une activité artisanale doivent suivre un stage de préparation à l'installation (SPI). La chambre de métiers et de l'artisanat doit faire commencer ce stage dans les 30 jours de la demande. Passé ce délai, l'immatriculation au répertoire des métiers ne peut plus être refusée ou différée.	☐

✓ Si vous envisagez de vous installer en entreprise individuelle, vous devez effectuer quelques démarches avant de demander votre immatriculation au registre du commerce (ou à celui des métiers).

DÉMARCHE À EFFECTUER	PRÉCISIONS	DÉMARCHE FAITE
Choisir un local où vous installer	Le créateur d'entreprise peut domicilier et/ou exercer son activité soit : • dans un local spécifique qu'il peut louer ou acquérir ; • dans une société de domiciliation, dans une pépinière, etc. ; • chez lui, sous certaines conditions. Quelle que soit sa situation, il devra justifier au CFE de la jouissance du local où il installe son entreprise.	☐
Choisir un nom	• S'agissant des professions libérales, la notion de fonds de commerce n'existe pas : juridiquement, on ne distingue donc pas le nom de l'entreprise de celui de son propriétaire. Toutefois, rien ne leur interdit d'utiliser une dénomination à des fins purement commerciales. • Les commerçants et les artisans peuvent, eux, choisir un nom commercial fantaisiste ou faisant référence à l'activité de l'entreprise pour identifier le fonds de commerce. Par précaution, le créateur devra vérifier auprès de l'Inpi (Institut national de la propriété industrielle) que le nom choisi pour désigner l'entreprise n'est pas déjà utilisé par une autre entreprise ou n'a pas fait l'objet d'un dépôt de marque.	☐

✓ Si vous envisagez de vous installer en société commerciale, vous devez aussi demander votre immatriculation au registre du commerce (ou à celui des métiers).

MON CAS	FORMALITÉ	DANS QUELS CAS CETTE FORMALITÉ EST-ELLE NÉCESSAIRE ?	COMPLÉMENTS	DÉMARCHE FAITE
☑[36]	Rédaction des statuts	Pour toutes les sociétés commerciales : • SARL/EURL • SAS/SASU • SA	L'établissement des statuts est un acte important pouvant avoir des conséquences juridiques, fiscales et influer sur le statut social du dirigeant. Il est donc recommandé de s'entourer des conseils de professionnels du droit. En cas de recours à des statuts types, il est indispensable de prendre le temps de les lire attentivement et d'en comprendre tous les articles.	☐

36 Dans cette colonne, certaines cases sont déjà cochées : cela signifie que la ligne correspondante intéresse toutes les sociétés commerciales.

MON CAS	FORMALITÉ	DANS QUELS CAS CETTE FORMALITÉ EST-ELLE NÉCESSAIRE ?	COMPLÉMENTS	DÉMARCHE FAITE
☐	L'enregistrement des statuts de la société auprès du service des impôts	• Lorsque la forme de l'acte l'exige, en application de l'article 635 du Code général des impôts (ex. : l'acte de constitution de la société a la forme notariée). • Lorsque l'acte comporte une opération particulière soumise à enregistrement (ex. : cession de fonds de commerce, de parts sociales ou d'actions).	Cette formalité s'effectue au service des impôts des entreprises – pôle enregistrement : • de la résidence du notaire (acte notarié) ; • de la situation du fonds de commerce ou de la clientèle (acte sous seing privé) ; • du siège social (uniquement apports en numéraire ou en valeurs mobilières).	☐
☐	Déposer les fonds constituant les apports en numéraire sur un compte bloqué	Pour toutes les sociétés commerciales : • SARL/EURL • SAS/SASU • SA	Les apports en numéraire (sommes d'argent apportées par les associés) doivent être déposés, dans les 8 jours de leur réception, soit : • sur un compte bancaire ouvert au nom de la société ; • à la Caisse des Dépôts et consignations ; • chez un notaire. Les fonds seront débloqués sur présentation par le gérant de l'extrait K-bis[37] et virés sur un compte courant ouvert au nom de la société.	☐
☐	Évaluation des apports en nature[38]	Possibles pour toutes les sociétés commerciales : • SARL/EURL • SAS/SASU • SA	La description et l'évaluation de ces apports doivent figurer dans les statuts. L'intervention d'un commissaire aux apports, qui établit un rapport sur l'évaluation de ces apports en nature, est obligatoire. Ce commissaire aux apports doit être désigné à l'unanimité des actionnaires.	☐
☐	Evaluation des apports en industrie[39]	Possibles pour certaines sociétés commerciales : • SARL/EURL • SAS/SASU	Les actionnaires de ces sociétés peuvent réaliser des apports en industrie et recevoir, en échange, des actions inaliénables. Les statuts doivent fixer les modalités de souscription et de répartition des actions pour de tels apports.	☐

37 Extrait constatant l'immatriculation de la société au Registre du commerce et des sociétés

38 Apport en nature : apports de biens autres que de l'argent tels que véhicules, matériels, fonds de commerce, etc.

39 Apports en industrie : connaissances techniques, travail ou service mis à disposition de la société par un actionnaire.

MON CAS	FORMALITÉ	DANS QUELS CAS CETTE FORMALITÉ EST-ELLE NÉCESSAIRE ?	COMPLÉMENTS	DÉMARCHE FAITE
☐	Procéder à la nomination du gérant	Pour toutes les SARL et EURL.	Il peut être nommé, soit dans les statuts, soit par un acte séparé. Cette dernière solution évite d'avoir à modifier les statuts lors de chaque changement de gérant. Il est recommandé de préciser, dans l'acte de nomination, la durée de ses fonctions, l'étendue de ses pouvoirs et sa rémunération.	☐
☐	Procéder à la nomination des dirigeants	Pour les : • SAS/SASU • SA	• Pour la SAS : la plus grande liberté est laissée aux fondateurs pour fixer les règles de direction. Mais il faut nommer un représentant légal, personne physique ou morale, qui représentera la société vis-à-vis des tiers. • Pour la SA : les premiers administrateurs sont nommés dans les statuts (3 au minimum et 18 au maximum). Une fois les statuts signés, le conseil d'administration se réunira pour désigner son président et, le cas échéant, le ou les directeurs généraux.	☐
☐	Procéder à la nomination des commissaires aux comptes	Obligatoire pour toutes les SA.	Dans les SA, la présence d'un commissaire aux comptes est obligatoire et il doit être désigné dans les statuts.	☐
☑	Établir un état des actes accomplis au nom et pour le compte de la société en formation	Pour toutes les sociétés commerciales : • SARL/EURL • SAS/SASU • SA	Tant que la société n'est pas immatriculée, elle n'a pas la personnalité morale et ne peut donc pas prendre d'engagements. La signature des statuts par les associés vaudra alors reprise des actes faits par les futurs associés pour le compte de la société en formation (signature d'un bail, d'un contrat de travail, achat de matériel, etc.).	☐
☑	Publier un avis de constitution dans un journal d'annonces légales	Pour toutes les sociétés commerciales : • SARL/EURL • SAS/SASU • SA	Il doit indiquer la dénomination, la forme, l'objet, le siège, la durée, le capital de la société, la nature des apports, les noms et adresses des dirigeants ainsi que le registre du commerce et des sociétés auprès duquel la société sera immatriculée.	☐
☑	Effectuer les formalités de création de la société au CFE	Pour toutes les sociétés commerciales : • SARL/EURL • SAS/SASU • SA	Voyez l'exercice 2 ci-dessus pour trouver votre CFE	☐

Toujours plus loin

Le bilan de ce dernier chapitre est assez simple : votre activité peut réellement commencer ! Cependant, dans vos relations avec vos interlocuteurs, vous allez fréquemment être amené à prouver l'existence juridique de votre activité ainsi qu'à fournir quelques identifiants particuliers. Nous allons voir ici comment faire.

✓ Conservez bien le premier justificatif de l'immatriculation de votre société.

VOTRE CAS	FORME DE VOTRE ACTIVITÉ	JUSTIFICATIF D'IMMATRICULATION
☐	Artisan (entreprise individuelle)	Extrait D1 (Répertoire des métiers)
☐	Artisan (en société commerciale de moins de 11 salariés)	Extrait D1 (Répertoire des métiers) Extrait Kbis (Registre du commerce)
☐	Artisan (en société commerciale de plus de 10 salariés)	Extrait Kbis (Registre du commerce)
☐	Commerçant (entreprise individuelle)	Extrait K (Registre du commerce)
☐	Micro-entrepreneur (activité artisanale)	Extrait D1 (Répertoire des métiers)
☐	Micro-entrepreneur (activité commerciale)	Extrait K (Registre du commerce)
☐	Micro-entrepreneur (activité libérale)	Aucune immatriculation sur un registre particulier n'est requise.
☐	Société commerciale (SARL/EURL/SAS/SASU/SA)	Extrait Kbis (Registre du commerce)

✓ Conservez les autres justificatifs de l'existence de votre activité fournis par l'Insee.

IDENTIFIANTS DE L'INSEE	CEUX DE MON ACTIVITÉ
Numéro Siren - concerne l'entreprise dans son ensemble (9 chiffres)	....
Numéro Siret - concerne chaque établissement de l'entreprise (Siren + 5 chiffres, soit 14 chiffres)	....
Code APE - branche d'activité de l'entreprise (4 chiffres et une lettre)	....

SOURCE PROFESSIONNELLE

- **Le numéro Siren** est le numéro unique d'identification de chaque entreprise. Lors de son immatriculation ou de sa déclaration d'activité auprès d'un centre de formalités des entreprises (CFE), toute entreprise ou entrepreneur individuel reçoit de l'Insee ce numéro composé de neuf chiffres.
- **Le numéro Siret** est l'identifiant géographique d'un établissement d'une entreprise.
- **Le code APE** (activité principale exercée) permet d'identifier la branche d'activité principale de l'entreprise ou du travailleur indépendant. Il permet notamment de déterminer la convention collective applicable.

✓ Mise en garde contre des pratiques commerciales trompeuses.

Vous allez probablement recevoir, après avoir effectué vos formalités d'immatriculation, des offres payantes vous proposant une inscription sur un annuaire ou un registre concernant les entreprises nouvellement constituées. Le coût de ces propositions est variable et souvent élevé. Ces offres vous conduisent à penser que ces inscriptions ont un caractère officiel et obligatoire, mais il n'en est rien ! Il s'agit de propositions commerciales purement facultatives (l'information de ce caractère facultatif est généralement inscrite en bas de page et en petits caractères).
L'*Agence France entrepreneurs* conseille de ne pas tenir compte de ces offres et vous rappelle que les formalités obligatoires (hormis celles qui concernent l'accès à votre profession) sont effectuées auprès du centre de formalités des entreprises (CFE).

✓ N'oubliez surtout pas de faire la fête pour ce lancement !

Arrivé à la fin de cette partie, vous avez une vision bien plus précise de votre projet. Il est peut-être même devenu un embryon de réalité, voire votre quotidien. Bravo !

Maintenant, n'oubliez pas que le travail que vous avez fourni pour cheminer de votre envie à un projet structuré repose sur trois piliers :

- ce que vous êtes (votre personnalité, vos compétences, vos envies, votre entourage, etc.) ;
- votre environnement économique (vos clients et fournisseurs, la réglementation de votre activité, etc.);
- l'équilibre financier de votre action.

Chacun de ces trois piliers évolue sans cesse. Aussi, je vous encourage à vous interroger continuellement sur l'évolution de chacun tant l'évolution de l'un peut avoir des conséquences sur les deux autres.

Vous avez appris ici les règles principales pour développer harmonieusement votre entreprise. À vous maintenant d'approfondir cette connaissance par la pratique.

Arrivé à la fin de cette partie, vous avez une vision bien plus précise de votre projet. Il est peut-être même devenu un embryon de réalité, voire votre quotidien. Bravo !

Maintenant, n'oubliez pas que le travail que vous avez fourni pour cheminer de votre envie à un projet structuré repose sur trois piliers :

- ce que vous êtes (votre personnalité, vos compétences, vos envies, votre entourage, etc.) ;
- votre environnement économique (vos clients et fournisseurs, la réglementation de votre activité, etc.) ;
- l'équilibre financier de votre action.

Chacun de ces trois piliers évolue sans cesse. Aussi, je vous encourage à vous interroger continuellement sur l'évolution de chacun tant l'évolution de l'un peut avoir des conséquences sur les deux autres.

Vous avez appris ici les règles principales pour développer harmonieusement votre entreprise. À vous maintenant d'approfondir cette connaissance par la pratique.

34/38, rue Camille-Pelletan - 92309 Levallois-Perret cedex
Imprimerie Evoluprint - 31150 Bruguières
Imprimé en France - 1er trimestre 2024

Service éditorial : Thomas Beddok, Benjamin Dias Pereira, Deborah Lopez, Eva Nouzille, Myriam Pasek
Conception graphique : Loïc Pennanéac'h
Composition : Loïc Pennanéac'h

Dépôt légal à parution
ISBN : 978-2-7590-5505-0